Harald Keller

Wenn dein Schrei im Nichts verhallt …

Harald Keller

WENN DEIN SCHREI IM *NICHTS* VERHALLT …

Thriller

Hinweis

„Wenn dein Schrei im Nichts verhallt“ erschien erstmals 2019 unter dem Titel „Rendezvous mit dem Ropenkerl“ im Bookshouse Verlag. Der Roman wurde für die Neuausgabe durchgesehen, aktualisiert und ergänzt.

Über den Autor

Harald Keller ist gebürtiger Osnabrücker, freier Journalist und Verfasser von Sachbüchern und Romanen. Schon von Jugend an beschäftigt er sich mit Krimis. Als Leser, später als Kritiker und Literaturwissenschaftler. Seit einigen Jahren auch als Autor.

Weitere Veröffentlichungen

„Ein schöner Tag für den Tod“, Nordholland-Krimi
„Die Nacht mit dem Holenkerl“, Niedersachsen-Krimi
„Tod auf dem Zauberberg – kuren, kneippen, sterben“, Reha-Krimi
„Mordspensum“, 80er-Jahre-Krimi
„Die Geschichte der Talkshow in Deutschland“, illustriertes Sachbuch

Über dieses Buch

Sie riss schützend die Hände hoch, aber es war zu spät. Der schnelle, wuchtige Schlag traf sie seitlich am Kopf. Wie eine Stichflamme schoss der Schmerz durch ihren Körper. Blutroter Nebel brannte sich in ihre Augen und nahm ihr die Sicht. Und dann wurde alles lichtlose Nacht.

Der Mord an einer alleinstehenden Bibliothekarin gibt der Osnabrücker Mordkommission um Hauptkommissarin Bea Agarius Rätsel auf. Die Tote wurde auf dem Gertrudenberg im Bürgerpark gefunden. In einer eigenartigen Position. Mit ihrem Hund an ihrer Seite. Nur wenig später verschwindet eine junge Studentin. Ihre Mitbewohnerin macht sich Sorgen. Und begibt sich auf die Suche. In einem nahen Seniorenstift fantasiert ein dämmernder Bewohner von einem „Ropenkerl". Einer Osnabrücker Sagengestalt. Pflegerin Asli Ozcan weiß nichts damit anzufangen. Bis sie dem »Ropenkerl« unvermittelt gegenübersteht ...

Dieses Buch ist ein Produkt schriftstellerischer Fantasie. Viele der beschriebenen Schauplätze existieren in der Realität, aber sie wurden mit frei erfundenen Figuren besiedelt, die in ebenso frei erfundene Geschehnisse geraten. Ähnlichkeiten mit realen Personen oder namentliche Übereinstimmungen wären rein zufällig und sind in keinster Weise beabsichtigt.

Impressum

Am Hawerkamp 31, 48155 Münster
www.oktoberverlag.de

Druck: Books on Demand GmbH, In de Tarpen 42, 22848 Norderstedt-
Umschlag: Keller-Kultur-Kommunikation
unter Verwendung eines Fotos von Claire Bullion (Shutterstock)
Satz: Keller-Kultur-Kommunikation
ISBN-13: 978-3-946938-64-4

Inhaltsverzeichnis

Die Hauptpersonen

Corinna Schänkenberg – wollte nur ihren Hund ausführen, kam aber von diesem Spaziergang nie zurück.

Beatrice »Bea« Agarius – bekommt die Leitung der Mordkommission »Rosenstrauch« übertragen. Ihre Partnerin im privaten Bereich ist Katharina Langkamp, genannt Kat. Kat ist der Ansicht, Bea brauche mehr Abstand zu ihrer Arbeit als Kriminalkommissarin. Damit könnte sie recht haben.

Sven Fehrenkämper – steht beruflich an Beas Seite. Manchmal hapert es beim Zusammenspiel, aber eigentlich bilden sie ein gutes Team.

Dr. Meinhard Schneidling – ist Staatsanwalt und hatte zufällig gerade Bereitschaft, als im Osnabrücker Bürgerpark eine weibliche Leiche gefunden wurde. Ihm ist sehr an einer raschen Aufklärung des Falles gelegen.

Hauptkommissar Alexander »Alex« Zielinski, Oberkommissarin Marianne Stühlmeyer, Oberkommissar Fips Czierni, Oberkommissar Berthold »Bertie« Dieken-Uphoff, Gernot van den Bleeken – werden von Fachkommissariatsleiter Gaspard Budke in die Mordkommission »Rosenstrauch« berufen.

Finja Sudhoff – wird von einem Todesfall in ihrer unmittelbaren Umgebung vom Studium abgelenkt.

Asli Ozcan – kümmert sich als Altenpflegerin liebevoll um ihre Patienten, betätigt sich als Hobbydetektivin und bringt sich damit in tödliche Gefahr.

Alois Inderwisch – glaubt an die Existenz des »Ropenkerls« ...

Und wenn man einen Wahnsinnigen direkt ansieht, dann sieht man nichts weiter als die Spiegelung des eigenen Wissens um seinen Wahnsinn, und das heißt, dass man ihn überhaupt nicht sieht. Um ihn zu sehen, muss man sehen, was er sah, und wenn man versucht, die Visionen eines Wahnsinnigen zu sehen, ist ein Umweg der einzige, der zum Ziel führt.

Robert M. Pirsig: Zen und die Kunst ein Motorrad zu warten, 1978

1. Teil

Er

Verschnaufen. Wieder zu Atem kommen. Die Muskeln lockern. Das Hochgefühl genießen.
Sein Körper ächzt noch unter der ungewohnten Anstrengung.
Aber welch ein Genuss, wenn das Blut fühlbar durch die Adern rauscht.
Wie die fiebrige Wärme unter die Gesichtshaut kroch ... Wie das andere Leben unter seinen Händen schwand ...
Zufriedenheit durchströmt ihn vom Scheitel bis zur Sohle.
Inzwischen ist die Morgendämmerung angebrochen. Doch hier drinnen herrscht dauernde Dunkelheit, aufgehellt nur von einem hauchdünnen Schleier aschfahlen Lichts, das von oben durch die engen Lüftungsöffnungen dringt.
Es gefällt ihm so, immer noch. Wie damals ... Hier war sein Bau, ein zufällig beim Spielen entdeckter Zufluchtsort, ein Versteck.
Jetzt ist er es wieder. Nicht mehr geheimer Schlupfwinkel, nicht mehr Abklingbecken für die Angst, die seinen Verstand vergiftete.
Jetzt sind es die anderen, die Angst haben müssen.
Er wünscht sich, dass Mutter das noch erlebt hätte.

Klagelaute

Das Jaulen war schon auf halber Höhe der Wittkopstraße zu hören. Leise und entfernt, aber deutlich.

So früh am Tag lag noch Stille über der Stadt. Kein Dauerrauschen des Verkehrs, nur einzelne Fahrzeuge. Gelegentlich ein Zug. Das abgehackte Brausen durchfahrender Güterwagen. Oder ein surrender Triebwagen der Nordwestbahn, der vom Depot im Hafen kommend mit metallischem Rumpeln das Gleis wechselte, um den Passagierdienst aufzunehmen.

Als Anni Vahlbusch alle Häuser linker Hand mit Zeitungen versorgt und das Ende der steil ansteigenden Sackgasse erreicht hatte, hielt das durchdringende Geheul immer noch an. Sie war entschlossen, es nicht zu beachten. Die Zeitungen mussten, so lautete die Anweisung für die Zusteller, bis spätestens sieben Uhr in den Briefkästen stecken. Verspätungen bedeuteten Beschwerden. Der Job brachte nicht viel, aber als alleinerziehende Mutter war sie auf das Geld angewiesen. Sie wollte die Einnahmen keinesfalls riskieren.

Und dann stieg sie doch hinauf in den Bürgerpark, ging unter dem herbstlichen Laubdach in die Richtung, aus der die tierischen Laute herüberdrangen. Sie musste es tun. Sie wusste, dass ihr Gewissen ihr anderenfalls über Tage hinweg keine Ruhe lassen würde.

Sie fand den Hund im Rosengarten, einer von blickdichten Sträuchern gesäumten Anlage quadratischer Beete, auf denen einst tatsächlich Rosen gestanden hatten. Inzwischen waren sie aus Kostengründen mit kniehohen Buchsbaumhecken bepflanzt worden, zwischen denen das Unkraut spross. Mittendrin reckte sich ein glockenförmiges Postament, gekrönt von einer in Stein gehauenen Vase oder Amphore. Anni Vahlbusch wusste es nicht genau und war zu abgelenkt, um weitere Gedanken auf die genaue Bezeichnung zu verschwenden.

Zu Füßen der Stele zerrte der unaufhörlich klagende Hund an seiner Leine, die am Handgelenk seines Frauchens festgeknotet war. Die Frau wandte der Säule den Rücken zu, hatte sich wohl dort angelehnt. Aber die ruckartigen Sprünge des Hundes hatten sie zu Boden gezogen. Dort lag sie jetzt, grotesk verrenkt und an den Hund gefesselt.

Der hatte von ihr nichts mehr zu befürchten, daran gab es keinen Zweifel. Anni Vahlbusch sah die weit geöffneten, starren Augen und den klaffenden Mund unter der durchsichtigen, am Hals fest zugeschnürten Kunststofftüte.

Ihr drehte sich der Magen um. Hastig beugte sie sich in die Büsche. Die schwere Schultertasche rutschte nach vorn, und mindestens die Hälfte des Erbrochenen ergoss sich über die Zeitungen.

Anni Vahlbusch schniefte. Jetzt würde es doch wieder Beschwerden geben.

Im Morgengrauen

Bea Agarius saß im Schlafanzug und Morgenmantel am Frühstückstisch und löffelte den Rest ihres Müslis, während sie auf ihrem Tablet durch die Zeitungen blätterte. Sie hatte noch Zeit bis zum Arbeitsbeginn. Katharina dagegen war bereits aufgestanden und bereitete den Aufbruch vor.

Bea sah ihr durch die offene Tür zu, wie sie im Flur vor den Spiegel trat und den Sitz ihrer Kleidung überprüfte. Sie hatte eine gedeckte Kombination gewählt. Eine dunkle Hose mit senkrechten Abnähern, die ihr im Hüftbereich bequeme Weite gaben, ohne sie unansehnlich aufzuplustern, dazu eine schwarze Bluse. Katharina schlängelte sich in ihren dunkelblauen Blazer, der mit den blauschwarzen Pumps harmonierte.

»Du siehst wunderbar aus. Du wirst deinen Schülern und hoffentlich auch einigen Schülerinnen unanständige Träume bescheren.«

Katharina lachte. »Die sollen sich mal lieber um ihre Hausaufgaben kümmern und lernen. Übermorgen steht ein Test an.«

Ihre Freundin zog die Stirn kraus. »Dann bist du ja wieder das ganze Wochenende mit Korrekturen beschäftigt«, beschwerte sie sich und zog einen Flunsch.

»Ich hoffe nicht. Lass uns mal abwarten. Irgendetwas können wir bestimmt unternehmen.«

Bea Agarius erhob sich, um Katharina zu verabschieden. Sie trafen sich auf halbem Wege. Bea nahm Katharina am Revers und zog sie zu sich heran. Katharina erwiderte ihren Kuss, stieß sie dann aber sanft zurück.

»Vorsicht, du zerknitterst meinen Blazer.«

»Oh, hallo Madame, wollen wir denn heute noch auf den Laufsteg? Germany‘s Next Top Teacher!?«, stichelte Bea.

In dem Moment klingelte ihr Telefon. Gaspard Budke meldete sich, der Leiter ihres Fachkommissariats.

»Guten Morgen, Frau Agarius. Es tut mir leid, wenn ich so früh schon störe. Aber ich muss Sie zu einem Einsatz beordern.«

Budke hielt auf Förmlichkeiten. Während sich viele der Kollegen duzten, wählte der Erste Kriminalkommissar immer die unverbindlichere Form der Dritten Person, selbst bei engen Mitarbeitern und langjährigen Weggefährten. Zumindest in Anwesenheit anderer. Bea Agarius und ihr Kollege Sven Fehrenkämper hatten schon einmal darüber spekuliert, ob Budke hinter verschlossenen Türen vielleicht doch gelegentlich das Du anwandte ...

»Im Bürgerpark wurde eine weibliche Person tot aufgefunden. Die Kollegen von der Schutzpolizei gehen von Fremdverschulden aus. Ich habe den Erkennungsdienst bereits in Marsch gesetzt.«

Katharina winkte. Ihre Lippen formten die Worte: »Ich fahr dann.«

Bea Agarius hob die Hand. »Warte noch ...« Dann sprach sie wieder ins Telefon. »Entschuldigung, Herr Budke, ich war kurz abgelenkt. Wo genau befindet sich die Leiche?«

»Im sogenannten Rosengarten. Kennen Sie das Areal?«

»Nicht so genau. Wir wohnen am anderen Ende der Stadt.«

»Es ist nicht schwer zu finden. Die Bramscher Straße ist bekannt?«

»Sicher.«

»Perfekt. Wenn Sie vom Hasetor kommen, fahren Sie in die Bramscher. Dann geht gleich rechts die Wittkopstraße ab. Mehr oder weniger eine Sackgasse. An deren Ende führen einige Stufen in den Bürgerpark hinauf. Halten Sie sich halb links, dann laufen Sie auf den Rosengarten zu. Eine offene Fläche mit mehreren Beeten und so einer Art Säule in der Mitte. Sie werden es finden, die uniformierten Kollegen sind ja vor Ort.«

»Alles so weit verstanden. Ich komme direkt hin, ohne Umweg übers Büro. Meine Lebensgefährtin kann mich im Auto mitnehmen. Sie arbeitet in der Dodesheide.«

»Wie Sie meinen. Ich höre dann von Ihnen. Ich gebe noch KHK Fehrenkämper Bescheid. Er wird dort zu Ihnen stoßen.«

Das Smartphone machte ein schluckendes Geräusch. Budke hatte abgeschaltet.

»Ich muss los«, sagte Katharina.

»Nein, warte. Ein Einsatz. Ich muss zur Bramscher Straße. Ist kein Umweg. Du kannst mich da absetzen.« Katharina sah auf ihre Uhr. »Dann beeil dich aber. Es wird wirklich Zeit ...«

Bea war schon unterwegs ins Schlafzimmer, um sich anzuziehen.

Katharina hörte sie von oben rufen. »Gib mir eine Minute. Bin gleich fertig.«

»Das kommt davon, weil du morgens immer so trödelst«, lästerte Katharina.

»Ich trödele nicht. Ich verbreite nur keine Hektik. Und anders als gewisse Leute mit hyperaktiven Neigungen nehme ich mir Zeit für mein Frühstück. Das ist nämlich gesünder.«

Bea eilte ins Bad. Sie warf einen begehrlichen Blick auf die Zahnbürste, beließ es dann aber bei einem schnellen Ausspülen mit ihrem Mundwasser. Einmal gurgeln, rasch die kurzen Haare gestriegelt, dann sprang sie die schmale Treppe hinab. Das »Handwerkszeug« durfte sie nicht vergessen. Daheim verwahrte sie es in einer verschlossenen, durch einen Metallbeschlag besonders gesicherten Lade, den Dienstausweis, ihre Heckler & Koch, die Handschellen.

Endlich war sie bereit. Katharinas missbilligenden Blick auf ihre ausgebeulten Hosen ignorierte sie. Sie war ihn gewohnt.

Der Wagen parkte gleich gegenüber. Von ihrem kleinen Häuschen an der Klarastraße ging es die Sutthauser Straße hinunter auf den Wall. Wie bald jeden Morgen um diese Zeit stockte der Verkehr hinter der sanften Kurve in Höhe des Ratsgymnasiums, weil sich die Autos auf der Linksabbiegerspur Richtung Martinistraße stauten und auch die linke Geradeausspur verstopften. Viele Fahrer versuchten auszubrechen und auf die rechte Spur zu wechseln, erzwangen rabiat das Einfädeln in die engste Lücke, ohne Rücksicht auf nachfolgende Fahrzeuge.

Bea Agarius saß auf dem Beifahrersitz und scharrte ungeduldig mit den Füßen. Vielleicht hätte sie doch wie gewohnt das Rad nehmen sollen. In diesem Moment wünschte sie sich Blaulicht und Sirene. Aber ihr gemeinsam genutzter kleiner Citroën besaß dergleichen natürlich nicht.

Nach vier Ampelphasen hatten sie den Engpass endlich hinter sich. Von da ab ging es erstaunlich zügig voran. In zwei Minuten waren sie an der Bramscher Straße.

»Lass mich da vorn vor dem Zebrastreifen raus«, sagte Bea. »Dann kannst du gleich geradeaus weiter fahren.« Sie verabschiedeten sich mit einem flüchtigen Kuss. Katharina brauste davon zu ihrer Schule, während Bea Agarius die Wittkopstraße hinaufeilte. Die Sonne erklomm gerade erst das Firmament. Scheu lugten die ersten rötlich-goldenen Strahlen über die Baumwipfel und Firste. Das altertümlich anmutende Straßenpflaster aus Kopfstein lag noch in tiefem Schatten.

Im Vorbeilaufen bewunderte Bea die schönen Wohnhäuser rechts und links, darunter solche mit Gründerzeitfassaden, mit Anklängen von Jugendstil, mit Fachwerkgiebeln oder ganz aus elegantem Backstein, manchmal sehr verschachtelt gebaut, mit Erkern und kleinen Türmchchen. Romantisch und ein wenig versponnen.

Dann richteten sich ihre Gedanken auf das, was sie oben in der Parkanlage erwarten würde.

Stummes Zeugnis

Das nervöse Fiepen des Hundes veranlasste Beatrice Agarius, sich umzuwenden. »Der Kollege sieht nicht glücklich aus«, sagte sie mit einem Kopfnicken in Richtung des Schutzpolizisten, der sich um den Vierbeiner kümmern sollte.

»Ein Border-Terrier«, hatte Sven Fehrenkämper erklärt. »Ein schönes Tier.«

Der Hund wedelte aufgeregt mit dem Schwanz, sprang immer wieder am Bein des Polizisten hoch und stupste ihn mit seiner feuchten Schnauze auffordernd an. Aus Sorge um seine Uniform wich der Beamte jedes Mal ein oder zwei Schritte zurück, konnte aber den übermütigen Zuneigungsbekundungen des Tieres nicht entkommen.

»Ich weiß«, meldete Sven Fehrenkämper augenzwinkernd. »Er hat Angst vor Kötern. Genau deshalb hat er den Auftrag ja bekommen.«

»Was für eine Gemeinheit ...«

»Nicht doch, Bea – das ist eine Ausbildungsmaßnahme! Nur zum Wohle des jungen Kollegen. Der muss es doch lernen. Ich hatte damals im Streifendienst oft mit Hunden zu tun, in allen möglichen Situationen. Besser, er gewöhnt sich dran. Ist ja auch schon dabei. Sein neuer Freund da ist so zutraulich, dass sich unser junger Kollege vermutlich noch freiwillig zur Hundestaffel melden wird.«

»Na, ich weiß nicht ...«

Noch warteten Bea Agarius und Sven Fehrenkämper auf die Freigabe durch die Kollegen vom Erkennungsdienst, die gerade die Leiche und deren Umfeld aufmerksam untersuchten. Ein Pavillon schützte den Fundort gegen Niederschlag und herabfallendes Laub. Mobile Sichtblenden bewahrten ihn vor neugierigen Blicken und bildeten eine Barriere gegen den Zutritt unbefugter Personen.

Die Leiche wurde vor fremden Augen verborgen. Es zählte zu den Pflichten des zuständigen Arztes, noch am Auffindeort die Temperatur des toten Körpers zu messen. Ein für die Ermittlung des Todeszeitpunkts unverzichtbarer Eingriff, eine notwendige Störung des Totenfriedens, die aus Gründen der Pietät und des Takts den Ausschluss der Öffentlichkeit verlangte.

»Handschuhe?« Fehrenkämper hielt der Kollegin die Großpackung hin. Dankend zupfte sie ein Paar aus dem Spender. In dem Moment trat Heino Feldhaus auf sie zu. Begrüßt hatte man sich bereits. Der Notarzt kam gleich zur Sache.

»What you see is what you get«, begann er seinen Bericht. Falls er gehofft hatte, die Kommissarin zu verwirren, ging sein Versuch ins Leere.

»Sie sieht aus wie erstickt, und sie ist auch erstickt.« Unbeeindruckt nahm sie seine Pointe vorweg.

Feldhaus überspielte seine Enttäuschung durch lobende Worte. »Richtig erkannt. Tod durch weiche Bedeckung, das ist schon mal klar. Die Petechien in den Augen und in der Gesichtshaut sprechen eine eindeutige Sprache. Der Kunststoffbeutel hat Speichel angenommen. Es gibt oberflächliche Druckspuren im Halsbereich, aber die haben nicht den Tod herbeigeführt. Sie lassen sich so interpretieren, dass der Täter die Frau von hinten anfiel und ihren Hals mit der Ellenbogenbeuge in die Zange nahm.« Feldhaus hob den linken Arm und führte vor, wie sich der Tathergang seiner Meinung nach abgespielt hatte. »Währenddessen oder danach hat er ihr mit der anderen Hand, vermutlich mit der rechten, den

Plastiksack über den Kopf gezogen und ihr die Luft abgeschnürt. Die Ränder haben sich sichtbar in den Hals eingeschnitten, aber oberhalb der Suffusionen. Das Ersticken ist also nach dem ersten Angriff erfolgt.«

Fehrenkämper wollte etwas sagen, aber Feldhaus hob die Hand. Seine Gelegenheit für eine Retourkutsche. »Frag gar nicht erst! Der Körper ist ausgekühlt und feucht vom Tau. Schickt die Leiche zur Obduktion. Nur die Rechtsmedizin kann euch einen halbwegs präzisen Todeszeitpunkt nennen.«

Bea Agarius neigte den Kopf und klappte treuherzig die Lider auf und ab. »Bittöö«, bettelte sie mit gespielter mädchenhafter Koketterie. »Wenigstens ungefähr ... Eine klitzekleine Schätzung. Kann auch ganz ungenau sein. Wir verraten es niemandem ...«

Feldhaus schmatzte unwillig mit dem Mundwinkel und sah noch einmal zurück zu der Toten. »Im Laufe des gestrigen Abends. Oder nachts.« Er funkelte die beiden an. »Grobe Schätzung. Schreib das ja nicht auf. Das gehört nicht in euren Bericht.«

»Schon gut, mein Lieber. Wir brauchen ja nur eine grobe Richtung für die ersten Vernehmungen«, sagte Agarius begütigend. »Sobald der Staatsanwalt hier ist, besorgen wir uns die Obduktionsfreigabe.«

»Wer hat Bereitschaft?«

»Dr. Schneidling.«

»Na Glückwunsch. Übrigens ist die Tat nicht direkt am Fundort erfolgt. Es gibt eindeutige Schleifspuren auf dem Boden und Abriebkratzer an den Hacken der Schuhe. Die liegen ein Stück von der Toten entfernt.« Feldhaus deutete auf die schwarzen Freizeit-Ballerinas, die gerade von einem der Kriminaltechniker fotografiert wurden. Neben den Schuhen hatte er Spurensicherungsmarker platziert. Die kleinen gelben Aufsteller trugen die

Nummern achtzehn und neunzehn. Einer der flachen Schuhe war in einer der Buchsbaumhecken stecken geblieben, der andere lag gut einen halben Meter entfernt auf dem gepflasterten Gehweg, aus dessen Fugen wildes Gras spross. »Sie hat sie wohl verloren, während sie zu der Säule geschleppt wurde. Und an ihren Fersen habe ich frische Hautabschürfungen entdeckt. Als ob sie aus Gegenwehr gestrampelt hätte. Aber ich will den Kollegen nicht vorgreifen. Die werden das genauer erläutern können.«

Ein lautes Blaffen des Hundes unterbrach ihn. Bea Agarius sah sich um. Der Terrier tänzelte unruhig um die Beine ihres Kollegen und sprang ihn immer wieder an.

»Wenn das Kerlchen doch reden könnte«, murmelte sie gedankenverloren. Im nächsten Moment kam ihr eine Idee. Sie rief Jens Bredenkötter, einen Mann vom Erkennungsdienst, zu sich. »Jens, gibt es die Möglichkeit, dem Hund Spuren abzunehmen?«

»Was meinst du?«

»Er muss bei dem Mord dabei gewesen sein. Wenn er den Täter angesprungen hat wie hier den Kollegen, finden sich vielleicht Spuren unter seinen Pfoten. An den Krallen oder so.«

»Genial!« Sven Fehrenkämper war begeistert. Er dachte noch einen Schritt weiter. »Und wie ist das mit den Zähnen? Vielleicht hat er zugebissen?«

Bredenkötter runzelte die Stirn. »Wir können es versuchen. Ich hole mal mein Zeug.«

Er kehrte mit einem Arbeitskoffer zurück und legte ihn auf einer der verwitterten Bänke ab. Pedantisch genau suchte er nach einer Stelle, die nicht mit Vogelkot besprenkelt war. Nach kurzer Suche entnahm er dem Metallkoffer Wattestäbchen und ein Asservatenröhrchen, das er entkorkte, nachdem er frische Schutzhandschuhe übergestreift hatte. »Ihr müsst mir aber helfen«, forderte er entschieden. »Sonst geht es nicht. Am besten zuerst die Zähne.«

Um den Hund nicht weiter aufzubringen, traten sie vorsichtig näher, während die Kommissarin dem Polizeiobermeister ihr Vorhaben erklärte. »Fass ihn bitte direkt am Halsband, damit er nicht springen kann«, bat sie den Kollegen.

Sie kauerten sich nieder. Bea Agarius kraulte liebevoll das dichte schwarzbraune Nackenfell des Terriers, der ihr neugierig den Kopf entgegenreckte und sie aus aufgeweckten Knopfaugen ansah. Sacht strich sie mit dem Zeigefinger über seine Schnauze. Der lebhafte Vierbeiner ließ es sich gefallen.

»Lass mich«, sagte sie zu Bredenkötter und nahm das Wattestäbchen. Der Hund schnupperte und versuchte, ihre Hand zu lecken. Sie nutzte die Gelegenheit und hielt ihm spielerisch das Stäbchen hin. Er versuchte, es zwischen seine Backenzähne zu nehmen, um darauf herumzukauen, aber sie zog den Wattebausch schnell ein Stück zurück und fuhr mit drehenden Bewegungen über die Zahnreihen. »Geschafft«, sagte sie und reichte das Stäbchen zurück an Bredenkötter, der es sorgfältig einkapselte. »Jetzt noch die Pfoten.«

Nach einem prüfenden Blick auf den Hund ging Bredenkötter den Inhalt seines Koffers durch und entschied sich schließlich für die Blattfolie. »Vielleicht ist er dressiert«, sagte er hoffnungsvoll.

»Versuchen wir's«, antwortete Bea Agarius und befahl dem Hund: »Sitz! – Platz! – Mach Sitz! – Platz!«

Der Hund hechelte und wedelte nur munter mit dem Schwanz. Der Kommissarin schien es, als sähe er sie fragend an. Sie streichelte über seinen Rücken, wiederholte ihre Befehle und drückte dabei sanft sein Hinterteil nach unten. Tatsächlich – er hockte sich auf die Hinterbeine.

»Braaav«, lobte sie. »Guter Hund. Und kannst du auch Pfötchen geben? Gib Pfötchen!« Sie hielt ihm ihre offene Hand entgegen.

Wieder brauchte der Hund ein wenig Nachhilfe. Vorsichtig umfasste sie seine rechte Pfote, strich mit dem Daumen über die borstigen Haare, dann hob sie das Füßchen behutsam an.

Bredenkötter war sofort zur Stelle. Er hatte bereits die Schutzfolie abgezogen und drückte den klebrigen Träger mit kreisenden Fingern zart unter die Ballen der kleinen Tatze. Das tat nicht weh, trotzdem gefiel es dem Hund gar nicht. Er begann zu knurren und schnappte nach Bredenkötters Hand, der sie gerade noch wegziehen konnte. Mit zuckenden Bewegungen versuchte der Hund, die an der Pfote klebende Folie abzustreifen. Da das nicht gelang, biss er zu und riss wütend mit den Zähnen an dem lästigen Kunststoff.

»Halt ihn kurz und streichel ihn«, rief Agarius dem uniformierten Kollegen zu. Mit sanften Worten versuchte sie, das Tier zu bändigen. »Ruhig, mein Lieber. Wir tun dir doch nichts. Nicht beißen ... nein, nicht beißen. Komm, ich helfe dir.«

Sie bekam sein Pfötchen zu fassen und riss mit einem Ruck die Klebefolie weg und damit auch einige Härchen heraus. Der Hund jaulte auf und schnappte erneut, aber der Biss ging ins Leere. »Tut mir leid, mein Kleiner. Aber das musste sein.«

Der Hund winselte leise und beruhigte sich.

»Na, das hat doch gut geklappt. Keine Verletzten, Hund und Vollzugspersonal wohlauf«, sagte Fehrenkämper in scherzhaftem Berichtston.

»Kannst du damit was anfangen?«, fragte Agarius.

Bredenkötter blickte skeptisch auf die zerbissene Folie. »Kann sein ... Das wird sich erst im Labor zeigen.«

»Gebt euer Bestes«, appellierte Fehrenkämper und versuchte, optimistisch zu klingen.

Verschmitzt zog Bredenkötter beide Mundwinkel nach oben. »Wo wir sind, ist vorne. Wir kennen gar nichts anderes als Bestleistungen.«

»Wissen wir doch«, schmeichelte Bea Agarius.

»Wollen wir?«, fragte Fehrenkämper.

Gerade signalisierte der Leiter des Sicherungstrupps, dass der Auffindeort jetzt freigegeben war.

»Moment noch.« Bea Agarius nickte vielsagend in Richtung Südeingang.

Der Staatsanwalt hat das Wort

Fehrenkämper folgte dem Blick der Kollegin und sah Staatsanwalt Dr. Meinhard Schneidling, der einem der Schutzpolizisten seinen Dienstausweis vorzeigte und hinter die Sichtblende vorgelassen wurde.

»Grüße Sie«, sagte Schneidling. »Morgenstund hat Mord im Mund, oder was liegt vor?« Er rang mit seiner schlechten Laune. Der Anruf hatte ihn zu Hause erreicht, kurz vor Ende seiner Bereitschaft. Nur eine Stunde später, und die Meldung wäre an einen Kollegen gegangen.

»Doch, leider«, antwortete Bea Agarius. »Eindeutig Fremdeinwirkung. Der Erkennungsdienst ist durch, wir wollten uns gerade einen eigenen Eindruck verschaffen.«

»Lassen Sie sich nicht abhalten, Frau Agarius. Ich möchte inzwischen das Übergabeprotokoll einsehen. Hat schon jemand den Bestatter kontaktiert?«

»Er ist unterwegs«, bejahte die Ermittlerin und reichte Schneidling das Formular, auf dem die Erkenntnisse des ersten Angriffs durch die Schutzpolizisten festgehalten worden waren.

Der Staatsanwalt ging die Positionen durch. Angaben zur Auffindesituation, zu der Person, die den Fund gemeldet hatte, die Aufstellung der bisherigen Maßnahmen. Kein Eintrag in der Rubrik »Zeugen«.

Bea Agarius hatte nach ihrem Eintreffen das Protokoll geprüft und unterzeichnet. Damit war die Verantwortung an das 1. Fachkommissariat übergegangen.

Agarius und Fehrenkämper traten näher an die Frauenleiche heran. Einer der Kollegen reichte ihnen den

Ausweis der Toten, der in einer dünnen Brieftasche, eher eine Art Mäppchen, im Inneren ihrer modischen Allwetterjacke gesteckt hatte.

»Corinna Schänkenberg«, las Fehrenkämper vor. »Wohnt in der Lindenstraße. Das ist nicht weit von hier …«

»Vermutlich war sie nur mal eben mit ihrem Hund Gassi«, überlegte Agarius, während sie eingehend den toten Körper inspizierte. Die Garderobe, körperliche Veränderungen, die Spuren der Strangulation, verursacht durch die Schnur des verschließbaren Plastiksacks. Mit dem Handy machte sie eine Reihe von Übersichts- und Nahaufnahmen.

Staatsanwalt Schneidling gesellte sich zu ihnen. Nachdem sie ihre Untersuchungen beendet hatten, gaben die Kommissare eine rasche Zusammenfassung der ersten Erkenntnisse.

Während der Unterhaltung fielen Bea Agarius die unsteten Augen des Staatsanwalts auf, der immer wieder über sie hinweg in Richtung der benachbarten Klinikgebäude schaute. Dann wurde ihr klar, woran Schneidling gerade dachte.

Im selben Moment sprach er es aus. »Wir sollten umgehend die Leitung der St. Gertruden Klinik informieren.«

Fehrenkämper sah ihn fragend an.

»Zum Klinikum gehört eine Abteilung für forensische Psychiatrie«, erklärte Schneidling. »Als deren Einrichtung damals als Planungsvorhaben durch die Presse ging, gab es massive Einwände. Von Anwohnern und von einigen politischen Hasardeuren, die das Unbehagen der Bürger für ihre Zwecke ausschlachten wollten. Keine der Befürchtungen hat sich bewahrheitet, tatsächlich haben wir bis heute nicht einen einzigen Vorfall registriert. Aber möglicherweise kochen die Ressentiments wieder hoch, wenn dieser Mord bekannt wird. Egal, ob er mit dem Klinikum in Verbindung steht oder nicht, die Leitung sollte vorbereitet sein.«

»Verstehe«, sagte Fehrenkämper.

»Ich gehe gleich hinüber und spreche mit den Verantwortlichen. Ich halte es für sinnvoll, wenn Sie mich begleiten.«

Agarius zückte ihr Telefon. »Ich gebe nur eben dem Chef Bescheid«, erklärte sie, »damit die Lagebesprechung zeitlich entsprechend angesetzt werden kann.«

Die Direktionsassistentin war nicht erbaut. »Der Herr Professor hat einen eng gesteckten Tagesablauf«, belehrte sie die Besucher in missbilligendem Tonfall. »Den können wir nicht einfach umstoßen. Sie müssen einen Termin vereinbaren.«

Die kleine Gruppe war ihr nicht geheuer. Der Mann im eleganten Anzug hätte ihren Vorstellungen von einem Behördenvertreter entsprochen, wären da nicht seine Begleiter gewesen, ein Kerl in verwaschenen schwarzen Jeans und Lederjacke und eine Frau in Hosen, die sie kaum in einem Osnabrücker Bekleidungsgeschäft gekauft haben konnte. Derart unmodische Stücke bot doch niemand an …

»Tut uns leid, wenn wir den Terminkalender durcheinanderwerfen«, sagte Staatsanwalt Schneidling. »Es ist aber bedauerlicherweise nötig. Wir müssen Professor Gerber im Zuge einer Mordermittlung sprechen. Ich darf Ihnen versichern, es ist ganz in seinem Sinne. Er wird Ihnen das nach unserer Unterredung gewiss bestätigen.« Er sprach höflich, aber mit Nachdruck. »Bitte melden Sie uns jetzt unverzüglich an. Es ist dringend.«

Die Vorzimmerdame griff zum Telefon.

Das Fachurteil

Nur wenige Minuten später standen sie Professor Dr. Matthias Gerber gegenüber, dem ärztlichen Direktor der St. Gertruden Klinik.

Nach einer raschen Vorstellung setzte Meinhard Schneidling den Arzt ohne weitere Vorrede über den Grund ihres Kommens in Kenntnis.

»Ich muss sagen, ich teile Ihre Besorgnis«, sagte Gerber. Er unterstrich seine Worte mit einem verständnisvollen Nicken. »Und ich bin Ihnen dankbar, dass Sie mir gleich Nachricht gegeben haben. Ich fürchte, wir müssen uns auf neue Angriffe von außen einstellen.« Er ließ ein leises Seufzen hören. »Diese degoutanten Pöbeleien ... Es wäre schön, wenn es anders käme. Aber wir sollten gewappnet sein. Ich werde sofort unsere Öffentlichkeitsabteilung und meine Mitarbeiter unterrichten. Können Sie mich über Ihre Ermittlungen auf dem Laufenden halten?«

»In gewissen Grenzen – ja. Umgekehrt sollten Sie uns sofort benachrichtigen, wenn es zu irgendwelchen Auffälligkeiten kommt.«

»Das werden wir ganz sicher tun.«

Schneidling reichte dem Mediziner seine Karte.

Für Professor Gerber schien die Unterredung damit beendet. Aber Bea Agarius hatte noch ein weiteres Anliegen. »Ich weiß, es ist nicht üblich, aber ich möchte Sie um einen Gefallen bitten: Würden Sie einen Blick auf die Auffindesituation werfen und Ihr Urteil abgeben? Die Umstände sind ein wenig speziell.«

Sie hatte die kurz zuvor aufgenommenen Fotos aufgerufen und schob ihr Handy über Gerbers Schreibtisch.

Der Klinikdirektor schüttelte bedächtig den Kopf. »Nur auf einen flüchtigen Blick hin – nein, das wäre unseriös. Eine qualifizierte Aussage ist auf die Schnelle nicht möglich«, wies er das Ansinnen zurück. Er sah auf seine Armbanduhr. »Ich müsste mich eingehender mit der Sachlage beschäftigen. Mir fehlt offen gestanden im Moment die Zeit.«

»Es geht ja nicht um ein umfassendes Gutachten. Nur um einen ersten Kommentar. Wie würden Sie dieses Szenario interpretieren?«

Staatsanwalt Schneidling sprang ihr bei. »Wir wissen, dass so eine frühe Einschätzung nur unscharf ausfallen kann. Aber auch damit wäre uns unter Umständen schon geholfen. Es ist doch auch in Ihrem Sinne, wenn der Täter schnell gefasst wird.«

»Selbst damit würde ich mich auf einer spekulativen Ebene bewegen. Ich müsste mich weitaus intensiver mit den Gegebenheiten befassen, weitere Informationen heranziehen und Fakten zusammentragen ...« Während er sprach, blieb sein Blick auf dem Handy haften. Er zog es heran und begann durch den Bilderkatalog zu blättern, der offenbar doch sein Interesse geweckt hatte.

Schweigend sahen die Ermittler zu, wie Gerber einzelne Details mit einer scherenartigen Wischbewegung von Daumen und Zeigefinger vergrößerte, verschob und studierte.

Er brummelte unverständlich vor sich hin, dann hob er die Stimme. »Hm. Man müsste mehr wissen. Über das Umfeld des Opfers ...« Er klang nachdenklich. »Also gut. Aber ich kann Ihnen bestenfalls eine Tendenz anbieten, keine Stellungnahme von wissenschaftlicher Präzision. Alles unter Vorbehalt. Ich wünsche auch nicht, dass meine Äußerungen protokolliert und in die Fallakte aufgenommen werden.«

Der Staatsanwalt ging ohne Weiteres auf die Bedingung ein.

»Nach jetzigem Ermessen müssen wir wohl von zwei unterschiedlichen Konstellationen ausgehen. Die Frage lautet, ob Täter und Opfer zueinander in einer Beziehung standen. In dem Fall dürfte das Motiv persönlicher Natur sein. Emotionsbedingt. Also eher Hass als Habgier. Vielleicht verschmähte Liebe. Da kann ich nur spekulieren. Hat der Täter etwas mitgenommen? Eine Art Souvenir? Oder hat er etwas hinterlassen?«

»Können wir nicht sagen«, erklärte Bea Agarius. »Wir stehen ja ganz am Anfang.«

»Es könnte auch sein, dass er fotografiert oder gefilmt hat ... Gab es Spermaspuren?«

»Auch das wissen wir noch nicht. Wir müssen die Ergebnisse der Kriminaltechnik abwarten.«

»Wie dem auch sei – der Kasus stellt sich jedenfalls auf andere Weise dar, wenn das Opfer zufällig ausgewählt wurde. Dann lässt das Arrangement – wie gesagt, nur unter Vorbehalt formuliert – auf eine narzisstische Persönlichkeitsstörung schließen. Dem Täter könnte es um Machtgefühle gehen. Oder, präziser formuliert, um ein Überlegenheitsgefühl. Durch den Akt der Tötung setzt er es durch. Er führt es der Öffentlichkeit vor Augen ...«

»Er möchte seinen Triumph vor aller Welt demonstrieren ...«, warf Agarius ein.

»Ganz genau. Und damit weiter auskosten. Im Verfolg dessen stellt er die Leiche in der vorliegenden Form aus. Sie ist sozusagen seine Trophäe. Die harmlosere Variante sieht so aus, dass manche Männer ihre schönen Frauen der Öffentlichkeit regelrecht vorführen. Im Angelsächsischen spricht man, Sie haben das gewiss schon einmal gehört, recht unverblümt vom ›Trophy Wife‹. So eine Disposition kann durchaus in psychotische Extreme expandieren … Oder denken Sie an Jäger, die nach dem Halali ihre Beute aufreihen. Sie verlängern das Hochgefühl, das sie beim Abschuss empfunden haben. Zum Triumph, das Wild überlistet zu haben, gesellt sich der Stolz gegenüber den Waidbrüdern. Je nach Persönlichkeit erzielen sie sogar erst dann Befriedigung, wenn sie die Bewunderung oder auch den Neid anderer erfahren. ›Ich habe was, was du nicht hast.‹ Das kennen Sie sicher auch von Autobesitzern …«

»Oh ja.« Bea Agarius erinnerte sich mit gemischten Gefühlen an einschlägige Vorfälle aus ihrer Zeit im Streifendienst, unter anderem bei den berüchtigten »Carfreitagen«, wilden illegalen Autorennen der Tuning-Szene mit mehreren tausend Zuschauern auf der Pagenstecherstraße, die jedes Mal überregional für Schlagzeilen sorgten.

»Folglich ist bei diesem Personenkreis häufig die Tat selbst weniger ausschlaggebend als die Reaktion darauf. Eine solche Erkenntnis kann für die Prävention von immenser Bedeutung sein. Bleiben die Reaktionen aus, wird somit die beschriebene übersteigerte Eitelkeit nicht befriedigt, und es erfolgen unter Umständen keine weiteren Taten.«

»Also sollten wir uns bemühen, die Berichterstattung zu unterdrücken«, schloss Sven Fehrenkämper.

»Das wird uns kaum gelingen«, wandte Staatsanwalt Schneidling ein. »Wir müssten die Pressefreiheit beschneiden. Dafür gibt es aber selbst in solchen Fällen keine Rechtsgrundlage.«

Die Kommissare hatten aufmerksam zugehört. »Herr Professor, Sie sprechen von dem Täter. Es war also ein Mann?«, fragte Fehrenkämper.

»Der pathologische Narzissmus, der hier gewirkt haben könnte, ist nicht geschlechterspezifisch. Theoretisch könnte es auch eine Frau gewesen sein.« Der Professor legte die Stirn in Falten. Er hatte Gefallen an seinem Thema gefunden und zunehmend lebhafter vorgetragen. Jetzt klang er leicht zerknirscht. »Ich räume ein, ich bin da ad hoc eingeschliffenen Vorurteilen aufgesessen. Diese Tat muss körperliche Kraft verlangt haben. Deshalb war ich automatisch von einem männlichen Täter ausgegangen. Das ist natürlich unangemessen. Unverzeihlich. Einer der Fallstricke voreiliger Analysen ...«

»Wie passt der Hund ins Bild?«, wollte Sven Fehrenkämper wissen.

»Sehr gut. Idealtypisch. Der Täter zeigt uns, dass er sich auch von dem Hund nicht hat aufhalten lassen. Symbolisch gesehen hat er ein wildes Tier gebändigt und stellt es nun aus. Er musste es nicht einmal töten. Aus seiner Warte ein Surplus. Es geht ihm ja um das Gefühl und um die Darstellung von Omnipotenz.« Das Gesicht des Arztes nahm einen besorgten Ausdruck an. »Das dürfte für Sie besonders wichtig sein: Gefahr entsteht aus dem Umstand, dass Gefühle mit der Zeit abklingen. Wenn dieses Szenario zutrifft, dann hat der Täter ein emotionales Hoch erlebt. Aber das hält nicht an. Er wird früher oder später seine Erfahrung wiederholen wollen. Und wieder töten.«

Bea Agarius riskierte eine Suggestivfrage. »Haben Sie eine solche Person unter Ihren Patienten?«
Die Antwort kam souverän. »Natürlich. Wir unterhalten eine Abteilung für forensische Psychiatrie. Aber die potenziell gefährlichen Patienten sind in geschlossenen Trakten untergebracht. Mit höchsten Sicherheitsvorkehrungen. Da büxt nicht mal eben jemand aus, um im Park eine Frau umzubringen.«

»Dürften wir Sie trotzdem bitten, zu prüfen, ob es im Haus in den letzten vierundzwanzig Stunden zu ungewöhnlichen Vorkommnissen gekommen ist?«, erkundigte sich Staatsanwalt Schneidling.

»Dann wüsste ich längst davon«, sagte der Direktor unwillig, telefonierte aber dennoch die entsprechenden Abteilungen ab.

Es wurden keine Unregelmäßigkeiten gemeldet. Dieser Auskunft zufolge waren alle Patienten dort, wo sie sein sollten.

Nachdem Professor Dr. Matthias Gerber seine Besucher zur Tür geleitet und den Staatsanwalt und die beiden Kommissare auf dem Gang verabschiedet hatte, wandte er sich zurück in Richtung seines Büros, machte aber unterwegs Halt am Schreibtisch seiner Mitarbeiterin. Er war beunruhigt und hatte einen eiligen Auftrag zu vergeben.

»Frau Glaser, suchen Sie mir doch bitte gleich einmal heraus, wen wir im letzten Vierteljahr entlassen haben.«

Moko »Rosenstrauch«

Gaspard Budke überblickte den Besprechungsraum. Soweit er erkennen konnte, waren alle Kollegen versammelt, die er für die Mordkommission eingeteilt hatte. In jedem Fall wurde es Zeit zu beginnen. Etwaige Nachzügler mussten sich später bei ihren Kollegen informieren. Budke schickte einen Gruß in die Runde. Das gedämpfte Stimmengewirr erstarb. Alle Aufmerksamkeit galt dem Leiter des 1. Fachkommissariats.

»Wie ihr wisst, wurde uns heute Morgen ein Tötungsdelikt gemeldet. Alle Anwesenden werden für die Tätigkeit in der Mordkommission abgestellt. Das Opfer wurde oben auf dem Gertrudenberg im Parkbereich, im früheren Rosengarten, aufgefunden. Die Moko trägt dementsprechend den Namen ›Rosenstrauch‹.«

Budkes Eröffnungen riefen leises Gemurmel hervor.

»Dann begeben wir uns also auf einen dornigen Pfad«, raunte ein Witzbold.

Der Kriminalhauptkommissar hob geringfügig die Stimme, ließ sich aber nicht weiter irritieren. »Vorweg schon mal herzlichen Dank an die Kollegen von den Fachkommissariaten 2 und 5 dafür, dass sie uns in dieser Sache unterstützen. Vonseiten der Staatsanwaltschaft ist Dr. Schneidling zuständig. Die Leitung der Moko habe ich KHK Agarius übertragen, KHK Sven Fehrenkämper fungiert als Stellvertreter. Bitte, Frau Agarius, wenn Sie übernehmen wollen ...«

Beatrice Agarius trat nach vorn. »Guten Tag zusammen. Für die Kollegen von den anderen Kommissariaten, die noch nicht mit mir zusammengearbeitet haben – ich bin Bea.« Sie rückte den Bildschirm ihres Laptops zurecht.

Budke hatte sie früher am Morgen telefonisch über die ihr zugewiesene Zuständigkeit unterrichtet. Ihr war nicht viel Zeit geblieben, um eine Präsentation vorzubereiten. Pragmatisch hatte sie bereits unterwegs auf dem Beifahrersitz eine Auswahl aus den Fundortfotos getroffen, sie nummeriert und in einem Ordner zusammengestellt und von ihrem Handy an ihre dienstliche Mail-Adresse geschickt. Jetzt rief sie die Bilder der Einfachheit halber direkt aus dem Programm auf. Nicht die eleganteste Art, aber für den Moment vollkommen zureichend.

Anhand der Fotos, die hinter ihr auf der Projektionswand zu sehen waren, erläuterte sie die Umstände des Leichenfundes und dessen Besonderheiten wie die Anwesenheit des Hundes, die sich auch auf die Position der Leiche ausgewirkt hatte. Sie versammelte die wenigen bislang bekannten Fakten und wies darauf hin, dass der Tatort mit hoher Wahrscheinlichkeit im Umfeld des Fundorts zu suchen war. »Der Name des Opfers lautet Corinna Schänkenberg. Gefunden wurde sie in den frühen Morgenstunden von einer Zeitungszustellerin. Sie starb vermutlich in der Nacht oder am Vorabend. Die Leiche ist unterwegs in die Rechtsmedizin nach Oldenburg. Die Obduktion ist genehmigt und wird hoffentlich Genaueres erbringen.«

Zu den folgenden Informationen gab es keine Abbildung. Sie waren dem Melderegisterauszug entnommen, den ihr Kollege Berthold Dieken-Uphoff besorgt und ausgedruckt hatte.

Die Kommissarin überflog das Blatt und fasste zusammen. »Frau Schänkenberg war fünfundvierzig Jahre alt und verwitwet. Ihr deutlich älterer Ehemann Konrad ist vor zwei Jahren einer Herzkrankheit erlegen. Er war Steuerberater und hat ihr beträchtliche Mittel hinterlassen sowie das gemeinsame Haus an der Lindenstraße, in dem sie seit seinem Tod alleine lebte. Nur mit ihrem Hund. Obwohl sie finanziell gut dastand, arbeitete Frau Schänkenberg halbtags als Bibliothekarin, ihrem erlernten Beruf. Das Paar hatte keine Kinder. Es gibt eine Schwester, drei Jahre jünger, die mit ihrem Mann, einem Niederländer, in der Nähe von Amsterdam wohnt. Die Mutter der Toten heißt Elfriede Pottharst, sie lebt in einem Altenstift in Bad Rothenfelde. Sie ist pflegebedürftig. Wir haben uns mit der Heimleitung in Verbindung gesetzt. Ein Seelsorger wird die Mutter über den Tod ihrer Tochter unterrichten. Eine Vernehmung der alten Dame scheint mir im Moment nicht erforderlich. Da wäre auch nicht viel zu erwarten. Sie ist wohl geistig angegriffen, auf dem Weg in die Demenz ...«

In einigen Gesichtern zeigte sich Anteilnahme.

Die Moko-Chefin warf einen Blick in ihr aufgeschlagenes Notizbuch. »Wir haben erste Aussagen von Anwohnern. Übereinstimmungen gibt es insoweit, dass Frau Schänkenberg einigermaßen regelmäßig mit ihrem Hund spazieren ging. Morgens vor der Arbeit, häufig nachmittags und immer abends noch mal. Meist ungefähr zur selben Zeit. Nachmittags sah man sie auch mal auf der Bramscher Straße beim Einkaufen, zum Beispiel beim Bäcker Coppenrath. Sie war in der Gegend ein bekanntes Gesicht. Das heißt, wenn der Täter über ihre Gewohnheiten Bescheid wusste, könnte er ihr gezielt aufgelauert haben. Bei den räumlichen Verhältnissen oben im Park mit Büschen und Bäumen wäre ihm das sogar ziemlich leichtgefallen.« Sie illustrierte ihre Angaben mit einigen Fotos, die Ausschnitte der Parkanlage zeigten. Dort gab es rund um den Rosengarten und insbesondere an der Ostseite immergrüne Kletterpflanzen und Sträucher, die auch jetzt im Herbst noch so dicht belaubt waren, dass keine Blicke hindurchdringen konnten. »Möglich also, dass der Mörder aus dem Umfeld der Toten stammt. Oder zumindest aus dem Viertel. Wir müssen aber auch in Betracht ziehen, dass Frau Schänkenberg zufällig zum Opfer eines Spontantäters wurde. Wäre gut, wenn wir das schnellstens klären könnten. Ein Gerichtsbeschluss zur Durchsuchung ihrer Wohnung ist angefordert ... «

»Liegt vor«, unterbrach jemand von hinten. Staatsanwalt Schneidling war unbemerkt eingetreten und hob grüßend einen Briefumschlag.

»Also, ihr hört es. Ich werde gleich die Aufgaben im direkten Gespräch verteilen. Vorweg aber noch: Ich möchte die Kollegen Alexander Zielinski und Marianne Stühlmeyer bitten, die Führung der Fallakte zu übernehmen.« Sie suchte die Gesichter der Genannten und nahm deren zustimmende Gesten zur Kenntnis.

»Sollen wir die niederländischen Kollegen wegen der Schwester um Amtshilfe bitten?«, wollte Fips Czierni wissen.

»Das übernehme ich selbst«, antwortete die Chefin. »Ich kenne jemanden von der Amsterdamer Polizei persönlich. Von einer Tagung«, fügte sie geistesgegenwärtig hinzu, um Spekulationen und Gerüchten keinen Raum zu bieten. »Ich rufe Hoofdinspecteur Fassaert gleich im Anschluss mal an. Dann geht es vielleicht schneller.«

»Ehe Sie die Besprechung beenden – ich hätte auch noch eine Sache.« Staatsanwalt Meinhard Schneidling war nach vorn gekommen. »Dieser Fall hat einen heiklen Nebenaspekt.« Schneidling legte großen Nachdruck in seine Worte. »Nicht weit vom Fundort entfernt befindet sich die St. Gertruden Klinik. Dort sind unter anderem psychisch gestörte Gewalttäter untergebracht. Das kann in Verbindung mit dem jetzigen Delikt in der Öffentlichkeit sehr schnell zu fatalen Unterstellungen und Verdächtigungen führen. Wir sollten deshalb ausgesprochen behutsam vorgehen, um keine neuerlichen Ressentiments zu entfachen. Die Kollegin Leschewski von der Pressestelle steht dort drüben. Bitte halten Sie Frau Leschewski und ihre Mitarbeiter auf dem Laufenden und wahren Sie unbedingt äußerste Diskretion, wenn Sie mit Zeugen oder anderen Beteiligten sprechen. Überlassen Sie die Kontakte zur Öffentlichkeit und zu den Medien ausschließlich Frau Leschewski.«

Annemie Leschewski sprach noch einige Worte zur Erläuterung. »Der Hintergrund ist der, dass es in der Vergangenheit zu ausgesprochen widerwärtigen Äußerungen und regelrechter Stimmungsmache gegen die Klinik gekommen ist. Inzwischen ist das abgeklungen, und es wäre nicht wünschenswert, wenn diese völlig grundlosen Hassattacken wieder aufflammen. Gerade jetzt in der Ära des Internets. Wir können unmöglich jede Twitter- und Facebook-Behauptung korrigieren. So viele sind wir nicht.«

»Noch ein Grund, den Täter so schnell wie möglich zu fassen«, appellierte Bea Agarius. »Los geht's.«

Die Kommissarin spürte eine brennende Welle in ihrem Inneren. Für die Dauer zweier schneller Atemzüge hatte sie das Gefühl, ihr Herz wäre aus dem Takt geraten. Kein Vorbote der Wechseljahre, das hoffte sie jedenfalls, sondern eine körperliche Reaktion auf die enorme Verantwortung, die ihr soeben noch einmal in voller Konsequenz bewusst geworden war. Man konnte nicht ausschließen, dass der Täter weiter morden würde. Zugleich bestand Gefahr, dass es an der Klinik zu Übergriffen kam.

Die Moko-Chefin wusste es zu verbergen.

Aber sie war besorgt.

Ein Charakterbild

Wie in der Besprechung angekündigt, wollte Bea Agarius zunächst das Telefonat mit dem befreundeten niederländischen Kollegen Arie Fassaert erledigen. Der Amsterdamer Hoofdinspecteur war jedoch gerade im Einsatz und nicht zu sprechen. Sie hinterließ die Bitte, dass er sie zurückrufen möge, und vergaß nicht den Hinweis, dass es sich um eine dringende dienstliche Angelegenheit handele.

Sven Fehrenkämper stand bereits abmarschbereit in der Tür und wedelte auffordernd mit dem Durchsuchungsbeschluss.

»Bin ja schon da«, sagte Agarius entschuldigend. »Ich wollte erst noch Arie Fassaert erreichen, aber der ist unterwegs. Ach, Amsterdam ... Da würde ich gern mal wieder hin ...« Sie verdrehte sehnsüchtig die Augen.

»Wird schon. Vielleicht ergibt sich ja Gelegenheit für eine Dienstfahrt«, tröstete Fehrenkämper.

»Glaube ich zwar nicht, bei der ganzen Sparwut. Allerdings würde ich dafür sogar freiwillig unbezahlte Überstunden leisten.«

»Das nenne ich Einsatzfreude. Jetzt lass uns erst mal zur Lindenstraße fahren. Da ist es ja auch ganz schön.«

Tatsächlich hatte die Osnabrücker Lindenstraße mit dem gleichnamigen Serienschauplatz aus dem Fernsehen wenig gemein. Es handelte sich um eine schmale, nur für Anlieger freigegebene Wohnstraße von vielleicht hundert Metern Länge am Hang des Gertrudenbergs, die rechtwinklig von der Süntelstraße abging und ansteigend auf den Bürgerpark zulief. Von unten gesehen wirkte sie wie eine Sackgasse, da sie vor dichtem Baumbestand endete.

Die kleine Baumgruppe gehörte zu einem Privatgrundstück, vor dem man rechts wie links in die versteckt liegende Nebenstraße Am Bürgerpark abbiegen und so auf Umwegen im Bogen zur Süntelstraße zurückgelangen konnte.

Vom Fahrwerk drangen schlagende Geräusche herauf und das Autoblech schien zu vibrieren, als der Passat über das holprige Kopfsteinpflaster rumpelte. Fehrenkämper reduzierte die Geschwindigkeit. Die meisten Häuser hier waren einst für einfache Werktätige und Handwerker gebaut worden und weniger luxuriös als die Bebauung der nahen Wittkopstraße. Einige hatten die Bombardements des Zweiten Weltkriegs überlebt. Sie stammten erkennbar aus anderen Zeiten. Andere waren modernisiert worden. Wohngebäude machten den Hauptbestand aus. Zwischen ihnen eingestreut befanden sich kleine Handwerksbetriebe, meist im Hinterhof gelegen, und Werkstätten, von denen einige in Wohnraum umgewandelt worden waren.

Das gesuchte Haus stand ein wenig für sich und besaß nur zwei Stockwerke und eine niedrige Dachetage. Agarius und Fehrenkämper fanden einen Parkplatz fast genau vor der Tür. Fehrenkämper hatte das Schlüsselbund der ermordeten Corinna Schänkenberg von der Kriminaltechnik abgeholt, nachdem es dort auf Spuren untersucht worden war. Nach drei vergeblichen Versuchen hatte er den richtigen Schlüssel gefunden und sperrte auf.

Sie betraten einen Korridor, der von dem kleinen, mit diagonalen Streben aus Schmiedeeisen vergitterten Fenster neben der Eingangstür nur spärlich mit Tageslicht versorgt wurde. Die Vertäfelung und die hölzerne Treppe, unter der sich ein Wandschrank befand, waren im Lauf vieler Jahre kräftig nachgedunkelt und trugen neben den bleigrauen Steinfliesen dazu bei, dass der Flur in trübem Dämmer lag. Selbst nachdem sie das Licht eingeschaltet hatten, änderte sich der Eindruck nur wenig. Der Treppenaufgang war gegenüber dem Eingangsbereich nach hinten versetzt, sodass vor den Stufen rechts noch Platz für ein Gäste-WC blieb. Links lag die Küche, in der dank großzügiger Fenster wesentlich bessere Lichtverhältnisse herrschten.

»Guck dir das an«, sagte Sven Fehrenkämper. Er deutete auf die Kaffeemaschine.

Der rote Einschaltknopf leuchtete, die Platte war heiß, der durchgelaufene Sud bis auf einen kleinen schwarzen Rest verdampft. Fehrenkämper schaltete das Gerät aus, zog die Kanne unterm Filter hervor und stellte sie auf der Anrichte auf einem gitterförmigen Silikonuntersetzer ab. »Das hätte böse ausgehen können.«

»Die Frau wollte nicht lange wegbleiben«, überlegte Bea Agarius und sprach mehr zu sich selbst als zu ihrem Partner.

Der Tisch war für eine Person gedeckt. Müsli und Joghurt standen bereit, ein kerniges Brot, Margarine, Käse. Die Milchprodukte alle fettarm. Corinna Schänkenberg hatte wohl gleich nach ihrer Rückkehr frühstücken wollen.

Sie gingen weiter, um sich einen ersten Eindruck der Räumlichkeiten zu verschaffen. Im Arbeitszimmer stand noch immer fiskalische und juristische Literatur in den Regalen, darunter einige von den neuesten Vorschriften bereits überholte Sammelwerke. Eine Hinterlassenschaft des verstorbenen Steuerberaters Konrad Schänkenberg. Eine anstrengende Lektüre. Für die Witwe vielleicht ein wertvolles Andenken.

Die Korrespondenz in den Ablagen auf dem schweren alten Schreibtisch, auf dem das moderne Telefon und der kleine Computerbildschirm und die ergonomische Tastatur wie Fremdkörper wirkten, war neueren Datums. Bea Agarius blätterte durch aktuelle Rechnungen eines Telefonunternehmens, der Stadtwerke, einer Versicherung, einer Abonnementszeitschrift. In einer Schublade fand sie einen länglichen schmalen Ordner mit Kontoauszügen. Die Abbuchungen betrafen haushaltsübliche Aufwendungen. Normale Beträge, keine ungewöhnlichen Empfänger, keine teuren Käufe oder andere auffällige Ausgaben.

»Sie hat keine Daueraufträge erteilt, sondern bei jeder Zahlung eine einzelne Überweisung vorgenommen. Immer per Hand, kein Internetbanking«, stellte sie fest und schlussfolgerte: »Sie wollte die Kontrolle behalten.«

Sven Fehrenkämper schloss sich ihrer Vermutung mit einem wortlosen Kopfnicken an.

Vom angrenzenden Wohnzimmer aus führten hohe Glastüren auf eine mit Blumentöpfen geschmückte Terrasse und weiter in den nach englischem Vorbild gestalteten, von Bäumen beschatteten, mit Statuen und steinernen Ruhebänkchen ausgestatteten Garten. Sven Fehrenkämper untersuchte das Schloss und die Zargen, öffnete die Tür, schaute auch von draußen, fand aber nicht den geringsten Hinweis, der auf einen Einbruch hingewiesen hätte.

Wie das Arbeitszimmer, war auch der Salon mit modernen Designklassikern möbliert, die in reizvollem Kontrast standen zur Jahrhundertwende-Architektur des Gebäudes. In beiden Räumen waren die Holzböden abgeschliffen und mit hellbraunem Lack versiegelt worden. So wirkten die Aufenthaltsräume wesentlich freundlicher als der Eingangsbereich und boten einen passenden Rahmen für die Sitzgarnituren und Leuchtkörper im Bauhaus-Stil.

Auf dem Couchtisch lagen, sorgfältig auf Kante gestapelt, einige Zeitschriften. Ein Kunstmagazin, das örtliche Stadtmagazin, die Programmzeitschrift des Fernsehsenders Arte, ein Fachblatt für Bibliothekare, obenauf die jüngste Ausgabe von »Mare«.

»Tolle Möbel«, merkte Bea Agarius an.

»Schon schön«, kommentierte Sven Fehrenkämper einschränkend. »Aber bei so einer Einrichtung musst du penibel Ordnung halten, sonst wirkt sie nicht. Wenn du vor dem Sofa deine Schlappen abstellst und die Strickjacke über die Lehne wirfst, wird's schon hässlich. Richtig wohnlich ist das nicht. Man kommt sich ein bisschen vor wie im Designmuseum – Vorsicht, bloß nichts anfassen …«

Sie musste ihm recht geben. »Nach dem, was wir bis jetzt gesehen haben, würde ich sagen, dass Corinna Schänkenberg die entsprechende Einstellung hatte. Ich glaube, sie war sehr organisiert, sehr ordnungsbewusst …«

Sie wollte noch etwas anfügen, wurde aber von einem klirrenden Geräusch aus Richtung Haupteingang unterbrochen.

Und erstarrte mitten in der Bewegung.

Der Griff zur Waffe

Sven Fehrenkämper legte den Zeigefinger auf die Lippen. Mit der anderen Hand griff er unter seine Jacke und löste den Druckknopf seines Pistolenholsters.

Agarius nickte und wies mit dem Kopf in Richtung Korridor. Ihre nächsten Bewegungen verliefen wie nach Lehrbuch, präzise wie eine Musterübung an der Polizeiakademie Nienburg.

Sie zog ihre P2000. Sven hatte seine schon in der Hand, den Zeigefinger neben dem Abzug. Die vorgeschriebene Sicherheitshaltung sollte sich noch als sinnvoll erweisen.

Lautlos rückten sie vor. Bea Agarius deutete mit dem Daumen auf sich, dann mit dem Zeigefinger Richtung Küche. Fehrenkämper antwortete stumm, indem er Zeigefinger und Daumen zum O.K.-Zeichen schloss.

Sie huschte in den Flur und bezog Stellung hinter dem Durchgang zur Küche. Dort sank sie auf ihr rechtes Knie, damit Fehrenkämper in Kopfhöhe freies Schussfeld hatte, und stützte sich mit der Schulter am Türrahmen ab.

Fehrenkämper positionierte sich hinter der Wohnzimmertür. Er bot einem etwaigen Angreifer so wenig Zielfläche wie möglich. Nur sein Kopf und der ausgestreckte Arm mit der Dienstwaffe ragten in den Korridor. All das geschah in Sekundenschnelle.

Sie hatten gehört, wie der Riegel des Schlosses zurückschnappte. Jemand drückte die schwere Tür langsam auf. Ein gefütterter Winterstiefel mit dicker Sohle schob sich durch den Spalt, dann eine Hand, an der ein praller

Einkaufsbeutel hing. Die Schulter voraus, zwängte sich laut schnaufend eine korpulente Frau in die Diele. In der anderen Hand trug sie eine weitere Tasche. Und ließ beide mit einem spitzen Aufschrei fallen, als sie sich umdrehte und in zwei Pistolenmündungen blickte.

Ein dumpfer Knall verriet, dass ein Glasbehältnis zerborsten war. Äpfel kullerten aus einer der Taschen, Dosen rutschten heraus, ein Beutel Zitronen und die Scherben einer braunen Flasche. Milch und Sahne ergossen sich über den steinernen Boden.

Die Frau fand ihre Fassung wieder und begann zu schreien. »Hilfe! Überfall! Zu Hilfe! Polizei!«

Die Kommissarin richtete ihre Waffe rasch nach unten und sicherte sie. Sie konnte nicht anders, sie musste grinsen. Die Situation war zu grotesk. Wie aus einer Slapstick-Komödie.

Fehrenkämper war einen Moment lang irritiert und warf Agarius einen beunruhigten Blick zu, wandte sich dann aber schnell wieder der Frau zu, die immer noch Hilferufe ausstieß. Er wusste sich nicht anders zu helfen und fuhr sie lautstark an: »Seien Sie ruhig! Still jetzt! Wir sind doch von der Polizei!«

Er vergewisserte sich, dass Agarius ihre P2000 noch schussbereit hatte. Erst dann versenkte er seine Pistole im Holster, damit er die Hände freibekam, um seine Dienstmarke hervorholen zu können. »Sehen Sie her. Ich bin Hauptkommissar Fehrenkämper. Meine Kollegin ist Hauptkommissarin Agarius. Wir sind von der Polizeiinspektion Osnabrück.«

Die übergewichtige Frau verschluckte den nächsten Schrei und musste husten. Als sie wieder zu Atem kam, nahm sie argwöhnisch Fehrenkämpers Marke in Augenschein. »Haben Sie auch einen richtigen Dienstausweis? So mit Foto und Stempel?«

Bea Agarius musste erneut glucksen. Fehrenkämper verdrehte die Augen, zückte seinen grünen Lichtbildausweis und klappte ihn auf. »Haben wir auch, ja. Hier, bitte schön.«

»Und die junge Frau da? Hat die auch einen?«

»Ja, sie hat.« Bea Agarius hielt ihren Dienstausweis ausgestreckt vor sich hin, sodass die Frau ihn lesen konnte. Ihre Waffe hatte sie weggesteckt. »Und jetzt sagen Sie doch mal, wer Sie eigentlich sind und was Sie hier machen.«

In beleidigtem Tonfall antwortete die Frau: »Ich bin Hella Schnieder und arbeite hier als Haushälterin. Wenn jemand erklären muss, was er hier macht, dann sind das doch wohl Sie. Warum sind Sie hier?« Ihr kam ein Gedanke. »Mein Gott, ist hier etwa eingebrochen worden?« Sie tat ein paar Schritte nach vorn und sah ängstlich ins Wohnzimmer.

Die Kommissarin hob beschwichtigend die Arme. »Nein, deshalb sind wir nicht hier ...«

Hella Schnieders Gedanken wanderten von Hü nach Hott und wieder zurück. Erst jetzt kam ihr so richtig zu Bewusstsein, was geschehen war. »Jetzt gucken Sie sich diese Schweinerei an«, schimpfte sie und deutete auf die umgefallenen Einkaufstaschen. »Nur wegen Ihnen. Weil Sie die Leute so erschrecken müssen. Und weil die Frau Schänkenberg immer auf Pfandflaschen besteht. Das hat man nun davon. Mit einem Tetra Pak wäre das nicht passiert. Außerdem müsste ich nicht immer so schwer tragen ... Jetzt darf ich die Sauerei wegmachen ...« Empört rang sie nach Luft und machte Anstalten, umgehend mit den Aufräumarbeiten zu beginnen.

»Lassen Sie mal«, sagte Bea Agarius und machte eine auffordernde Kopfbewegung in Fehrenkämpers Richtung. »Mein Kollege kümmert sich schon darum.«

Sven Fehrenkämper schwankte zwischen Verwunderung und Ärger, hielt aber seine Worte zurück. Er bemerkte ihre verstohlene Geste. Sie wollte ihm etwas mitteilen. Fehrenkämper sah sie fragend an. Dann begriff er. »Wo finde ich denn Eimer und Scheuerlappen?«, erkundigte er sich in versöhnlichem Tonfall.

»In dem Kabäusken, da unter der Treppe«, sagte die Haushälterin und deutete in die entsprechende Richtung.

»Der Herr Fehrenkämper ist Hausmann. Der kriegt das schon hin.« Sie sagte nicht die Wahrheit. Ein Hausmann war Sven Fehrenkämper sicher nicht. Aber sie hatte vollstes Vertrauen, dass es ihm gelingen würde, die Scherben zusammenzukehren und die ausgelaufenen Flüssigkeiten aufzuwischen. »Kommen Sie, lassen Sie uns in die Küche gehen. Setzen wir uns doch erst mal für einen Moment.«

Mit einem missbilligenden Blick auf das Durcheinander am Boden legte Hella Schnieder ihren Mantel ab, hängte ihn sorgfältig an der Garderobe auf und folgte der Kommissarin in die Küche. Ihre Handtasche behielt sie bei sich. Auf den Anblick des unbenutzten Frühstücksgeschirrs reagierte sie mit einem besorgten Gesichtsausdruck. Sie wurde bleich.

»Möchten Sie ein Glas Wasser?«

»Nein, danke«, antwortete die Haushälterin. Sie setzte sich gegenüber dem gedeckten Bereich an den Küchentisch, wuchtete sich aber im nächsten Moment schon wieder hoch und trat ans Ende der Arbeitsplatte. Dort stand unter den Hängeschränken ein Tablett mit mehreren Flaschen. Hella Schnieder holte ein Trinkglas aus dem Schrank und füllte es zu gut einem Drittel mit Sherry. Zwei Schlucke, und das Glas war leer. Sie atmete durch und nahm ihren Sitzplatz wieder ein.

Das Getränk schien ihr gutgetan zu haben. Das nervöse Augenflattern hörte auf, ihre Bewegungen waren weniger fahrig. Ihre Wangen nahmen wieder Farbe an, und ihre Worte wirkten klarer.

»Ich muss Frau Schänkenberg anrufen«, sagte sie und suchte in ihrer Handtasche nach ihrem Telefon. Ihr Ton wurde wieder kritisch. »Warum sind Sie jetzt noch mal genau hier? Und wer hat Sie überhaupt hereingelassen?«

Bea Agarius ging zum Tablett mit den Flaschen, goss einen Sherry ein und reichte ihn der Haushälterin. »Ich fürchte, Sie können gleich noch einen davon gebrauchen.«

Dieses Mal nippte Hella Schnieder nur. Sie sah die Kommissarin aus ängstlichen Augen an.

»Frau Schnieder, ich muss Ihnen leider eine sehr traurige Mitteilung machen. Ihre Arbeitgeberin, Frau Schänkenberg – sie lebt nicht mehr. Sie wurde heute Morgen im Bürgerpark tot aufgefunden.«

Hella Schnieder hob die Arme und versenkte ihr Gesicht in ihren Handflächen. So blieb sie eine ganze Weile sitzen und sagte kein Wort. Dann nahm sie das Glas und leerte es in einem Zug.

Aus dem Flur hörten sie das dumpfe Geräusch eines metallenen Henkels, der gegen einen Plastikeimer prallte, dann das blecherne Schaben eines Kehrblechs auf steinernem Untergrund.

»Vorsicht mit dem Kehrblech! Machen Sie ja keine Kratzer in die Fliesen!«

»Keine Sorge, ich passe auf«, rief Sven Fehrenkämper durch die Tür. Er kam herein, füllte einen Plastikeimer in der Spüle zur Hälfte mit Wasser und verschwand wieder.

»Es tut mir sehr leid. Ich müsste Ihnen ein paar Fragen stellen. Meinen Sie, es geht?«, nahm Bea Agarius das Gespräch wieder auf.

»Was ist Frau Schänkenberg denn zugestoßen?«

»Wir wissen es noch nicht genau. Das wird gerade untersucht. Wann haben Sie Frau Schänkenberg zuletzt gesehen?«

»Letzten Freitag. Freitags bringe ich die Einkäufe fürs Wochenende und mache noch mal sauber.«

»Was hatten Sie für einen Eindruck von ihr? Verhielt sie sich ungewöhnlich?«

»Nein ... Nicht, dass ich wüsste. Wir haben uns nur kurz gesprochen. Sie ist gleich wieder los. Sie wollte um fünf zu einer Veranstaltung in der Altstadt. In der Bücherstube. Da wurden Gedichte vorgetragen oder so was. Sie war mit einer Kollegin verabredet.«

»Wissen Sie den Namen der Kollegin?«

Hella Schnieder zuckte mit den Schultern. »Nein. Ich arbeite ja nur hier. Nur tagsüber. Wir waren nicht befreundet oder so. Also ihren Bekanntenkreis kenne ich kaum.«

»Aber wenn Sie regelmäßig die Einkäufe erledigt haben, wissen Sie doch sicher, wenn Frau Schänkenberg mal Besuch bekam. Kam das vor?«

»Manchmal kamen Kolleginnen zum Kaffee. Oder mal abends zu einem Essen im kleinen Kreis. Sie hat dann selbst gekocht. Das konnte sie gut. Auch ausländische Sachen. Das war manchmal ganz schön schwierig, die Zutaten zu bekommen, die sie mir auf den Einkaufszettel geschrieben hatte. Wo soll man denn in Osnabrück um Himmels willen – wie heißt das noch? – Pakchoi oder Zitronengras herbekommen? Unser Supermarkt hat das nicht. So was brauchte sie hin und wieder für ihre Rezepte. Dafür musste ich dann extra in die Stadt. Aber große Partys oder so hat sie nicht gefeiert.«

»Wie sieht es mit Männerbesuchen aus?«

Hella Schnieder sah verlegen aus dem Fenster. »Darüber möchte ich eigentlich nicht sprechen.«

»Es könnte für uns aber wichtig sein, um zu verstehen, was Frau Schänkenberg zugestoßen ist.«

»Ich glaube, manchmal hat ein Mann hier übernachtet. Nicht oft. Alle paar Monate mal. Oder noch seltener.«

»Meinen Sie, es war immer derselbe Mann?«

»Nein, eben nicht. Immer ein anderer. Aber wie gesagt, ganz, ganz selten. Und ganz genau kann ich das gar nicht sagen.« Hella Schnieder war offensichtlich sehr darum bemüht, ihre Arbeitgeberin nicht in ein aus ihrer Warte unmoralisches Licht geraten zu lassen.

»Könnte es auch eine Frau gewesen sein?«

Hella Schnieder sah die Kommissarin erstaunt an. »Eine Frau? Im selben Bett?« Die robuste Haushälterin konnte sich offenbar nur die Paarung von Mann und Frau vorstellen.

In die Stille drang ein leises Plätschern, als Sven Fehrenkämper im Flur den Aufnehmer auswrang.

Die Kommissarin ließ es dabei bewenden. Sie nahm die Personalien auf, dann geleitete sie die Haushälterin zur Tür und instruierte sie eingehend, die Wohnung vorerst nicht mehr zu betreten. Danach half sie Fehrenkämper, der die Scherben sorgfältig aufgesammelt und auf das Kehrblech gehäuft hatte. Den Inhalt der Einkaufstaschen hatte er sortiert. Einiges war unbeschädigt geblieben, anderes musste nur gesäubert werden.

»Was machen wir jetzt damit?«, fragte er und deutete auf das frische Obst und Gemüse.

»Verflixt, ja. Wir hätten das Zeug der Haushälterin mitgeben sollen.« Sie ärgerte sich, dass sie nicht daran gedacht hatte.

»Wenn wir es hierlassen, wird es vergammeln«, warnte Fehrenkämper.

»In Ordnung«, bestimmte Agarius. »Was haltbar ist, kommt in den Kühlschrank. Das andere nehmen wir mit und verteilen es unter den Kollegen. Ich glaube, unter den gegebenen Umständen kann man das verantworten.«

»Sehe ich auch so. Muss ja keiner erfahren.« Fehrenkämper zwinkerte schlitzohrig. »Notfalls sagen wir, es wäre beim Runterfallen komplett zermatscht und wir hätten es in den Müll geworfen.«

Nachdem alles weggeräumt und der Flur gewischt war, schaute sich Fehrenkämper im oberen Stockwerk um. Die meisten Räume dort, Gästezimmer und Abstellkammern, waren sauber, aber mit Ausnahme des großen Badezimmers und eines Schlafzimmers offensichtlich lange nicht benutzt worden. Es gab ein paar persönliche Dinge, darunter nichts, was irgendwie Aufschluss über die dringendsten ermittlungsrelevanten Fragen gegeben hätte. Keine Hinweise auf weitere Personen.

Inzwischen versuchte Agarius nochmals, den niederländischen Kollegen Arie Fassaert zu erreichen. Dieses Mal hatte sie Glück, allerdings war er immer noch unterwegs und mit einer Observation beschäftigt. Sie erläuterte ihm schnell den Ermittlungsanlass und bat um seine Unterstützung, die er ohne zu zögern zusagte. Alles Weitere vertagten sie auf ein späteres Telefonat.

»Ich sitze gerade im Auto. Wir warten hier auf einen Verdächtigen«, erklärte Fassaert. Er musste laut sprechen, um den Verkehrslärm der nahen Amsterdamer Stadtautobahn zu übertönen. »Schick mir die Personendaten am besten auf mein Mobiltje.«

Sie erledigte das sofort und wechselte dazu in die Küche. Im Sitzen ließ es sich besser tippen. Anschließend tütete sie das Glas ein, das die Haushälterin benutzt hatte. Hella Schnieders Fingerabdrücke und DNA waren damit schon mal gesichert. Sei es auch nur, damit die Kriminaltechniker sie später von anderen Spuren unterscheiden konnten.

»Und jetzt?«, fragte Sven Fehrenkämper.

»Zum Westerberg. Zu ihrem Arbeitsplatz.«

Während Agarius die Eingangstür mit einem Dienstsiegel versah, das Unbefugten den Zutritt untersagte, telefonierte Fehrenkämper mit Marianne Stühlmeyer, berichtete kurz, gab die Personalien der Haushälterin Hella Schnieder durch und bat um einen Hintergrundcheck. »Außerdem soll sich die Kriminaltechnik einmal die Wohnung der Verstorbenen ansehen. Würdest du das bitte veranlassen?«

Die Oberkommissarin versprach, sich gleich darum zu kümmern.

Fehrenkämper ließ das Telefon in die Tasche gleiten. »Alles klar«, meldete er.

Bea Agarius verstaute das beschlagnahmte Glas bruchsicher in ihrem Ausrüstungskoffer.

Dann machten sie sich auf den Weg zur anderen Seite der Stadt.

Von Berg zu Berg

»Schon erstaunlich, wie sich das alles hier verändert hat«, bemerkte Bea Agarius, als sie an der Barbarastraße aus dem Wagen stiegen.

»Was meinst du?« Sven Fehrenkämper war erst vor einigen Jahren nach Osnabrück gezogen. Er hatte die Zeit der britischen Besatzung nicht mehr erlebt.

»Früher war hier alles Militärgelände. Siehst du, da oben – das war mal eine Reithalle. Gehört heute alles zur Hochschule.« Sie wies hügelaufwärts, zu einem Gebäude aus Bruchstein, das mit seinen hohen, dunkelbraun eingefassten Sprossenfenstern und dezenten Gesimsen an alte Industriegebäude erinnerte. »Nach dem Krieg wurden die Kasernen von den Briten übernommen. Ich kann mich noch daran erinnern, dass die Gegend fast wie eine englische Kleinstadt aussah. Es gab ein englisches Kino, eine englische Schule und die Naafi, den englischen Armee-Supermarkt ... Und unten an der Ecke einen Autohändler, der sich auf britische Marken spezialisiert hatte.« Sie lächelte versonnen. »Rolls Royce oder Bentleys waren leider nicht dabei. Nur so kleine. Vauxhall, Austin, MG – ich weiß gar nicht mehr, wie die alle hießen. Und Land Rover. Davon gab es einige. Die kamen uns immer ganz exotisch vor. So wie die weißen Busse, die die Kinder zu den britischen Schulen brachten.«

Sie klang beinahe wehmütig, als sie den Blick von Osten nach Norden über die Barbara- und die Sedanstraße schweifen ließ. »Ich glaube, die Kaserne hieß Woolwich Barracks. Alles weg«, sagte sie leise. »In das englische Kino durften Deutsche offiziell nicht rein. Aber wir haben uns mal reingeschmuggelt. Eine Schulfreundin von mir war im Austausch in England gewesen und konnte sehr gut Englisch. Die hat die Karten gekauft.« Sie lachte. »Ich glaube, die Betreiberin hat trotzdem was gemerkt. Aber es waren kaum Leute in der Vorstellung. Vermutlich waren die froh über jede verkaufte Karte. Das Kino lief wohl nicht mehr so gut. Das andere in der Dodesheide hatte man schon geschlossen. Die Leute blieben zu Hause und guckten DVDs.«

Fehrenkämper unterbrach ihre Erinnerungen. »Weißt du, wo wir hinmüssen?«

»Ja. Nelson-Mandela-Platz. Der große Kasten mit den schmalen Fenstern. Mein Vater hat mir übrigens erzählt, dass vor allem unter den jungen britischen Soldaten Osnabrück immer nur als ›Osnatraz‹ bezeichnet wurde.«

»›Osnatraz‹? Wieso? Was soll das bedeuten?«

»Na, das war eine Anspielung auf Alcatraz. Die ehemalige Gefängnisinsel in der Bucht von San Francisco, die als ausbruchsicher galt. Kennst du nicht den Film ›Flucht von Alcatraz‹ mit Clint Eastwood?«

Fehrenkämper schüttelte den Kopf. »Wie kann der Film ›Flucht von Alcatraz‹ heißen, wenn der Knast doch ausbruchsicher war, wie du sagst?«

»Das Gefängnis gab es über hundert Jahre. Und in all der Zeit haben es natürlich immer wieder einige versucht. Der Film basiert auf einer wahren Begebenheit. Und am Ende, Achtung, Spoiler-Alarm, bleibt dann auch offen, ob der Held tatsächlich entkommen ist. Spannend ist er trotzdem.«

»Und was hat das alles mit Osnabrück zu tun?«

»Damals, das muss so in den Siebzigern gewesen sein, hatte Osnabrück wohl nicht so viel zu bieten. Jedenfalls nicht für junge Leute. Und die hierher abkommandierten britischen Soldaten waren alle sehr jung. Die fühlten sich halt wie auf Alcatraz – sie konnten nicht weg, und es gab wenig Abwechslung für sie.«

Sie sah Fehrenkämpers Gesicht an, dass er die eben erhaltenen Informationen für völlig nutzlos hielt. Weshalb er auch nicht bereit war, dafür einen Platz in seinem Gedächtnis zu opfern.

Einige Momente später, während sie noch die Barbarastraße hinuntertrabten, blieb er abrupt stehen. Er reckte den Oberkörper und wandte den Kopf. Nur wenige Kilometer weiter erhob sich wie ein großer grüner Igel der Gertrudenberg aus dem Häusermeer und war von ihrem Standort aus bestens zu sehen.

»Was ist? Hast du was vergessen?«

»Mir fällt gerade etwas auf«, antwortete er gedankenverloren und deutete Richtung Sonnenhügel. »Corinna Schänkenberg arbeitete hier am Westerberg, also quasi oberhalb der Stadt. Und ihre Leiche wurde auch hoch über der Stadt gefunden. Sogar ungefähr auf gleicher Höhe. Der Bürgerpark liegt schräg gegenüber. Wenn der Hund sie nicht umgerissen hätte, hätte sie dann nicht genau in Richtung Bücherei geblickt? Ob es da einen Zusammenhang gibt?«

Ihr Blick folgte seinem ausgestreckten Zeigefinger, wanderte zurück zur Bibliothek und wieder zum Gertrudenberg. Sie pfiff kurz und leise durch die gespitzten Lippen. »Ja, Mensch! Das ist mir noch gar nicht in den Sinn gekommen. Eine gute Beobachtung. Das sollten wir unbedingt im Auge behalten.«

Ihre Stimme war ernst, aber einen Moment später ließ sie einen vergnügten Gluckser hören.

»Ich muss gerade an etwas denken«, erklärte sie ihrem verdutzten Begleiter. »Vor ein paar Jahren hat die Berliner ›Tageszeitung‹ mal Osnabrück mit Rom verglichen. War natürlich ironisch gemeint. Von wegen Stadt mit sieben Hügeln. Warte mal – der Westerberg und der Gertrudenberg, Schinkelberg, Piesberg ... Das sind vier. Ach ja, Haster Berg natürlich ... Welche gibt es denn noch?«

»Schölerberg und Kalkhügel im Süden«, assistierte Fehrenkämper. Auch er musste grinsen. »Tatsächlich – eine Stadt mit sieben Hügeln. Was dir immer alles im Kopf herumspukt ...«

Sie trafen die Dezernentin der Bereichsbibliothek Westerberg in deren Büro. Mechthild Große-Berlage reagierte bestürzt, als sie vom Tod ihrer Mitarbeiterin erfuhr. Die Ermittler ließen ihr einige Minuten, um sich zu sammeln.

»Und ich hatte mich schon gesorgt, weil Corinna heute nicht zur Arbeit erschienen ist. Sie ist sonst so zuverlässig. Sie gibt auf jeden Fall Bescheid, wenn sie verhindert ist. Was ausgesprochen selten vorkommt.« Die Bereichsleiterin sprach an ihnen vorbei. Ihr schimmernder Blick ging ins Leere.

Bea Agarius brachte sich mit sanfter Stimme wieder ins Gespräch. »Ich weiß, es wirkt taktlos. Aber wir benötigen einige Informationen über Frau Schänkenberg. Denn bedauerlicherweise ist sie keines natürlichen Todes gestorben.«

»Nein? Hatte sie einen Unfall?«, wollte Mechthild Große-Berlage wissen.

»Unsere Ärzte sind noch damit beschäftigt, die genaue Todesursache zu untersuchen«, erwiderte Bea Agarius ausweichend.

»Wir wissen, dass Frau Schänkenberg finanziell vermögend war«, begann Sven Fehrenkämper. »Können Sie uns sagen, warum sie trotzdem berufstätig war?«

»Warum denn nicht?«, fragte die Bereichsleiterin erstaunt zurück und runzelte die Stirn. »Sie hat Bibliothekswesen studiert und den Beruf seit je ausgeübt. Warum sollte sie zu Hause bleiben?«

»Wie gut kannten Sie Frau Schänkenberg?«

»Wir waren Kolleginnen. Wir hatten immer ein gutes Verhältnis. Ich kannte sie gut genug, um sagen zu können, dass ihr der Beruf Spaß gemacht hat.«

»Hatten Sie privat Kontakt?«

»Nicht im engeren Sinne.«

Bea Agarius kam auf ein Thema zurück, das sie schon im Gespräch mit der Haushälterin der Verstorbenen angeschnitten hatte. »Wissen Sie, ob Frau Schänkenberg einen Lebenspartner oder eine -partnerin hatte? Oder vielleicht anderweitige Beziehungen?«

»Nein. Über so intime Dinge habe ich mit ihr nie gesprochen.«

»Gibt es im Kolleginnenkreis jemand, der enger mit ihr bekannt war?«

»Ja – Frau Abelein. Tanja Abelein.«

»Wir würden nachher noch gern mit ihr sprechen.«

»Das wird sich bestimmt einrichten lassen.« Mechthild Große-Berlage setzte ihren Drehstuhl in Bewegung und sah auf den Dienstplan an der Wand. »Sie sollte im Haus sein. Sie ist heute für die Leihtheke eingeteilt.«

»Wie war ansonsten das Verhältnis von Frau Schänkenberg zu den Mitarbeitern hier im Haus?«

»Freundschaftlich, würde ich sagen. Es gab schon mal gemeinsame Unternehmungen. Corinna war im kulturellen Bereich sehr engagiert, zum Beispiel im Museums- und Kunstverein. Und sie war in einem Singkreis, im Gemeinschaftszentrum Dodesheide. Sie hat uns immer auf Auftritte ihres Chors aufmerksam gemacht. Oder auf andere Veranstaltungen hingewiesen. Da hat man sich im Kollegenkreis mitunter verabredet. Oder wir haben uns zufällig getroffen, bei den Kulturnächten, im Theater oder einem Konzert im Lutherhaus. Wir haben ähnliche Interessen. Wenn sie Geburtstag hatte, hat sie uns zu sich nach Hause eingeladen, zu einer Kaffeerunde oder zu einem gemeinsamen Essen. Sie hat immer selbst gekocht. Das war ihr lieber, als in ein Restaurant zu gehen.«

»Das Verhältnis zu den Kollegen und Kolleginnen war also gut?«

»Mir ist nichts Gegenteiliges zu Ohren gekommen.«

»Wie war Frau Schänkenbergs berufliche Position? War sie anderen übergeordnet?«

»Nein. Unsere Arbeitsabläufe sind sehr kollegial strukturiert. Mit flachen Hierarchien, wenn Sie so wollen.«

»Es gibt keine höheren Positionen?«

»Doch, natürlich. Die einzelnen Fachgebiete – Physik, Mathematik, Chemie – sind jeweils einer Fachreferentin unterstellt.«

»War Frau Schänkenberg eine dieser Referentinnen?«

»Nein. Corinna arbeitete halbtags. Ich habe ihr vor drei Jahren das Fachreferat Gesundheitswissenschaften angeboten. Dafür hätte sie aber auf eine Vollzeitstelle gehen müssen. Das hat sie abgelehnt. Nicht, weil ihr die zusätzlichen Stunden zu viel gewesen wären, sondern zugunsten einer Mitarbeiterin mit weniger Dienstjahren. Eine jüngere Kollegin mit Kindern, deren Mann arbeitslos geworden war. Die Familie konnte die Gehaltsaufbesserung gut gebrauchen.«

Mechthild Große-Berlage erhob sich und trat ans Fenster. Die eingesunkene Haltung, der verstohlene Griff in die Tasche ihrer hüftlangen Strickjacke, die zum abgewandten Gesicht erhobene Hand – die Körpersprache war nicht schwer zu deuten. Bea Agarius fand sich bestätigt, als die Bibliotheksleiterin mit halb erstickter Stimme sagte: »Corinna ... So war sie halt. Ein großzügiger Mensch.«

Einblicke

Mechthild Große-Berlage hatte dafür gesorgt, dass Tanja Abelein eine Vertretung bekam und sich die Zeit nehmen konnte, um mit den Kriminalermittlern zu reden. In den Lesesälen durfte nur gedämpft gesprochen werden.

Draußen schien die Sonne, und die Tagestemperatur hatte trotz der fortgeschrittenen Jahreszeit noch einmal die Fünfzehn-Grad-Marke überschritten. Bea schlug vor, sich nach draußen zu setzen. Tanja Abelein hatte nichts dagegen.

»Wir könnten hinübergehen zur Mensa. Dort gibt es auch ein Eiscafé, das ›Caramella‹.«

»Dürfen dort nicht nur Studenten essen?«, fragte Sven Fehrenkämper.

»Im Speisesaal ja, aber das ›Caramella‹ ist für jedermann geöffnet.«

Während sie über die grüne Brache zwischen den Gebäuden wanderten, stellte Tanja Abelein die Frage, die ihr auf den Nägeln brannte. »Was ist mit Corinna passiert? Die Chefin hat sich so unbestimmt ausgedrückt.«

»Das liegt daran, dass wir auch noch nichts Genaues wissen. Die Todesursache wird derzeit untersucht«, erläuterte Bea Agarius. »Wir holen aber schon mal ein paar Erkundigungen ein, damit wir uns ein Bild von der Verstorbenen machen können. Deshalb sind wir hier.«

Das ›Caramella‹ befand sich im Foyer des großen Mensagebäudes. Tanja Abelein und Sven Fehrenkämper entschieden sich für ein Eis, Bea Agarius nahm einen Kaffee. Die Thekenkraft bot ihr an, anstelle des Einwegbechers für fünf Euro eine Thermotasse mit dem Aufdruck ›Studentenwerk Osnabrück‹ zu erwerben. Den ersten Kaffee gebe es dann umsonst dazu und jeden weiteren zehn Cent billiger.

Bea Agarius beantwortete den Vorschlag mit einem freundlichen Lachen. »So häufig komme ich hier nicht vorbei, dass sich das tatsächlich auszahlen würde. Andererseits – das ist natürlich ein Grund. Und der gute Zweck ist es allemal wert. Ich kaufe so einen Becher.«

Die Frau hinter der Theke schien ehrlich erfreut und spendierte gleich zwei Kekse als Dreingabe. Bea Agarius bedankte sich.

»Es gibt sogar veganes Eis«, wunderte sich Sven Fehrenkämper. »Ist denn Eis nicht sowieso fleischfrei?«

»Es geht um die Fette«, wusste Tanja Abelein. »Veganer essen keine Produkte, die von Tieren stammen. Also auch keine tierischen Fette. Beim veganen Eis werden sie durch pflanzliche Stoffe ersetzt.«

Statt zu antworten leckte Fehrenkämper mit tastender Zunge an einer seiner Eiskugeln. Die skeptische Miene machte schnell einem genüsslichen Lächeln Platz. »Schmeckt ja gar nicht schlecht.«

Sie setzten sich nach draußen. Tanja Abelein blinzelte in die Sonne und naschte traurig von ihrem Eis. »Dass man an so einem schönen Tag sterben muss ... Da sieht man wieder, dass man das Leben auskosten sollte, so gut es geht.«

»Da haben Sie recht. Das ist etwas, was man gerade in unserem Beruf sehr schnell lernt«, sagte Sven Fehrenkämper.

»Wobei auch wir ständig vergessen, uns an diese Erkenntnis zu halten«, meinte Bea Agarius.

Fehrenkämper gab einen zustimmenden Summton von sich und schleckte sein Eis.

»Auch jetzt sind wir leider nicht des guten Kaffees wegen hier. Wir wüssten gern etwas mehr über Corinna Schänkenberg, aber niemand scheint sie enger gekannt zu haben. Sie waren näher mit ihr befreundet?«

»Nur wenig mehr als auf kollegialer Ebene. Wir sind öfter mal zu Kulturveranstaltungen gegangen. Und ich habe sie gern singen gehört, wenn sie mit ihrem Chor aufgetreten ist. Sie war in einem Singkreis im Gemeinschaftszentrum Dodesheide.«

»Das haben wir schon erfahren. Hatten Sie denn auch Einblick in ihr Privatleben?«

»Wenig. Ich glaube, das liegt einfach daran, dass es da nicht viel zu wissen gibt. Gesprochen haben wir nicht darüber, aber ich hatte den Eindruck, dass sie immer noch an ihrem verstorbenen Mann hing. Verstehen Sie mich nicht falsch, sie hat sich nicht abgekapselt oder so. Sie war immer aufgeschlossen und gesprächig, ob hier am Arbeitsplatz oder in Gesellschaft. Ich glaube nicht, dass sie an Depressionen litt. Wobei – das merkt man ja den Menschen nicht unbedingt an ...«

»Also gab es keinen neuen Lebenspartner in ihrem Leben?«

»Niemanden, von dem ich wüsste.«

»Ihre Haushälterin hat berichtet, dass gelegentlich jemand im Haus übernachtete.«

Tanja Abelein schien peinlich berührt. Sie warf einen unsicheren Blick auf Sven Fehrenkämper.

»Sven, würdest du mir noch einen Kaffee holen? Bitte hier in den Thermobecher füllen lassen. Dann ist er zehn Cent billiger.«

»Zehn Cent«, maulte Fehrenkämper. »Als ob sich das lohnen würde.«

»Es lohnt sich der Umwelt wegen. Sei doch bitte so lieb.«

»Aber du hältst so lange mein Eis.« Widerstrebend erhob er sich und zog ab.

»So, jetzt sind wir unter uns«, wandte sich die Kommissarin an ihre Zeugin. »Sie haben da etwas auf dem Herzen?«

Verlegen suchte Tanja Abelein nach den richtigen Worten. Die Kommissarin drängte sie nicht. Sie brach einen Keks entzwei und steckte die Hälfte in den Mund. Es knirschte leise, als sie das Gebäck zwischen die Zähne nahm. Ihr Blick wanderte zu den Studierenden, die auf den Bänken oder auf der Rasenfläche saßen. Auf den ersten Eindruck ein scheinbar unbeschwertes Leben. Aber als geschulte Beobachterin gewann Bea Agarius einen anderen Eindruck. Einige der jungen Leute hatten sich in Papiere oder Bücher vertieft oder einen Laptop aufgeklappt, andere besprachen etwas in der Gruppe. Hier und da wurde gescherzt, aber die meisten wirkten erstaunlich ernst, manche angespannt, einzelne bekümmert.

Immer noch zögerlich, begann die Bibliothekarin zu sprechen. »Ich finde es ein wenig peinlich«, gestand sie. »Aber vielleicht können Sie das nachvollziehen – man hat doch auch als Frau gewisse Bedürfnisse. Ich meine, gerade als Witwe, wenn der Mann schon zwei Jahre lang nicht mehr da ist ...«

»Also Frau Schänkenberg gönnte sich gelegentlich mal eine Affäre, wollen Sie das damit sagen? Sie sprechen von erotischen Begegnungen?«

»Ja ...« Sie stockte erneut, schob dann eine Erklärung nach, die ihr heftiger als beabsichtigt geriet: »Wobei ›gelegentlich‹ wirklich noch übertrieben ist. Sie war nicht ... wie soll ich sagen ... nicht wahllos.«

»Ich verstehe, was Sie sagen wollen. Kennen Sie einen der auserwählten Herren – oder waren auch Damen darunter? Wissen Sie vielleicht sogar einen Namen?«

Tanja Abelein schüttelte den Kopf. »Nein. Wirklich nicht. Nein. Also zu beiden Ihrer Fragen. Meines Wissens fühlte sich Corinna nur zu Männern hingezogen. Und ich habe ihre Partner nie kennengelernt. Wissen Sie, wir haben nicht offen darüber gesprochen. Sie beließ es bei Andeutungen. Aber ich glaube, ich habe Corinna in dem Punkt schon richtig verstanden. Und irgendwie merkte man es ihr auch an, wenn ... wenn sie wieder einmal Besuch gehabt hatte.«

Sven Fehrenkämper kam herangebummelt. »Sie haben das Fernsehen zu Gast«, meldete er. »Drinnen wird gerade eine der Mensaköchinnen interviewt.«

Die Bibliothekarin musste lachen. »Das ist kein Fernsehen. Kein richtiges jedenfalls, sondern jemand vom Studentenwerk. Die Regisseurin dreht Outtakes für die Homepage.«

»Outtakes?«, fragte Fehrenkämper verwundert. »Das sind normalerweise missglückte Szenen, die am Schneidetisch rausfallen.«

»Er kennt sich aus.« Bea Agarius garnierte ihre Erklärung mit einem schelmischen Zwinkern. »Wenn er nicht Polizist geworden wäre, wäre er Filmkritiker.«

Abelein zuckte mit den Schultern. »Die Kollegin sagt jedenfalls immer, dass sie Outtakes dreht. Vielleicht ein Anflug von Selbstironie. Unser Medienkollege spöttelte neulich über –. Aber das gehört eigentlich nicht hierher.«

Als die Ermittler am späten Nachmittag ins Büro zurückkehrten, wartete Marianne Stühlmeyer bereits auf sie. Sie hatte eine Neuigkeit und zwei rotbraune Ablageordner zu bieten.

»Habt ihr einen schönen Tag gehabt?«, lästerte sie zur Begrüßung. »Bea, du hast da Krümel auf der Jacke.«

Obwohl es dafür keinen Grund gab, fühlte sich die Angesprochene ertappt. Fahrig wedelte sie die Keksreste zu Boden.

Marianne Stühlmeyer grinste, als sie die Wirkung ihrer Worte bemerkte, kam dann aber ohne weiteres Geplänkel zur Sache. »Hier erst einmal die Akte zu der Haushälterin, Hella Schnieder. Da gab es keine Auffälligkeiten. Tadelloses Führungszeugnis. Sollen wir Einsicht in die Konten beantragen?« Sie reichte der leitenden Ermittlerin den dünnen Hefter.

Bea Agarius schlug ihn auf. »Erst mal nicht«, sagte sie, während sie die knappen Angaben überflog. »Ich bespreche das mit Schneidling.«

»Es hat sich aber noch etwas ergeben, das wichtig sein könnte. Ihr habt doch heute Morgen mit dem Leiter der St. Gertruden Klinik gesprochen …«

»Mit Professor Dr. Gerber, ja«, bestätigte Bea Agarius überrascht. »Warum?«

»Der war vorhin hier. Beziehungsweise drüben bei Schneidling.«

»Hat er sich beschwert?«, wollte Sven Fehrenkämper wissen.

»Was? Wieso? Hast du was angestellt?«

Fehrenkämper zog die Lippen kraus. »Nicht dass ich wüsste.«

»Vielleicht eine deiner vorlauten Bemerkungen abgelassen?«

»Ach was, hat er nicht«, sagte die Moko-Chefin ungeduldig. »Jetzt sag schon, warum war er hier?«

»Immer langsam mit den jungen Pferden. Also, er hat sich angesehen, wer im letzten Vierteljahr aus der Geschlossenen der Klinik entlassen wurde. Und wer von denjenigen ins Täterprofil passen könnte. Er hat Schneidling zwei Namen genannt: Reinhold Harmsen und Linus Wertemöller. Mehr konnte er nicht sagen – ärztliche Schweigepflicht, logisch. Aber Schneidling hat gleich die Prozessakten heraussuchen lassen. Et voilà. Hier sind sie. Zur gefälligen Bearbeitung.«

Sven Fehrenkämper verdrehte die Augen. »Wir müssen doch jetzt erst mal unseren Bericht schreiben.«

»Und das machen wir auch«, bestimmte Agarius.

»Marianne, du und Berthold schaut euch das mal an. Heute noch. Ergebnisse bitte bis morgen zur Frühbesprechung.«

»Adieu, du schönes Feierabendbier«, trällerte die Oberkommissarin etwas schräg zur Melodie von Robert Stolz' »Adieu, mein kleiner Gardeoffizier« und warf einen sehnsuchtsvollen Blick nach draußen, wo die untergehende Sonne jenseits der Weststadt einen weiß-rot-blauen Farbenrausch in Pastell ans Firmament zauberte. Stühlmeyer klemmte sich die Aktenordner unter den Arm und wechselte in ihr eigenes Büro.

»Verrücktes Huhn«, murmelte Sven Fehrenkämper kopfschüttelnd. Mit dem nächsten Gedanken war er bereits wieder bei den Einzelheiten des Falls. »Wie wollen wir denn mit den Liebhabern des Opfers verfahren? Wenn die häufig wechselnden Geschlechtsverkehr hatte …«

»Gelegentlich, Sven. In ziemlich großen Abständen. Wie so viele ledige Menschen. Das macht Frau Schänkenberg nicht zur Schlampe.«

»Ich weiß, ich weiß. War auch gar nicht so gemeint. Aber es ist doch möglich, dass der Täter in den Kreisen der Übernachtungsgäste zu suchen ist.«

»Das müssen wir in Betracht ziehen, ohne Frage. Aber weder die Haushälterin noch die Kollegin kannten einen der Herren. Oder der Damen. Nicht mal vom Sehen. Wir müssen die Kontaktdaten von Frau Schänkenberg durchgehen. Kalender, Adressbücher, E-Mails.«

»Das kann ich aber nicht auch noch ...«

»Musst du auch nicht. Das sollen Czierni und Dieken-Uphoff übernehmen. Leg du schon mal einen Protokollbogen an. Ich erteile den beiden Weisung und bin dann gleich bei dir.«

Verdachtsmomente

Bevor sie in die Frühbesprechung ging, füllte Bea Agarius ihren neu erworbenen metallic-blauen Thermobecher mit Kaffee. Lächelnd betrachtete sie den in dieser Umgebung etwas seltsam wirkenden Aufdruck: ›Studentenwerk Osnabrück. Damit Studieren gelingt‹. In der Teeküche des Kommissariats gab es Tassen genug, aber schleierhafterweise bereitete ihr ihre eigentlich unnötige Neuerwerbung eine besondere Art von Freude. Immerhin besaß sie jetzt ein persönliches Trinkgefäß, das sie gesondert im eigenen Schrank verwahrte. Vielleicht waren es gerade solche kleinen, unbedeutenden, aber positiven Veränderungen des Alltags, die zur Zufriedenheit am Arbeitsplatz beitrugen.

Im Besprechungsraum summte vernehmlich die Kühlung des Beamers.

Marianne Stühlmeyer war damit beschäftigt, ihren Laptop anzuschließen. Das Bild auf der Projektionsfläche entsprach noch nicht ihren Vorstellungen. Sie murrte vor sich hin. »Versteh ich nicht, warum immer jemand die Eingangseinstellung verändern muss. Und an der Formatwahl hat auch einer herumgespielt und auf manuell gestellt. Völlig unnötig«, schimpfte sie. »Wer macht so was?«, fragte sie ins Blaue hinein.

Niemand fühlte sich angesprochen.

Der Thermobecher strömte angenehme Wärme aus. Bea Agarius hielt ihn wie einen Glücksbringer mit der rechten Hand umschlossen, als sie den Blick durch die Runde unausgeschlafener Gesichter schweifen ließ und den Kolleginnen und Kollegen einen guten Morgen wünschte.

Mattes Gemurmel war die Antwort.

Die Moko-Leiterin versuchte, aufmunternd zu klingen. »Es gibt heute einiges zu tun«, begann sie und hoffte, dass ihr vorgetäuschter Elan auf die Mitarbeiter überspringen würde. »Darum lasst uns gleich beginnen. Sven und ich haben uns gestern über das Umfeld des Opfers informiert und dabei zufällig die Haushälterin von Frau Schänkenberg kennengelernt.« Sie verbarg ihr Lächeln, als sie an die etwas absonderlichen Umstände dieses Kennenlernens dachte, die sie in ihrem Bericht zwar wahrheitsgetreu, aber etwas weniger dramatisch als tatsächlich geschehen niedergelegt hatte.

Schon im nächsten Moment war sie wieder ernst und gab eine Zusammenfassung dessen, was sie von der Haushälterin erfahren hatten. Sie wollte eben auf ihren Besuch am Arbeitsplatz der Ermordeten zu sprechen kommen, als Bertie Dieken-Uphoff hereinhastete.

»Entschuldigung«, stieß er hervor und schnappte einige Male röchelnd nach Luft.

»Immer mit der Ruhe«, spöttelte Sven Fehrenkämper. »Nicht dass du uns tot umfällst, alter Mann. Was ist los mit dir? Gestern zu lange im Hausflur gestanden?«

Dieken-Uphoffs Retourkutsche sorgte für allgemeine Erheiterung. »Aus dem Alter bin ich raus. Ich verbringe meine Nächte im Schlafzimmer. Manchmal sogar im eigenen ... – Bea, entschuldige die Verspätung, aber ich hatte die Schwester unseres Opfers am Telefon, die Frau van der Lecq aus Holland. Sie macht sich gleich auf den Weg und wird heute in Osnabrück eintreffen. Sie hat nach den Hausschlüsseln ihrer Schwester gefragt ...«

»Die kann sie noch nicht kriegen. Erst muss die Spurensicherung durchs Haus. Oder waren die schon dort?«

»Nein. Steht für heute Morgen an. Das habe ich ihr auch gesagt. Sie nimmt sich jetzt erst mal ein Hotelzimmer. Sie gibt uns Bescheid, wo sie letztendlich absteigen wird. Heute will sie zuerst nach Bad Rothenfelde zu ihrer Mutter. Ich habe für morgen Mittag einen Termin mit ihr gemacht. Sie kommt hier ins Büro.«

»In Ordnung, ich werde mit ihr sprechen.«

Die Moko-Leiterin knüpfte an ihre bisherigen Ausführungen an und gab wieder, was sie am Arbeitsplatz der Toten erfahren hatten. »So viel zum Opfer. Wir müssen versuchen, etwas über ihre Hausgäste herauszubekommen. Möglicherweise haben sich bei der Tätersuche neue Aspekte ergeben. Es gibt eventuell zwei Verdächtige. Marianne ist dem nachgegangen. Übernimmst du, bitte?«

»Klar, gern«, sagte Marianne Stühlmeyer, die im Gegensatz zu den meisten anderen trotz der Überstunden vom Tag zuvor recht rege wirkte. »Am besten von Anfang an: Staatsanwalt Dr. Schneidling hatte gestern Besuch vom ärztlichen Direktor der St. Gertruden Klinik, Professor Dr. Gerber. Dr. Gerber hat nachgeschaut, wer im letzten Vierteljahr aus der Abteilung für Forensische Psychiatrie entlassen wurde. Es gibt zwei ehemalige Patienten, die seiner Meinung nach ins Täterprofil passen, sofern es sich nicht um eine Tat im Beziehungsrahmen des Opfers handeln sollte.« Die Oberkommissarin rief ein Foto auf. »Dieser junge Mann ist einer der beiden. Reinhold Harmsen. Neununddreißig Jahre alt, geboren in Wittmund. Nicht verheiratet. Er ist nach seiner Entlassung wieder nach Altharlingersiel gezogen. Seine Eltern unterhalten dort einen Bauernhof mit Ferienwohnungen. Da arbeitet er mit und muss sich zwei Mal pro Woche bei der Dienststelle in Esens melden.«

Auf dem Foto sahen sie einen pummeligen blonden Mann mit fülligem, rundem Gesicht, matt-blauen Augen und dichten blonden Haaren. Er trug einen dicken

Pullover und einen schlichten Ring im Ohr. Ein Bursche von der Küste, wie er im Buche stand.

»Was hatte der Friesenbengel auf der Kappe?«, wollte Fips Czierni wissen.

»Versuchte Vergewaltigung, sexuelle Nötigung, Körperverletzung. Im Verfahren wurde ihm vom Gutachter eine psychische Störung attestiert. Kindheitsprobleme, Fürsorge, ihr kennt das ja. Und hier ist der zweite Kandidat.« Sie klickte auf den Pfeil im Bildprogramm. Auf der Projektionsfläche erschien ein älterer Mann mit sehr vollen, ursprünglich dunklen Haaren, in die sich altersbedingt die ersten Grautöne eingeschlichen hatten. Auf dem Foto wirkte der Mann sehr gepflegt. »Das ist Linus Wertemöller. Geboren in Georgsmarienhütte, lebt jetzt in Osnabrück in einer betreuten Vierer-Wohngemeinschaft im Schinkel. Meldet sich brav zweimal pro Woche bei den Kollegen in der Dienststelle an der Rappstraße und hat noch keinen Termin unentschuldigt versäumt. Wertemöller ist zweiundfünfzig Jahre alt. Geschieden. Er war ursprünglich Immobilienverwalter und hat laut Anklage mehrfach Kundinnen sexuell belästigt, wenn er mit ihnen bei einer Wohnungsbesichtigung allein war. Angeblich konnte er nicht anders. Die Einweisung in die Psychiatrie erfolgte nicht auf richterliche Anordnung, sondern auf eigenen Wunsch. Hat möglicherweise dadurch das Strafmaß um ein oder zwei Jährchen reduziert. Prognose positiv. Er hat sich in der St. Gertruden Klinik zum Zweiradmechaniker ausbilden lassen und arbeitet seit seiner Entlassung in einer Fahrradwerkstatt in der Neustadt.«

»Mit beiden Herren müssen wir uns näher befassen. Bleibt ihr beiden dran?«

»Soll ich den Wertemöller zur Einvernahme antreten lassen?«, fragte Marianne Stühlmeyer.

Von der Dienststelle am Kollegienwall war es nicht weit bis zu Wertemöllers Arbeitsplatz. Darum entschied sich die Chefin gegen eine Vorladung. »Nein, das halte ich für nicht so klug«, sagte sie. »Habt ihr nicht zufällig gerade etwas im Fahrradladen zu erledigen?«

Fips Czierni sah sie erstaunt an. »Nöö, wieso? – Ich bin doch Autofahrer ...«

Marianne Stühlmeyer lachte kopfschüttelnd und stupste den begriffsstutzigen Kollegen freundschaftlich an. »Schon verstanden. Machen wir.«

Gernot van den Bleeken, ein angestellter Spezialist für Kriminaltechnik, der vom Fachkommissariat 5 zur Mordkommission »Rosenstrauch« gestoßen war, räusperte sich und hob die Hand. Er erschien stets ernsthaft und sehr korrekt. Vielleicht ein wenig unbeweglich. Und mit unterentwickeltem Humorverständnis. Braune Strickjacke mit Zopfmuster und Lederbesatz, ausgebeulte beige Jeans, ausgetretene Mokassins – so stellte sich Bea Agarius einen Realschullehrer vor, der Literatur unterrichtete. Und Geschichte. Oder Philosophie.

Zwar hatte sie sich am Vortag mit van den Bleeken aufs Du geeinigt, aber das Duzen des förmlichen Mittvierzigers fiel ihr schwer. Immer noch rutschte ihr gelegentlich ein »Sie« heraus.

»Gernot?«

»Hm, ja ... Kollegen, wenn ihr diesen Herrn in der Fahrradwerkstatt aufsucht, vielleicht könntet ihr versuchen, ein DNA-Sample zu erlangen?«

»Dazu bräuchten wir doch einen richterlichen Beschluss.«

»Nein, ich meine, vielleicht liegt da etwas herum. Abfall. Ein Haar, ein Putzlappen, ein Papiertaschentuch ...«

Marianne Stühlmeyer verzog das Gesicht. »Eeekelig ...«

»Ihr könnt euch ja mal umschauen«, empfahl Agarius. »Steckt auf jeden Fall ein paar Asservatenbeutel ein.«

»Sowieso«, muffelte Czierni, als hätte man ihn in seiner Berufsehre verletzt.

Die Moko-Leiterin ignorierte die kleine Nörgelei. »Berthold, guck du doch bitte, was du von hier aus in Ostfriesland ausrichten kannst. Setz dich mit den dortigen Kollegen in Verbindung. Sven und ich begleiten Gernot und die Spusi in die Wohnung der Toten.«

Werkstattgespräche

Der Weg bis zur Fahrradwerkstatt nahe der Süsterstraße bedeutete für Marianne Stühlmeyer und Fips Czierni ab der Dienststelle am Kollegienwall nur einen kleinen Spaziergang. Aus Stühlmeyers Sicht eine willkommene Abwechslung. Sie nahmen den Weg durch die Detmarstraße, die Johannisfreiheit, passierten das Hospital und bogen in den schmalen dunklen Fußgängerweg ein, der von der Johanniskirche und einer hohen Gartenmauer abgeschattet wurde, hinter der sich die St. Johann Behindertenhilfe verbarg.

»Weißt du, wie diese Gasse heißt?«, fragte Fips Czierni.

»Dieses Nadelöhr hier? Ich wusste nicht mal, dass es einen Namen hat.«

»Doch, hat es«, sagte Czierni, erkennbar zufrieden und erfreut, dass er mit seinem Wissen prunken konnte. »Hubert-Eichholz-Gasse.«

»Das hast du dir eben ausgedacht.«

Czierni hob die Rechte zum Eid. »Nein! Ich schwöre! Der Name ist echt!«

»Nimm die Hand runter. Die Geste könnte gewaltig missverstanden werden«, spöttelte die Kollegin.

Erschrocken ließ Czierni die Hand fallen und schob sie, während er argwöhnisch die Umgebung musterte, eilig in die Hosentasche.

»Und wer war jetzt dieser Hubert Eichholz?«, fragte sie belustigt.

Fips Czierni musste einsehen, dass er sich in Verlegenheit gebracht hatte. »Ich habe keine Ahnung«, gestand er. »Wollte ich immer schon mal nachgucken, hab's dann aber doch vergessen.«

In der Fußgängerzone ließen sie einen bulligen Subaru-SUV mit auswärtigem Kennzeichen vorbei, der vermutlich von seinem Navigationsgerät fehlgeleitet worden war, und nahmen den schmalen Gehweg neben der Baulücke rechts der Caritas. Die Fahrradwerkstatt lag in einer Nebenstraße, wo man zum Ein- und Ausladen mit dem Auto vorfahren konnte.

Ein bärtiger Mann in einer blauen Mechanikerlatzhose kam ihnen freundlich lächelnd entgegen. Er war nicht groß, aber seine breiten Schultern verliehen ihm eine imposante Statur. »Guten Tag. Womit können wir Ihnen helfen?«

»Wir hätten gern den Herrn Wertemöller gesprochen.«

Der Mechaniker runzelte die Stirn. »Herr Wertemöller arbeitet nicht im Verkauf.«

»Kaufen wollen wir auch nichts«, sagte Fips Czierni und zeigte seinen Dienstausweis. »Wir hoffen, dass Herr Wertemöller uns in einer anderen Angelegenheit behilflich sein kann.«

Das freundliche Lächeln verschwand und machte einem besorgten Ausdruck Platz. »Kommen Sie. Linus arbeitet in der Werkstatt.«

Sie wurden in einen Nebenraum gewiesen. Sie erkannten den Mann, den sie kurz zuvor im Foto gesehen hatten. Er war blasser als auf dem Bild und trug seine grau melierten Haare kürzer. Gepflegt wirkten sie immer noch. Auch er steckte in einem Blaumann und war gerade damit beschäftigt, ein älteres Hollandrad mit neuen Bremszügen zu versehen.

»Linus, hier möchte dich jemand sprechen«, sagte der Mann mit der bärigen Figur. Dann zog er sich diskret zurück.

Linus Wertemöller richtete sich auf und schaute prüfend in die Gesichter seiner Besucher. Er kam ihnen einige Schritte entgegen. Marianne Stühlmeyer bemerkte, dass er die Belastung seines linken Beins zu vermeiden suchte. Es war wohl, so ihre Vermutung, wegen der gebeugten Haltung taub geworden.

Sie stellten sich vor.

Wertemöller wischte sich die Hände an einem Putzlappen ab. Schmutzig blieben sie trotzdem. Der Oberkommissarin fielen die schlanken Finger auf, die nicht recht zu der zupackenden Tätigkeit eines Zweiradmechanikers passen wollten.

»Ich gebe Ihnen lieber nicht die Hand«, sagte Wertemöller und zeigte erklärend die verdreckte Handfläche seiner Rechten.

»Ist auch nicht nötig«, grummelte Fips Czierni.

»Für welche Zeit brauchen Sie mein Alibi?«, fragte Wertemöller mit leisem Lächeln.

»Woher wissen Sie, dass wir Sie nach Ihrem Alibi fragen wollen?«

»Ich bitte Sie. Bei meiner Vorgeschichte – wenn da die Kripo an meinem Arbeitsplatz auftaucht, geht es doch sicher nicht um die Reparatur eines Dienstfahrrads.«

Marianne Stühlmeyer ging auf seinen ironischen Tonfall ein. »Warum nicht? Könnte doch sein? Wir haben wirklich Dienstfahrräder.«

»Ich sehe nur gerade keins«, gab Wertemöller zurück. Er sprach sanft und freundlich.

»Sie haben recht«, sagte Czierni. »Wir wüssten gern, wo und mit wem Sie die Nacht von Sonntag auf Montag verbracht haben.«

»Die Nacht? Ich war zu Hause. Ich wohne in einer Wohngemeinschaft. Wir haben abends zusammen den ›Tatort‹ geguckt. Dann habe ich mich in mein Zimmer zurückgezogen und vor dem Schlafengehen noch gelesen. Um sieben Uhr ging der Wecker, gegen acht war ich bei Ihren Kollegen in der Polizeistation Rappstraße. Da muss ich mich montags melden. Das mache ich immer gleich als Erstes und fahre dann von dort mit dem Rad zur Arbeit. Gegen halb neun Uhr war ich hier.«

»Sie öffnen doch erst um zehn.«

»Fürs Publikum, ja. Aber ich arbeite ja nicht vorn im Laden, sondern hier in der Werkstatt. Reparaturen, Wartung, alte Räder aufarbeiten – nach dem Motto: aus zwei mach eins. Das sind meine Aufgaben.«

»Können Ihre Mitbewohner bezeugen, dass Sie die Nacht zu Hause verbracht haben?«

Wertemöller wiegte den Kopf. »Wie man's nimmt. Vielleicht hätte ich mich hinausschleichen können. Ich weiß nicht, ob das jemand bemerkt hätte. Auf jeden Fall hat mich mein Mitbewohner Alfred beim Gang ins Bad und beim Frühstück gesehen. Ich brauche morgens immer ein wenig länger.«

»Alfred? Und wie weiter?«

»Alfred Wermser.«

»Wir werden uns mit ihm und den übrigen Wohngenossen in Verbindung setzen.«

Wertemöller nickte traurig. »Natürlich.«

Fips Czierni bat Wertemöller noch um seine Handynummer und den Namen seines Providers. Mit einem wissenden Nicken sagte Wertemöller die Ziffern seines Anschlusses auf. Czierni notierte sie.

Marianne Stühlmeyer war näher an die Werkbank getreten und besah sich die Fahrradreifen, die nach Größe sortiert an Wandhalterungen aufgereiht waren. »Sagen Sie mal – es gibt doch so Reifen, mit denen man angeblich keinen Platten mehr kriegt. Stimmt das? Taugen die was?«

Wertemöller schien erfreut, dass seine Meinung als Fachmann gefragt war. »Ja, das funktioniert, solange die spitzen Gegenstände wie Nägel oder Steine nur auf die Rollfläche treffen.« Er hinkte heran und nahm einen Reifen von der Wand, um ihn der Kommissarin zu zeigen. »An den Seiten sind auch diese Reifen empfindlich. Die Mäntel sind natürlich härter und wirken sich entsprechend auf die Fahreigenschaften aus. Fahren Sie mehr in der Stadt, Langstrecke oder querfeldein? Mit Last oder eher ohne?«

»In der Stadt. Im Urlaub vielleicht auch mal eine längere Strecke. Mit wenig Last, würde ich sagen. Normale Einkäufe eben.«

»Leider haben wir gerade kein Rad mit pannensicheren Reifen in der Ausstellung. Sonst könnten Sie einfach mal eine Runde drehen und ausprobieren, ob Sie damit zurechtkommen.«

»Es eilt ja nicht. Aber jetzt weiß ich fürs Erste Bescheid. Ich schau mal wieder herein. Ist ja nicht weit.«

Wertemöller hängte den Reifen wieder an seinen Platz und wandte ihnen für einen Moment den Rücken zu. Fips Czierni schnappte sich blitzschnell den alten Lappen, an dem sich Wertemöller die Hände abgewischt hatte, und ließ ihn unter seiner Jacke verschwinden.

»Dann war's das wohl für den Moment«, sagte Czierni. »Oder hast du sonst noch Fragen zu deinem Fahrrad?« Er klang ungeduldig, als strapazierten die privaten Erkundigungen der Kollegin seine Nerven.

»Nein, dazu nicht. Aber Herr Wertemöller, noch eine indiskrete Frage, wenn Sie erlauben: Ich habe bemerkt, dass Sie Ihr linkes Bein nachziehen. Haben Sie sich verletzt?«

»Habe ich mich verletzt …«, wiederholte Wertemöller nachdenklich. »Ja, das kann man vielleicht so sagen. Indirekt. Durch meine Raucherei. Auf Kette.«

Die Kommissare sahen ihn fragend an. Zu ihrem Erstaunen bückte sich Wertemöller mit einer eckigen Bewegung hinunter zu seinen Füßen. Als er begann, sein linkes Hosenbein hochzukrempeln, wurde eine Prothese sichtbar.

»Raucherbein«, sagte Wertemöller erklärend. »Der Unterschenkel musste abgenommen werden. Deswegen brauche ich morgens immer etwas länger als meine Wohngenossen. Ich muss mir meinen Stumpf eincremen und die Prothese anschnallen.« Beidhändig strich er die Hose zurück über das künstliche Bein und richtete sich mit leisem Ächzen wieder auf. »Die Zigaretten habe ich aufgegeben. In der Klinik hat man mir bei der Entwöhnung geholfen. Den anderen Fuß möchte ich gern behalten.«

»Gruselig. Irgendwie sind Prothesen gruselig«, sagte Fips Czierni und schüttelte sich vor Unbehagen, als sie über die Johannisfreiheit zurück Richtung Kollegienwall liefen. Neben der Johanniskirche waren Marktstände aufgebaut. Marianne Stühlmeyer wollte die Gelegenheit nutzen und ein paar Einkäufe erledigen. Vom Bratwurststand wehte der verführerische Geruch von frisch Gegrilltem herüber.

»Prothesen bestehen auch nur aus Kunststoff, Leder und Metall. Wie andere Geräte, mit denen du täglich zu tun hast«, sagte sie gleichmütig.

»Ich weiß. Trotzdem. Irgendwie abstoßend ...«

»Die Frage ist, ob er mit dieser Behinderung den Mord begangen haben kann. Der Täter hat ja die Leiche wohl bewegt. Also getragen.«

»Na, er kann doch arbeiten und Fahrrad fahren. Wer weiß, was sonst noch. Die heutigen Prothesen machen eine ganze Menge möglich. Es gibt doch sogar Olympialäufer mit zwei künstlichen Beinen.«

»Das stimmt. Aber deren Prothesen werden kaum von der Krankenkasse bezahlt. Im Übrigen: Wertemöller hinkt. Das könnte entsprechende Spuren hinterlassen haben. Da soll sich der Kollege van den Bleeken mal drum kümmern.«

»Die Hinkerei kann aber auch ein Ablenkungsmanöver gewesen sein. Theater, um uns zu täuschen«, wandte Czierni ein.

»Möglich, ja.«

»Für die Kriminaltechnik habe ich übrigens auch noch ein bisschen Arbeit.« Mit spitzen Fingern zog Czierni den Putzlappen aus der Tasche. »Beim Händeabwischen müsste doch eigentlich ein bisschen DNA abgefallen sein. Hilf mir bitte mal beim Eintüten.«

Marianne Stühlmeyer blieb stehen, zog einen Asservatenbeutel aus ihrer Handtasche und öffnete ihn. Fips Czierni zielte und ließ den Lappen hineinfallen.

»Aber was nutzt uns das?«, bemängelte sie, während sie den Beutel verschloss und in ihrer Tasche verstaute. »Gerichtsverwertbar ist das nicht, ohne regulären Durchsuchungsbeschluss.«

»Aber wir wüssten immerhin, ob wir in dieser Richtung weiterermitteln müssen.«

»Ich glaube ja nicht, dass Schneidling das durchgehen lässt … Jedenfalls telefoniere ich nachher gleich mal die Mitbewohner durch. Wegen des Alibis. Vielleicht hilft uns das ja schon weiter.«

Sie hielt am Gemüsestand, um Tomaten und Zucchini auszuwählen.

Czierni entschuldigte sich für einen Moment. »Ich hol mir nur schnell was auf die Hand.«

Der Duft der Bratwürste war einfach unwiderstehlich.

Bericht aus Amsterdam

Bea Agarius saß in ihrem Büro und studierte die Aussage des Tatverdächtigen Linus Wertemöller, als das Telefon klingelte. Das Display zeigte eine niederländische Nummer an.

»Hallo, Arie.« Sie sprach das »Hallo« wie im Niederländischen üblich, mit lang gezogenem O und einer leichten Hebung am Ende. »Goeiemiddag. Hoe gaat het met jou?«

Sie hörte Arie Fassaert am anderen Ende der Leitung lachen. »Goeiemiddag, Bea. Deine Niederländisch wird immer besser.«

»Nett gelogen. Schön wär's. Ich wäre schon froh, wenn ich halb so gut Niederländisch sprechen könnte wie du Deutsch. Wie geht es dir denn nun tatsächlich? Wir hatten ja vorgestern nicht viel Zeit, uns zu unterhalten.«

»Sehr viel Arbeit zu tun, wie immer. Dealerbanden, Vechtpartijen ... wie heißt das ... Revierkämpfe zwischen alten und neuen Zuhältern, leichtsinnige Touristen ...«

»Amsterdam eben. Genau wie man es von den Postkarten kennt«, lästerte Beatrice.

Wieder lachte der Hoofdinspecteur. »Dat klopt.«

»Es tut mir leid, dass ich dir noch mehr Arbeit aufhalsen musste.«

»Aufhalsen? Was ist das auf Niederländisch?«

»Op de hals schuiven.«

»Ah, aufhalsen? Das soll ich mir merken. Aber diese Sorge ist nicht nötig. Deine kleine Recherche haben wir ganz leicht erledigt.«

Beide lachten über Aries augenzwinkernde Prahlerei.

»Oranje boven! Ihr seid die Besten.«

Arie Fassaert war eine Frohnatur. Bea Agarius mochte das an ihm. Ihre Bekanntschaft ging auf ein Symposium zur Optimierung der grenzüberschreitenden niederländisch-deutschen Polizeiarbeit zurück. Die dort gewonnenen Kontakte hatten sich schnell als nützlich erwiesen, als Fassaert und seine Kollegen eine Mordsache verfolgten, in die eine aus dem Osnabrücker Umland angereiste Touristin verwickelt war. Bevor die Amsterdamer Polizei ihre Identität ermitteln konnte, war die Frau bereits wieder daheim in Deutschland. Bea Agarius und ihr damaliger dienstlicher Partner hatten die Vernehmung der Zeugin übernommen und damit entscheidend weiterhelfen können.

Aus der beruflichen Zusammenarbeit war eine lockere Freundschaft entstanden. Auf Einladung Aries hatten Bea und ihre Freundin Katharina vor einem Jahr Amsterdam privat besucht, sich Aries Dienststelle an der Elandsgracht zeigen lassen und ein paar angenehme Tage in der Grachtenstadt verbracht. Unter anderem hatten sie Gelegenheit gehabt, ein Gastspiel von Melissa Etheridge im berühmten Konzertsaal „Paradiso“, einer ehemaligen Kirche an der Weteringschans, zu sehen.

Schon auf der Hinfahrt hatten sie einen Heidenspaß gehabt. Katharina hatte Bea, die ihr Niederländisch auffrischen wollte, Vokabeln abgefragt. Und dabei im Wörterbuch vor allem nach witzig klingenden Begriffen Ausschau gehalten.

»Bromfiets?«

»Ein Klassiker: Moped.«

»Vliegtuig?«

»Auch einfach: Flugzeug. Und Flughafen heißt luchthaven.«

»Warte, das muss ich prüfen ... Stimmt! Jetzt aber: uitvaartcentrum.«

»Autsch – uitvaartcentrum? Da muss ich raten – Abfahrtshalle?«

»Fast. So ähnlich. Aber von der Abfahrt gibt es keine Wiederkehr. Die Lösung lautet, tataa!: Beerdigungsinstitut.«

»Beerdigungsinstitut?! Wie poetisch.«

Sie waren noch tagelang begeistert gewesen von ihrer Amsterdamreise und im Freundeskreis wegen der besonderen Einblicke, die ihnen Arie Fassaert ermöglicht hatte, heftig beneidet worden. Umgekehrt hatten sie eine Einladung an Fassaert und seine Frau ausgesprochen, sie einmal in Osnabrück zu besuchen. Doch dazu war es bislang nicht gekommen. Umso schöner, wieder einmal Aries Stimme am Telefon zu hören.

»Ich bin sehr froh, dass ich mich revanchieren kann. Und ich hatte eine gute Ausrede, dienstlich nach Het Gooi zu fahren. Eine schöne Gegend im Südosten außerhalb von Amsterdam«, schwärmte Arie Fassaert. »Kennst du sie?«

Bea Agarius verneinte.

»Vielleicht machen wir zusammen eine Ausflug, wenn ihr das nächste Mal kommt? Vielleicht treffen wir Linda de Mol. Die kennt ihr doch in Deutschland? Die wohnt auch dort.« Auch diese Bemerkung war nicht ganz ernst gemeint, wie sein leises Kichern verriet. Dann wurde sein Ton merklich ernster. »Dinand und Karola van der Lecq haben dort ein großes Grundstück mit Villa. Dinand van der Lecq ist ein Finanzvorstand bei einem großen Media-Unternehmen. Wir haben alle seine Konten überprüft. Ein gewaltiges Vermögen, auch Firmenanteile. Keine Unregelmäßigkeiten, soweit wir feststellen konnten.«

»Wie haben sie die Nachricht vom Tod Corinna Schänkenbergs aufgenommen?«

»Sie waren sehr gekonsterniert.«

»Konsterniert?«

»Oh, ja, sorry, konsterniert. Richtig traurig, denke ich. Die Frau hat ein bisschen geweint. Sie wird nach Osnabrück fahren.«

»Ich weiß, sie hat sich schon gemeldet. Sie kommt heute zu uns ins Büro. Wie ist dein Eindruck – ist die Ehe der van der Lecqs in Ordnung?«

»Schwer zu sagen. Ich habe sie nur gestern Abend kurz gesprochen. Und das war ja eine ganz besondere Situatie ... Situation.«

»Soweit wir erfahren haben, wird das Erbe unserer Toten der Schwester zufallen.« Der Gedanke an die bevorstehende Begegnung mit Karola van der Lecq verdüsterte ihre Stimmung. Es gehörte jedoch zum polizeilichen Prozedere, das Kapitel stand in den Lehrbüchern ganz vorn: Wird jemand durch einen unnatürlichen Todesfall in irgendeiner Weise begünstigt, ergibt sich ein Motiv, das die Ermittlungsbehörden keinesfalls missachten dürfen. Unvermeidlich, dass die trauernden Hinterbliebenen oftmals sehr direkte, unangemessen wirkende Fragen ertragen mussten.

Bea Agarius blickte auf langjährige Erfahrung im Kriminaldienst zurück. Aber weder ihre Ausbilder oder Partner noch sie selbst hatten bislang einen Weg gefunden, diesen wichtigen Ermittlungsschritt erträglicher zu gestalten. Sie empfand die Angehörigenbefragung noch immer als unangenehm. Zu gern hätte sie die Aufgabe delegiert, aber als Moko-Leiterin sah sie sich verpflichtet, selbst mit der Schwester der Toten zu sprechen.

»Wie sieht es mit dem Alibi der beiden aus?«

»Ja, da haben wir uns auch gekümmert. Beide zusammen waren an dem Datum, das du mir gegeben hast, auf einem Empfang in Hilversum. Eine große Gala wegen ein Start-up, das der Konzern gekauft hatte. Sie sind da um einige Minuten vor acht eingetroffen. Dinand van der Lecq hat um halb neun eine kurze Ansprache gehalten. Beide Eheleute waren mindestens bis Mitternacht anwesend. Ich habe telefonische Aussagen von unterschiedlichen Zeugen. Außerdem gibt es Filmaufnahmen. Die stehen zum Teil im Internet. Ich schicke dir die Links.«

»Wenn die Herrschaften so vermögend sind, könnten sie den Mord in Auftrag gegeben haben.«

»Wir hatten die gleiche Gedanke und haben trotz der kurzen Zeit einiges recherchieren können. Bei den Bankkonten gibt es keine ungewöhnlichen Geldbewegungen. Das ist alles ordentlich belegt. Meine Kollegen haben sich die geschäftlichen und privaten Telefonverbindungen angesehen, aber auch nichts gefunden, was irgendwie auffällig wäre. Natürlich hätte jemand ein Prepaid-Mobiltje nutzen können ... Aber das finden wir nicht heraus. Ich schicke dir alle Unterlagen als Datenpack. Mehr können wir im Moment von hier aus nicht tun.«

»Ich weiß, Arie. Ich bin dir auf jeden Fall sehr dankbar, du hast uns schon ein gutes Stück geholfen. Wir müssen jetzt sehen, dass wir hier weiterkommen.«

»Wenn es für uns noch etwas zu tun gibt, mach mir eine Mitteilung.«

»Auf jeden Fall«, bekräftigte sie und schickte noch einen Scherz hinterher. »Ich möchte ja nicht, dass ihr vor Langeweile umkommt.«

Sie hörte das Gelächter mehrerer Personen. Offenbar hatte jemand mitgehört.

»Einen Gruß auch an deine Kollegen.«

»Haben sie gehört und grüßen zurück«, meldete Arie Fassaert. »Willst du nicht bald mal wieder nach Amsterdam kommen? Und bring Katharina mit.«

»Hoe eerder hoe liever. Lieber heute als morgen«, antwortete sie mit Bedauern in der Stimme. »Aber leider muss ich arbeiten. Dieser Fall nimmt uns alle ganz schön in Anspruch. Es sieht nicht so aus, als ob wir da schnell zurande kommen.«

»Ik duim voor je!«

»Er drückt uns die Daumen«, übersetzte sie für Sven Fehrenkämper, der auf der anderen Seite des Schreibtischs mitgehört hatte.

Er sog ruckartig Luft ein und wiegte missmutig den Kopf. »Das können wir wirklich gebrauchen.«

Er

Seine alte Schule. Erinnerungen.
Plötzlich wieder dieser Ekel. Bilder. Der Geräteraum, der zum Untersuchungszimmer umfunktioniert worden war. Ihm dreht sich der Magen um.
Der Schularzt. Die Lehrerin.
Vorsorgeuntersuchung. Aber warum ist die Lehrerin im Raum?
»Jetzt lass mal die Hose runter, Junge.«
Die Scham. Die Hitze im Gesicht.
Verlegenheit. Zögern.
Der Arzt wird böse. Schnauzt ihn an.
Die Lehrerin glotzt. In seinen Augen wird ihr Lächeln zur höhnischen Fratze.
Der Arzt verliert die Geduld. Von fremder Hand wird seine Hose aufgeknöpft, heruntergezerrt.
Er wird angefasst.
Hämische Worte. »Alles in Ordnung mit dem jungen Mann. Und, war das jetzt so schlimm?«
Zur Lehrerin gewandt: »Diese verweichlichten Memmen. Halten unseren ganzen Betrieb auf. Wird Zeit, dass die zum Bund kommen ...«
Die Lehrerin nickt.
Er tritt ruckartig auf die Bremse.
Draußen Gebrüll. »Aufpassen, du Penner! Willst du jemanden umbringen?«
Beinahe hätte er einen Radfahrer übersehen ...

Die Schwester

Der Mittwoch hatte mit Nieselregen begonnen. Der Oktober neigte sich seinem Ende entgegen. Die schönen Tage des Herbstes waren wohl vorüber. Der Wetterbericht machte wenig Hoffnung, dass die spätsommerlichen Temperaturen noch einmal zurückkehren würden.

Die dunklen Wolken über der Stadt trübten merklich auch die Stimmung auf den Fluren der Kommissariate. Im Eingangsbereich, wo die Eintretenden ihre Schirme abstellten und ihre Regenkleidung ausschüttelten, lag Feuchtigkeit in der Luft. Damit sie sich nicht absetzte und Schimmelbildung Vorschub leistete, musste immer wieder einmal kräftig gelüftet werden. Dann wurde es frisch in den Fluren. Wer kälteempfindlich war, trug Pullover oder Cardigan. Oder legte die Wetterjacke gar nicht erst ab.

Bea Agarius erwartete Sven Fehrenkämper jeden Moment aus der Kantine zurück. Sie selbst hatte ihre Mittagspause auf später verschoben. Vor dem Gespräch mit Karola van der Lecq wollte sie nichts essen. Ohnehin fehlte ihr der Appetit. Sie saß an ihrem Schreibtisch, trank Kaffee und bereitete sich auf die Vernehmung vor, als Alexander Zielinski kurz an den Türrahmen klopfte und auch schon im Büro stand.

»Hast du mal eine Minute?«, wollte er wissen.

Wieder eine dieser komischen neuen Redewendungen, dachte sie. Katharina konnte sich endlos über solche Anglizismen aufregen und hatte Bea mit ihrem feinen Sprachempfinden mittlerweile angesteckt. Sie hatte schon einen entsprechenden Kommentar auf der Zunge, schluckte ihn dann aber wohlweislich herunter. Sie wollte sich nicht als Oberlehrerin aufführen. Das überließ sie Katharina. Die wurde dafür bezahlt.

»Ich habe einen Moment Zeit, ja. Was gibt es denn – neue Erkenntnisse?«

Zielinski reichte ihr einen Aktendeckel. »Die ersten Ergebnisse aus der Rechtsmedizin sind da. Ich hab's mal ausgedruckt.«

Sie straffte die Schultern. »Oh, danke ...«

»Gern geschehen.«

Während Zielinski grußlos verschwand, klappte Bea Agarius den Pappordner auf. Sie überflog den Bericht, geübt darin, das Wesentliche rasch zu erfassen. Die erste Einschätzung des Notarztes Heino Feldhaus wurde bestätigt. Corinna Schänkenberg war gewürgt worden, aber nicht mit Todesfolge. Ihr Tod war mit der Plastiktüte verursacht worden, die man ihr über den Kopf gestülpt und zugezogen hatte. Im Todeskampf hatte sie mit den Beinen gestrampelt. Sie musste vorher oder währenddessen ihre Schuhe verloren haben, sie hatte multiple Hautabschürfungen an den Fersen. In den Wunden hatten sich Erdpartikel und winzige Steinchen gefunden. Sie waren extrahiert und an das kriminaltechnische Labor geleitet worden.

Bea Agarius fuhr mit dem Zeigefinger über die Zeilen. Da war das gesuchte Stichwort: der Todeszeitpunkt. Zwischen einundzwanzig Uhr dreißig und zweiundzwanzig Uhr dreißig. Ein enges Zeitfenster. Gut für die Ermittlungen. So konnten etwaige Alibis recht genau überprüft werden und entlastete Verdächtige rasch ausgesondert werden.

Sie erhob sich und ging hinüber in Marianne Stühlmeyers Büro. Sie klopfte an. »Marianne, darf ich kurz stören?«

»Natürlich, immer herein. Bring Frohsinn und gute Laune mit.«

»Ich glaube, damit kann ich im Moment nicht dienen. Aber vielleicht mit neuen Informationen. Oder hast du den Obduktionsbericht schon vorliegen?«

»Neieinn …« Die Oberkommissarin schaute auf ihren Monitor, bewegte die Maus, um den Bildschirmschoner zu verscheuchen, und tippte zweimal auf die linke Taste. »Oder doch, da ist gerade was reingekommen. Aber wo du schon hier bist, kannst du es mir ja auch erzählen. Ist doch viel persönlicher …«

Bea Agarius berichtete ihr von der ermittelten Todesursache. »Und es gibt eine recht genau datierte Todeszeit. Zwischen halb zehn und halb elf. Deswegen komme ich. Hast du schon den Mitbewohner von unserem Verdächtigen erreicht?«

»Ist geschehen, jawohl. Noch ganz frisch, ich trage es gleich in die Akte ein. Alfred Wermser hat die Angaben von Linus Wertemöller bestätigt. Die anderen Bewohner auch. Sie haben am Sonntag ›Tatort‹ geguckt, noch kurz zusammengesessen, dann ist Wertemöller ins Bad und anschließend in sein Zimmer. Passt also nicht. Vorausgesetzt, die Wohngenossen sagen die Wahrheit. Am anderen Morgen war er pünktlich bei seinem Meldetermin in der Dienststelle an der Rappstraße. Zumindest diese Angaben waren also definitiv korrekt.«

»Jemand sollte noch einmal persönlich mit diesem Wermser sprechen und sich einen Eindruck verschaffen. Haben wir eine Akte über ihn?«

»Ja, auch ein ehemaliger Straffälliger. Er saß wegen Raub und Körperverletzung und ist auf Bewährung draußen. Bis jetzt offenbar nicht wieder auffällig geworden. Aber ich warte noch auf den Rückruf des Bewährungshelfers. Man kriegt diese Burschen immer so schwer zu fassen.« Marianne Stühlmeyer sah auf ihre Uhr. »Ich könnte heute noch hinfahren. Ich rufe an und erkundige mich, ab wann er zu Hause ist.«

»In Ordnung, mach das bitte. Aber fahr nicht allein. Nimm einen der Kollegen mit.«

»Natürlich. Ich bin nur ein wehrloses Mädchen …«

»Du weißt doch, dass ich so nicht denke. Aber sicher ist sicher.«

»Du hast ja recht. Ich schnappe mir einen unserer kräftigen Cowboys. Die brauchen gelegentlich mal Auslauf.«

Amüsiert wandte sich die Moko-Chefin zurück in den Flur, als sie ihren Namen hörte. Alexander Zielinski kam auf sie zu.

»Bea, Frau von der Lecq ist da«, sagte er mit gesenkter Stimme. »Und sie hat ihren Anwalt mitgebracht. Ich habe sie ins Besprechungszimmer gesetzt.«

»Danke, Alex. Schickst du mir Sven?«

Zielinski nickte. Bea Agarius holte ihre Notizen aus ihrem Dienstzimmer. Sie traf beinahe gleichzeitig mit Sven Fehrenkämper vor dem Besprechungsraum ein.

Ganz gewiss hatte Karola van der Lecq viele Blicke auf sich gezogen, als sie über den Hof zum Hauptgebäude der Polizeidirektion geschritten war, begleitet von einem Anzugträger, der sie dienstfertig mit einem großen Schirm gegen den Regen zu schützen versucht hatte. Die hochgewachsene Frau war dem Anlass gemäß ganz in Schwarz gekleidet. Das knielange Kleid – Marianne Stühlmeyer, die die Besucherin im Vorbeigehen wahrgenommen hatte, tippte auf Jil Sander – war schlicht, aber von höchster Eleganz und aus kostbarem Stoff mit einer dezenten Textur. Es betonte ihre schlanke Figur, so wie der kurze, in der Taille geraffte Blazer. Dazu trug sie dunkle Nylons und schwarze, vielleicht etwas zu hochhackige Pumps von Louboutin.

Bea Agarius erlaubte sich eine Überschlagsrechnung. Alles in allem entsprach der Wert der Garderobe dieser Frau ungefähr ihrem Monatsgehalt. Mindestens.

Karola van der Lecqs Haare waren sorgfältig getönt, in diesem glänzenden Dunkelblond, das in der Natur nie vorkommt. Sven Fehrenkämper wurde an das rotgoldene Hefeweizenbier erinnert, das er so gern trank. Er bekam auf der Stelle Durst. Beinahe hätte er sich über die Lippen geleckt. Er konnte sich gerade noch beherrschen, denn eine solche Bedürfnisbezeugung wäre in diesem ernsten Moment als pietätlos empfunden worden.

Die beiden Besucher hatten sich beim Eintritt der Ermittler erhoben. Als Moko-Leiterin übernahm Agarius die Vorstellung, man reichte sich die Hände.

»Ich bin Karola van der Lecq.« Ihre Stimme war dunkel, sie klang fest und selbstsicher. »Das hier ist mein Rechtsbeistand.«

»Dr. Manuel Charlet«, stellte sich ihr Begleiter vor. »Oder Scharlett – für Fremdsprachenphobiker«, scherzte er jovial.

»Nehmen Sie doch bitte wieder Platz. Können wir Ihnen etwas anbieten?«

Karola van der Lecq verneinte, und der Anwalt schloss sich an.

Die Besucherin kam unsentimental und ohne Umschweife zur Sache. »Ich wüsste gern, wann ich über das Haus meiner Schwester verfügen kann. Ich muss mich um den Nachlass kümmern. Dr. Charlet wird die Abwicklung übernehmen.«

Bea Agarius schob das Schlüsselbund über den Tisch, das Corinna Schänkenberg bei sich gehabt hatte. »Wir haben unsere Spurensuche abgeschlossen. Das Haus ist freigegeben. Vielleicht interessiert es Sie, dass die Wohnung Ihrer Schwester nicht der Tatort war.«

Karola van der Lecq nickte mechanisch, sie bewegte eine andere Frage. »Was ist Corinna nun genau zugestoßen?«

»Ich möchte Ihnen gern mein Mitgefühl aussprechen. Ihre Schwester ist einem Verbrechen zum Opfer gefallen. Sie war früh morgens mit ihrem Hund im Bürgerpark spazieren. Dort wurde sie von einer Zeitungszustellerin tot aufgefunden. An der Fremdeinwirkung gibt es keinen Zweifel.«

»Handelt es sich um ein Sexualdelikt?«, wollte Dr. Charlet wissen. »Oder einen Raub?«

»Das können wir im Moment noch nicht sagen. Wir stecken mitten in den Ermittlungen. Aber offensichtliche Hinweise für ein Sexualdelikt gibt es nicht.«

»Was heißt das denn nun genau? Bitte nicht so rätselhaft.« Karola van der Lecq klang wenig freundlich.

Ihr Anwalt übernahm die Antwort. »Die Kommissarin versucht schonend zum Ausdruck zu bringen, dass Corinna allen Anzeichen nach nicht vergewaltigt wurde«, sagte er sanft. »Ich habe doch recht?«

»So ist es.«

»Vielen Dank für Ihren taktvollen Umgang mit diesem Thema.«

»Wir müssten nun auch einige Fragen stellen, damit wir uns ein besseres Bild von Frau Schänkenberg machen können.«

»Wenn es sich nicht vermeiden lässt ... Fragen Sie, dann haben wir es hinter uns. Was möchten Sie wissen?«

»Wann haben Sie Ihre Schwester zuletzt gesehen?«

»Das ist schon wieder eine Weile her. Ich muss überlegen ... Ich glaube, zuletzt beim Geburtstag meiner Mutter. In Bad Rothenfelde. Das war im Juni.«

Sven Fehrenkämper knüpfte gleich an. »Sie sehen sich nicht so häufig?«

»Nein. Wir haben beide unsere Arbeit, unser eigenes Leben. Ich bin selbstständig und auch in die Tätigkeit meines Mannes involviert. Das nimmt mich sehr in Anspruch. Und dann habe ich auch noch eine Tochter, die so langsam ins schwierige Alter kommt.« Sie gestattete sich ein leises Seufzen.

»Verstanden Sie sich nicht gut mit Ihrer Schwester?« Karola van der Lecq tauschte einen Blick mit ihrem Anwalt. Der übernahm die Antwort für sie.

»Die beiden Schwestern lebten halt weit voneinander entfernt, in unterschiedlichen Ländern. Da ist die Beziehung naturgemäß nicht so eng wie bei Verwandten, die am selben Ort zu Hause sind.«

»Amsterdam und Osnabrück – das sind zwei, zweieinhalb Stunden mit dem Auto. Bei Stau ein bisschen mehr.« Bea Agarius sprach aus Erfahrung.

Karola van der Lecq reagierte wie auf eine Belästigung auf offener Straße. »Hin und zurück zusammen genommen sechs Stunden. Die Zeit muss man erst mal haben. Und mit dem Zug kann eine Fahrt über fünf Stunden dauern, wenn man keine Direktverbindung bekommt.« Karola van der Lecqs Antwort klang wie eine Zurechtweisung.

Sven Fehrenkämper hakte nach. »Gab es nicht Streit zwischen Ihnen, weil Ihre Schwester der Ansicht war, dass Sie sie mit der Pflege Ihrer Mutter alleingelassen haben?«

Wieder suchte Karola van der Lecq mit Blicken den Rat ihres Anwalts.

»Von Streit kann man in dieser Angelegenheit nicht sprechen. Meine Mandantin und ihr Mann tragen drei Viertel der Kosten für das Altenpflegeheim in Bad Rothenfelde. Eine erkleckliche Summe. Und wann immer es geht, kommt Frau van der Lecq zu Besuch. Aber wie sie Ihnen eben schon sagte – sie ist als Mutter, Unternehmerin und Ehefrau zeitlich sehr stark beansprucht. Corinna Schänkenberg dagegen war nur halbtags tätig und hatte keine eigene Familie. Nach meinem Ermessen war die Fürsorge für die Mutter unter den gegebenen Umständen angemessen verteilt.«

»Wissen Sie schon, wie es um den Nachlass bestellt ist? Werden Sie in das Erbe eintreten?«

»Die Testamentseröffnung hat noch nicht stattgefunden. Wir stehen in Kontakt mit dem zuständigen Notar. Wenn dem so sein sollte, wie Sie es beschreiben, werden wir eine Stiftung auf den Namen meiner Schwester einrichten. Sie war Zeit ihres Lebens sehr kulturinteressiert und engagierte sich im Rahmen des Möglichen für den Nachwuchs. Die Förderung junger Künstler war ihr ein besonderes Anliegen und wird darum Gegenstand der Stiftung werden. Auch das Haus, vorausgesetzt, es fällt mir zu, wird in das Stiftungsvermögen eingehen. Es kann als Sitz der Organisation dienen. Oder als Galerie. Aber das sind bislang nur vage Pläne. Darüber wird zu befinden sein, wenn die entsprechenden Grundlagen geschaffen worden sind. Dr. Charlet«, sie deutete in dessen Richtung, und der Anwalt nickte bestätigend, »wird die rechtlichen Voraussetzungen prüfen und das Projekt als Bevollmächtigter an Ort und Stelle betreuen.«

Jetzt war es an Bea Agarius und Sven Fehrenkämper, einen Blick zu wechseln. Eines der möglichen Motive für den Mord an Corinna Schänkenberg hatte sich soeben in Luft aufgelöst.

»Ich habe noch eine Frage. Ich behellige Sie ungern damit, aber sie ist für unsere Ermittlungen ausgesprochen wichtig. Ihre Schwester war ja seit mehreren Jahren verwitwet. Wir wissen, dass es neue Männerbekanntschaften in ihrem Leben gab, kennen aber nicht deren

Namen. Können Sie uns in dem Punkt weiterhelfen? Hat Ihre Schwester mal jemanden erwähnt?«

Karola van der Lecq verzog pikiert die Mundwinkel. »Über solche Dinge haben wir kaum gesprochen. Corinna hat manchmal am Telefon erzählt, dass sie abends noch ausgehen wollte. Aber Namen sind dabei nie gefallen. Ich kann mich jedenfalls an keinen erinnern.«

»Vielleicht schauen Sie einmal in die Adressbücher und Kalender der Verstorbenen?«, empfahl der Anwalt.

In Sven Fehrenkämpers Ohren klang der Mann ausgesprochen herablassend. Doch seine Worte boten Bea Agarius eine Gelegenheit, Charlet eine kleine Lektion zu erteilen. »Schon geschehen«, erwiderte sie kühl. Sie zog ein A4-Blatt aus ihrer Mappe und legte es Karola van der Lecq vor. »Frau van der Lecq, wir haben die Kontaktdaten aus dem Handy Ihrer Schwester ausgelesen. Die meisten konnten wir zuordnen, aber nicht alle. Wir haben noch nicht jeden erreicht. Würden Sie bitte einen Blick darauf werfen? Sagen Ihnen die rot umrandeten Namen etwas?«

Die Angesprochene las die Liste sorgfältig durch. Bei jedem Namen machten ihre manikürten Finger kurz halt. »Nein, da kenne ich keinen ... Doch, Moment – der hier ist ihr Gesangslehrer. Aber der kommt für Sie kaum in Frage. Der Mann ist gehbehindert.«

Bea Agarius reichte ihr einen Stift. »Würden Sie neben dem Namen ein Stichwort notieren? Einfach ›Gesangslehrer‹. Das genügt uns.«

Karola van der Lecq nickte und las weiter. Sie fand noch den Mitarbeiter eines Hausmeisterdienstes, der bei Bedarf im Garten tätig wurde, und zwei ehemalige Schulfreunde der Toten.

»Vielen Dank, wir werden die Betreffenden auch noch überprüfen. Damit haben Sie uns schon sehr geholfen.

Denken Sie aber bitte darüber nach, ob Ihnen noch weitere Personen in den Sinn kommen. Auch solche aus dem weiteren Bekanntenkreis oder aus der Vergangenheit. Darf ich fragen, ob Sie vorerst in Osnabrück bleiben werden? Wo können wir Sie erreichen?«

Karola van der Lecq nannte den Kommissaren den Namen eines eleganten Hotels am Rißmüllerplatz mit eigenem Restaurant, nicht weit von der Kunsthalle und nahe der Altstadt gelegen.

Rechtsanwalt Dr. Manuel Charlet überreichte beiden Ermittlern eine auf marmoriertem Strukturpapier gedruckte Visitenkarte.

»Nehmen Sie, ich habe genug davon. Rufen Sie mich an, wenn Sie noch Fragen haben«, sagte er mit großzügiger Miene, unangenehm aufgesetzt, wie die beiden Kommissare in stiller Übereinstimmung befanden.

»Eine Bitte hätte ich jetzt schon: Setzen Sie uns in Kenntnis, wenn das Testament eröffnet wird?«

Der Anwalt versprach es und schaute der Kommissarin dabei treuherzig in die Augen.

Bea Agarius geleitete die beiden zum Ausgang der Abteilung. »Sie finden hinaus?«

»Aber sicher«, sagte der Anwalt. »Ich bin ja nicht zum ersten Mal in diesen heimeligen Hallen.«

Bea Agarius stand am Fenster und beobachtete, wie Karola van der Lecq und ihr Rechtsbeistand über den Hof der Polizeidirektion in Richtung der Ausfahrt zum Kollegienwall schritten. Der Regen hatte aufgehört. Trotzdem hatte Manuel Charlet seinen Schirm aufgespannt und hielt ihn fürsorglich über seine Mandantin.

Sven Fehrenkämper hatte sich eine Cola geholt und an seinem Schreibtisch Platz genommen. Er machte die Beine lang, streckte sich und starrte zur Decke. »Puff!«, rief er, und seine Hände beschrieben eine platzende Luftblase. »Eine Verdächtige weniger, oder?«

»Zumindest sieht es im Moment so aus«, erwiderte sie, machte aber aus ihrer Skepsis kein Hehl. »Ich finde, die Dame ist ganz schön kaltschnäuzig in Anbetracht des Umstands, dass gerade ihre Schwester ermordet wurde. Warten wir mal ab, was sich da noch tut. Diese Nummer mit der Stiftung ist vielleicht weniger großzügig, als es auf den ersten Blick scheint. Steuerersparnis, Abschreibungen, Postengeschacher, da kann einiges dahinterstecken. Wenn es so weit ist, werden wir einen der Wirtschaftskollegen vom FK 3 heranziehen. Im Moment bleibt uns nichts übrig, als die Verlesung des Testaments abzuwarten.« Sie zog die Lippen nach innen und ließ ein ergebenes Schmatzen hören. »Aber sag mal – woher wusstest du von dem Streit über die Pflege der Mutter?«

»Gute Polizeiarbeit.« Sven Fehrenkämper grinste. »Dafür wurde das Telefon erfunden – ich habe mit der zuständigen Stationsleiterin des Pflegeheims in Bad Rothenfelde geflirtet und ihr einiges entlocken können. Die war auf den holländischen Zweig der Familie nicht so gut zu sprechen.«

»Respekt, mein Lieber. Gut gemacht. Eines ist mir übrigens noch aufgefallen. Dir auch?«

»Was meinst du?«

»Sie hat überhaupt nicht nach dem Verbleib des Hundes gefragt …«

An diesem Nachmittag stand noch eine Lagebesprechung an. Nach und nach trudelten die Angehörigen der Mordkommission »Rosenstrauch« ein, fast alle hatten sich einen Kaffee oder Tee mitgebracht. Hie und da sah man ein verstohlenes Gähnen.

Tageszeitlich bedingt beließen es die Kollegen bei knappen Worten, als sie sich gegenseitig auf den neuesten Stand brachten. Die Sitzung endete mit der Erkenntnis, dass ihnen noch ein potenzieller Verdächtiger verloren gegangen war. Bertie Dieken-Uphoff hatte von den ostfriesischen Kollegen in Esens erfahren, dass Reinhold Harmsen seit über einer Woche bewegungsunfähig im Krankenhaus lag. Er war von mehreren unbekannten Tätern brutal zusammengeschlagen worden und hatte unter anderem Rippenbrüche und schwere Gesichtsverletzungen davongetragen.

Dieken-Uphoffs Ansprechpartner war sich sicher, dass die Prügelei mit Harmsens Vorgeschichte zu tun hatte. »Ich bin ja weiß Gott kein Freund von Sittenstrolchen«, hatte Polizeikommissar Tammo Windschoten bekannt. »Aber der Junge hat sich seit seiner Entlassung tadellos verhalten. Arbeitet viel und hält sich aus allem Ärger raus. Da sollte man ihm schon eine Chance geben, finden Sie nicht?«

Bertie Dieken-Uphoff vertraute auf das Urteil des friesischen Kollegen und schloss sich dessen Meinung an. Deshalb war er halbwegs froh, dass Reinhold Harmsen für den Mord in Osnabrück nicht mehr als Täter infrage kam.

Den Rest des Arbeitstages verbrachten die Ermittler damit, den Einträgen aus Corinna Schänkenbergs schriftlichen Unterlagen nachzugehen. Telefonat folgte auf Telefonat, Identitäten wurden abgefragt, Alibis überprüft. Immer wieder und zunehmend häufiger waren mit genervten Blicken gepaarte Seufzer zu hören, wenn mal wieder nur der Anrufbeantworter zu hören war oder die zu befragende Person abrupt den Hörer auflegte, weil sie den Anruf für einen schlechten Scherz hielt.

»Da hätte ich auch im Callcenter anfangen können«, maulte Fips Czierni und tat so, als schmerzten ihn die

Ohren, als er mit Marianne Stühlmeyer eine Pause in der Teeküche einlegte.

»Hättest du«, antwortete die Kollegin ungerührt. »Aber wer weiß, was du da verkaufen müsstest. Und wem. In wessen Auftrag. Für welchen Hungerlohn ...«

»Schon gut, schon gut!« Czierni hob abwehrend die Hände. »Ich weiß, was du sagen willst. Aber ich bin doch froh, wenn wir es hinter uns haben. Das darf ich doch, oder?«

Marianne Stühlmeyer gewährte es mit einem huldvollen Kopfnicken. »Noch einen Kaffee?«, fragte sie mit nachsichtigem Lächeln.

Hasstiraden

»Jetzt schauen Sie sich diese Schweinereien an.«

Bea Agarius stand neben Annemie Leschewski in deren Büro. Die Pressesprecherin hatte ihren Internet-Browser geöffnet und sich unter einem Pseudonym beim Forum »Osnabrück im Osna-Glück« angemeldet.

»Sie kennen das Forum?«

Die Hauptkommissarin bejahte. Viel Zeit verbrachte sie nicht mit den sozialen Medien, aber sie und ihre Freundin Katharina informierten sich dort gelegentlich über aktuelle Veranstaltungen. Die Nutzer tauschten vor allem praktische Tipps, fragten nach vertrauenswürdigen Kinderärzten, gemütlichen Cafés und zuverlässigen Handwerkern. Manche suchten das Besondere, rare Ersatzteile zum Beispiel. Andere baten darum, nach ihrer entlaufenen Katze Ausschau zu halten. Oder man wunderte sich über einen Einsatz der Rettungskräfte.

Große Aufmerksamkeit fanden regelmäßig nostalgische Erinnerungen, wenn, manchmal unter Missachtung der gültigen Urheberrechtsgesetze, Fotos aus früheren Jahrzehnten oder auch kleine Filmchen eingestellt wurden.

Manchmal aber schlug der Ton um. Spätestens, sobald die Sprache auf Maßnahmen der aktuellen Politik kam. Die Verkehrslenkung, die Staus, der Zustand der Straßen waren Dauerbrenner. Es gab immer wieder Stänkereien, weil angeblich an den Straßen nichts gemacht wurde. Begannen dann aber Baumaßnahmen mit zwangsläufigen Folgen wie Behinderungen oder Umleitungen, flammte die Wut erst richtig auf.

Einige Zeitgenossen ließen ihr freien Lauf, kannten keine Hemmungen bei der Wortwahl, bis an die Grenze zur Rechtswidrigkeit. Und manchmal, wenn ein Administrator nachlässig gewesen war oder sich allzu tolerant verhielt, sogar darüber hinaus.

»Vor ein paar Tagen hat es angefangen«, berichtete Annemie Leschewski. Sie wies auf einen Themenbaum. Einer der Nutzer hatte sich zum Mord an Corinna Schänkenberg geäußert und seine Befürchtung angefügt, dass man den Bürgerpark wohl vorerst meiden sollte.

Dagegen konnte man nichts sagen, aber der Mann hatte viele Antworten bekommen, und jeder Kommentar zog weitere nach sich, die sich bis in den puren Hass hineinsteigerten. Wie Staatsanwalt Schneidling es befürchtet hatte, handelte es sich bei vielen Veröffentlichungen um bösartige Falschmeldungen.

»Das kommt davon, wenn man Sittenstrolche mitten in der Stadt unterbringt«, lautete ein typischer Kommentar.

»Man ist sich vor der eigenen Haustür seines Lebens nicht mehr sicher«, befand ein anderer.

Für viele Forumsmitglieder schien es bereits erwiesen, dass das Verbrechen im Bürgerpark von einem Patienten der benachbarten St. Gertruden Klinik begangen worden war. Hinter Fantasienamen versteckt, setzten die Autoren die absurdesten Gerüchte in die Welt.

»Gucken Sie sich das an«, sagte Annemie Leschewski und wies auf eine Reihe von Kommentaren, die alle aufeinander aufbauten. Ein gewisser »Hase-Argus« tat so, als verfügte er über stichhaltige Informationen. Kopfschüttelnd las Bea seine Behauptung, die zuständigen Stellen verschleierten den wahren Sachverhalt, um dem privatwirtschaftlich geführten Klinikunternehmen nicht zu schaden.

»Richtig», schrieb ein anderer, »die Herrschaften wirtschaften in ihre eigenen Taschen. Auf Kosten von Leib und Leben von steuerzahlenden Bürgern.«

»Sofot dicjtmachen den Laden«, fiel ein anderer ein, der entweder sehr hektisch getippt oder Schwierigkeiten mit der deutschen Orthografie hatte.

Die Pressestellen der Polizei, der Staatsanwaltschaft und des Klinikträgers hatten dem Unfug in einer gemeinsamen Presseerklärung sofort widersprochen. Doch die Lügen hielten sich, wurden ständig wiederholt, ausgeschmückt und auf anderen Webseiten weitergetragen.

Selbst Journalisten hatten sie übernommen, zwar als Zitate aus den sozialen Netzwerken, aber für oberflächliche Leser nicht immer auf Anhieb als solche erkennbar. Jeder las heraus, was er herauslesen wollte. Und der vorbeugende Hinweis, dass die Äußerungen nach Auskunft der Strafverfolgungsbehörden nicht den Tatsachen entsprachen, wurde offenbar von großen Teilen der Leserschaft missachtet.

»Eines der Postings wurde Gott sei Dank vom Administrator entfernt«, berichtete Annemie Leschewski. »Da fielen unter anderem Worte wie ›Kastration‹ und ›Endlösung‹. Wir haben vor dem Löschen einen Screenshot machen können. Da wird es noch ein Nachspiel geben. Die Staatsanwaltschaft hat ein Verfahren eingeleitet. Das FK 4 ermittelt.«

Annemie Leschewski meldete sich aus dem Forum ab. »Wir kriegen das nicht mehr in den Griff«, sagte sie. »Unsere Gegendarstellungen kommen nicht an. Aus Kapazitätsgründen ist es uns auch völlig unmöglich, jeden einzelnen Kommentar zu beantworten.« Sie seufzte resigniert. »Es hätte ohnehin keinen Zweck. Die meisten Urheber solcher Behauptungen wollen provozieren. Die gieren nach Aufmerksamkeit. Die wollen um jeden Preis Rabatz machen. Denen geht es nicht um Fakten.«

»Geschmacklos. Echt ekelhaft. Die sind ja schon beinahe so gestört wie unser Täter. Wann ist eigentlich Narzissmus zur Volkskrankheit geworden?« Bea Agarius war angewidert. »Dr. Schneidling hat es kommen sehen.«

»Ich weiß, ihr tut schon euer Bestes. Aber das Einzige, was hier helfen könnte, ist die Präsentation des Täters.«

»Glauben Sie mir, das ist verdammt keine Floskel: Ich wünschte sehr, wir hätten ihn schon.«

Er

Ein anderer sein. Gar nicht weit von zu Haus. Begegnungen mit Menschen. Die ihn womöglich sogar kennen und doch nicht wissen, wer er ist. Mitleidige Blicke, die ihn innerlich auflachen lassen.
Vorsicht, nichts anmerken lassen! Die richtige Maske wählen. Bitterkeit, Schmerz, Verzweiflung zur Schau stellen. Mit einem Hauch Tapferkeit garnieren.
Die Ernte: Anteilnahme, Gewogenheit, Entgegenkommen. Formen der Zuwendung, die er als Kind nicht erfahren durfte. Wohl hingegen die körperlichen Neigungen einer übermächtigen Mutter.
Er verspürt Brechreiz beim Gedanken daran.
Er lernte das Spiel nach einem Unfall. Dem Gelähmten wird Hilfsbereitschaft zuteil. Die Lösung lag auf der Hand: Er blieb gelähmt.
Die Tarnung machte ihn mutig. Er wagte mehr, suchte nach der Macht über andere und errang sie auch. Ein erhebendes Gefühl, das nur leider viel zu schnell verrauscht.
Er will mehr davon.
Unbedingt.

Unruhe

Die Gedanken kamen immer wieder und raubten Bea Agarius den Schlaf. Schon wieder lag sie wach und wälzte sich herum. Sie sah zum Wecker. Fünf Uhr zwanzig.

Es hatte keinen Sinn, länger liegen zu bleiben. Vorsichtig griff sie nach ihrem Bademantel und schloss behutsam die Schlafzimmertür hinter sich, um Katharina nicht zu wecken.

Mit dem Laptop unter dem Arm schlurfte sie in die Küche und setzte Kaffee auf. Auf einem angewinkelten Bein hockend, loggte sie sich ein und rief die Akte »MK Rosenstrauch« auf. Zum wiederholten Male studierte sie, was die Belegschaft der Mordkommission und sie zusammengetragen hatten.

Sechs Tage waren vergangen, seit die Frauenleiche im Bürgerpark gefunden worden war, und sie hatten noch immer keinen Anhaltspunkt ausmachen können, der sie dem Täter näher bringen würde. Der ganze Nachlass des Opfers, das kleine Vermögen und das Haus in attraktiver Lage, würden nach Angaben des Testamentsvollstreckers der Schwester zufallen.

Karola, die den Nachnamen ihres Ehemannes angenommen hatte, lebte in einer vornehmen Gegend nahe Amsterdam. Ihr Mann Dinand van der Lecq arbeitete in führender Position in der Medienbranche; sie war selbstständig, führte ein florierendes Unternehmen für klassische und digitale Designdienstleistungen. Jeder für sich erfreute sich finanzieller Unabhängigkeit.

Das hatten die aus Amsterdam übersandten Unterlagen ergeben.

Habgier konnte in diesem Zusammenhang einigermaßen verlässlich als Motiv ausgeschlossen werden, zumal Karola van der Lecq offenbar tatsächlich vorhatte, das Vermögen und die Immobilie ihrer Schwester in eine Stiftung zu überführen. Das brachte ihr zwar eine Steuerersparnis ein, wie die Kollegen aus dem Wirtschaftskommissariat ermittelt hatten, aber die fiel so unbedeutend aus, dass sie als Mordmotiv nicht trug.

Nach der Obduktion hatten die Rechtsmediziner den Todeszeitpunkt auf die Stunde zwischen einundzwanzig Uhr dreißig und zweiundzwanzig Uhr dreißig eingrenzen können. Damit kamen die Schwester wie auch der Schwager ohnehin nicht mehr als Täter infrage. Beide waren am fraglichen Abend in dieser Zeit in der Öffentlichkeit in Hilversum gesehen worden. Hoofdinspecteur Arie Fassaert hatte solide Arbeit geleistet und seinem Bericht neben einer verbürgten Finanzauskunft die Aussagen mehrerer unabhängiger Zeugen beigefügt.

In Corinna Schänkenbergs beruflichem Umfeld waren ebenfalls keine fallrelevanten Konflikte auszumachen gewesen. Die Ermittler hatten die Angaben der Bereichsleiterin der Hochschulbibliothek am Westerberg mehrfach bestätigt bekommen. Demnach war die Verstorbene zuverlässig und unter den Mitarbeitern beliebt. Ihr Karrierestreben hielt sich offenkundig in Grenzen. Corinna Schänkenberg war kein Ellenbogenmensch. Anderenfalls hätte sie kaum zugunsten einer Kollegin auf eine Beförderung verzichtet.

Marianne Stühlmeyer und Fips Czierni waren in die Dodesheide gefahren und hatten den Singkreis, dem die Tote angehörte, besucht, Aussagen eingeholt und die Leiterin des Chores ausführlich befragt. »Keine Anzeichen für ein Motiv«, lautete das Resümee unter ihrem Protokoll.

Auch im Hinblick auf Linus Wertemöller, den früheren Patienten der St. Gertruden Klinik, hatten sich keine neuen Aspekte ergeben. Sein Alibi hatte Bestand, die Aussage seines Mitbewohners war nicht zu widerlegen gewesen. Trotzdem hatte Sven Fehrenkämper ein Experiment unternommen und einen Sack mit einem Gewicht, das dem der Ermordeten entsprach, über mehrere Meter zu tragen versucht. Danach war er sich sicher, dass eine solche Aktion mit einer Beinprothese nahezu unmöglich zu bewerkstelligen war, zumal das Opfer bei Bewusstsein gewesen war, wie die Verletzungen an Corinna Schänkenbergs Fersen bewiesen. Sie hätte sich also sicherlich heftig gewehrt.

Sie mussten nach dem Stand der Ermittlungen somit davon ausgehen, dass Corinna Schänkenberg zufällig zum Opfer geworden war. Raubmord kam in Betracht, auch ein sexuelles Delikt, wenngleich weder auf der Kleidung des Opfers noch am Fundort Spermaspuren gefunden worden waren.

Aber das besagte nichts. Der Mörder konnte auch im Rückblick auf seine Tat Befriedigung finden. Für Bea Agarius eine beunruhigende Vorstellung. Wenn psychopathologische Verbrecher Gefallen am Töten gefunden hatten, kam es sehr oft zu Wiederholungstaten.

Sie blätterte weiter und versenkte sich einmal mehr in die vorläufigen Berichte der Osnabrücker Kriminaltechnik, der Oldenburger Rechtsmedizin, des Hannoveraner Landeskriminalamts, das die wissenschaftlichen Untersuchungen vorgenommen hatte. Die Plastiktüte, mit der Corinna Schänkenberg erstickt worden war, war Dutzendware, in bald jedem Supermarkt, auch in Drogerie- und Baumärkten zu haben, der Kauf nicht nachzuverfolgen. Fingerabdrücke gab es nicht, ebenso wenig Fußspuren, die eindeutig dem Täter hätten zugeordnet werden können. Einige Laborergebnisse standen allerdings noch aus.

Ihr Blick verweilte auf dem Foto des Hundes, der neben der Leiche gefunden worden war.

Wenn du doch reden könntest ...

»Du bist schon auf?« Katharina stand in der Tür und kugelte ihre Schultern vor und zurück.

»Ja, ich habe nicht gut geschlafen. Ich dachte, da kann ich genauso gut aufstehen. Habe ich dich geweckt?«

Katharina gähnte und rieb sich die müden Augen. »Mhm ... weiß nicht ...« Sie schnupperte genüsslich. »Ich glaube, es war der Kaffeeduft, der mich geweckt hat.«

»Nimm dir einen. Es ist genug da.« Bea klappte ihren Laptop zu.

Katharina kam näher, gab ihr einen Kuss und kraulte ihren Haaransatz im Nacken. »Morgen, Schatz. Nein, jetzt noch keinen Kaffee. Ich hole uns erst Brötchen und Croissants und dann frühstücken wir gemütlich. Wir können uns Zeit lassen und kommen trotzdem pünktlich los.«

»Pünktlich los?«

»Du hast es vergessen?« Katharinas Stimmlage hatte sich verändert. Bea schwante Böses. Ihre Gedanken überstürzten sich, gerade rechtzeitig fiel es ihr wieder ein. »Nein, natürlich nicht, wir wollten heute shoppen gehen.«

Aber die kleine Pause und ihr Tonfall hatten sie verraten. Katharina antwortete stumm mit einem strafenden Blick. »Du hast es vergessen!!«, wiederholte sie vorwurfsvoll.

Verlegen brachte die ertappte Sünderin ihre Rechtfertigung vor. »Mir macht noch immer meine aktuelle Ermittlung zu schaffen. Deshalb habe ich auch wieder so schlecht geschlafen. Ich wollte eigentlich nachher noch mal ins Büro ...«

Katharina schnitt ihr das Wort ab. »Auf gar keinen Fall«, sagte sie bestimmt und sprudelte los. »Wir gehen heute in die Stadt. Besprochen ist besprochen. Das kommt deiner Arbeit am Ende ja auch zugute. Du musst mal auf Abstand gehen. Das ist genauso, wie wenn einem ein Name oder was entfallen ist, und man kommt einfach nicht drauf. Dann muss man den Gedanken völlig ausblenden und an etwas ganz anderes denken, und dann fällt es einem plötzlich wieder ein. Ein Einkaufsbummel ist die beste Ablenkung.«

Bea suchte im Gestöber ihrer Gedanken nach einer passenden Entgegnung, wurde aber so schnell nicht fündig.

Katharina setzte nach. »Außerdem muss mal dringend deine Garderobe erneuert werden. Deine bollerigen Stoffhosen sind der Horror.«

»Das ist Arbeitskleidung«, kam es zur Verteidigung. »Die sind bequem, ich kann darin gut laufen, notfalls sogar rennen, und sie kneifen nicht.«

»Und sie sehen aus wie aus dem Altkleidercontainer, den man seit Jahren nicht geleert hat.«

»Das ist unfair. Das sind Klassiker. Als Bürogarderobe zwischen Los Angeles und Tokio internationaler Standard. Die findest du in jedem Unternehmen.«

»Vielleicht im Kostümverleih – in der Horrorabteilung. Wir kaufen heute für dich ein paar schicke Jeans. Keine Widerrede.«

Bea Agarius rümpfte die Nase. Sie hasste es, Kleidung zu kaufen. Das ewige Anprobieren, die stickige Luft in den Umkleidekabinen, die aufgesetzte Freundlichkeit der Verkäuferinnen, die verstohlenen Blicke, wenn dem Personal klar wurde, dass Kat und sie ein Liebespaar waren. Aber in Bezug auf die Arbeit an ihrem Fall hatte Katharina vermutlich recht. Ein wenig Abwechslung würde ihr sicherlich guttun und vielleicht eine neue, frische Sichtweise hervorrufen. Sie gab nach. »Ist ja schon gut. Wir gehen heute shoppen.«

»Natürlich tun wir das«, sagte Katharina zufrieden. »War ja auch so verabredet. Geh duschen, deck den Tisch, ich springe rüber zum Bäcker. Bin gleich wieder da.«

Nach einem ausgiebigen Frühstück verließen sie ihr kleines Mietshaus an der Klarastraße. Sie fuhren bis zur Seminarstraße. Am Eingang zur Johannisstraße stellten sie ihre Fahrräder ab und traten ihre Odyssee durch die Innenstadt an.

Bea Agarius schielte zu den bunten Plakaten, die Konzerte, Tanzveranstaltungen und Lichtbildervorträge ankündigten, für die Programme einzelner Kneipen oder für die aktuelle Ausgabe des örtlichen Stadtmagazins warben. Zwischen dem Gerichtsgebäude und dem Durchgang zum Parkhaus hinter dem Landgericht hatten sich wie so häufig trotz des hier herrschenden Alkoholverbots ein paar Trinker versammelt. Fetzen eines Streitgesprächs drangen herüber.

Bea Agarius blieb stehen und versuchte zu ergründen, ob es notwendig war, die uniformierten Kollegen zu informieren.

»Lass die armen Teufel streiten«, sagte Katharina und zog sie weiter.

Sie überquerten den Neumarkt und bummelten zwischen Käuferscharen, eiligen Passanten und auswärtigen Besuchern durch die Große Straße. Bea Agarius mochte die Straße nicht. Sie mochte sie nicht mehr, seit sich der Charakter der Fußgängerstraße gewandelt hatte. Die markanten Arkaden und Passagen waren zugebaut worden, seither wurden die Fußgänger wie durch einen engen Kanal an austauschbaren Fassaden entlang geleitet. Früher hatte es hier Cafés, kleine, persönliche Geschäfte, sogar ein Kino gegeben. Ein typisches, einzigartiges Stadtbild, dem sie insgeheim immer noch nachtrauerte. Vielleicht eine Alterserscheinung, wie sie selbstkritisch feststellte.

Sie wurde von Katharina energisch in Jeansshops und Bekleidungshäuser geschoben. Folgsam suchte Bea die ungeliebten Umkleidekabinen auf und probierte, von Katharinas Kommentaren begleitet, eine Jeans nach der anderen.

Es kam, wie sie es vorausgesehen hatte. Jede Verkäuferin drückte ihr als Erstes eine Jeans hautengen Zuschnitts in die Hand. Und beinahe alle machten ungläubige Kulleraugen oder zuckten mit den Mundwinkeln, wenn Bea einwandte, dass sie sich in solchen Denim-Pellen nicht wohlfühle.

Draußen lachte sie mit Katharina über die verrutschten Gesichter einiger Verkäuferinnen, die Beas mangelndes Modebewusstsein mit weltfremdem Provinzgeist gleichzusetzen schienen und gar nicht merkten, dass sie doch selbst in ihren starren Denkmustern gefangen waren. Katharina blieb hartnäckig. Sie ergatterten schließlich zwei Jeans, die komfortabel zu tragen waren und doch vor Katharinas strengen Blicken Gnade fanden.

Nach etlichen, nach Beas Empfinden viel zu vielen Stunden bummelten sie mit ihrer eingetüteten Beute langsam zurück in Richtung Fahrradstand. Am Jürgens ort lenkte Katharina sie auf die Große Hamkenstraße, eigentlich ein Umweg, wenn auch ein kleiner.

»Zur Belohnung für dein Martyrium«, erklärte sie, ganz Pädagogin, auf Beas fragenden Blick und illustrierte ihre Antwort mit ihrem unwiderstehlichen kessen Grinsen.

Bea überkam eine dunkle Ahnung, die sich bewahrheitete. An der Ecke zum Neumarkt drängte Katharina sie in die berühmte Confiserie und kaufte ihr eine Packung der teuren, aber köstlichen Pralinen, die sie so mochte.

»Weil du beim Anprobieren so brav durchgehalten hast«, lobte Katharina unter den belustigten Augen der Verkäuferinnen.

Verlegen knuffte Bea die Freundin in die Seite und strebte hochroten Kopfs schon mal Richtung Ausgang, während Katharina bezahlte.

Beatrice Agarius hatte es sich nicht anmerken lassen, aber während sie mit Katharina unterwegs war, vergaß sie nicht für eine Minute, dass irgendwo auf den Straßen, in den Passagen, in der Fußgängerzone, in den Cafés oder Geschäften ein Mörder unterwegs sein konnte.

Denkbar, dass sie während ihres Bummels sogar seinen Weg gekreuzt hatten.

Den Weg eines Mörders, der vielleicht schon die nächste Tat plante.

2. Teil

Dämmerung

Wie konnte es sein, dass es von einem Tag auf den anderen um so viel früher finster wurde? Alois Inderwisch war verwirrt. Wieder ging sein Blick zur Uhr. Die sechzehn und die neununddreißig. Er dachte nach. Elf ... nein – einundzwanzig Minuten vor fünf? Doch, so war es richtig.

Zwanzig vor fünf ...

Der alte Mann bemühte sein Gedächtnis. Es sagte ihm, dass es gestern um diese Zeit taghell gewesen war. Jetzt aber senkte sich bereits die Nacht über den Bürgerpark. Die asphaltierten Wege zwischen Bäumen und Grünanlagen verschwanden in dunstigem Zwielicht, in dem so manches vor dem beobachtenden Auge verborgen blieb.

Die Welt wurde grau.

Einzelne Jogger huschten durch das Halbdunkel, unwillkürlich beschleunigend, rascher als am hellichten Tag, so schien es. Hunde, die sich erleichtern wollten, wurden von ihren Herrchen ungeduldig weitergezogen. Unsichtbare Automaten hatten die Laternen auf der Veilchenstraße eingeschaltet. Im künstlichen Licht warfen Menschen und Tiere lange Schatten.

Schwarzer Nebel stieg auf und verschlang Inderwischs Gedanken. Wie viele Menschen waren dort draußen unterwegs? Ihm wollten die Zahlen nicht in den Sinn kommen. Zwei – drei – vier ... Was kam danach?

Sein Radiowecker war schon seit langer Zeit in seinem Besitz, ein Telefunken-Gerät im kantigen Design der 1970er-Jahre mit digitalen Ziffertäfelchen. Geduldig beobachtete er, wie die Elektronik mit leisem Klacken

Minute um Minute vorantrieb. Drei – vier … Er schrieb auf den Rand seiner Zeitung: fünf – sechs – sieben … Er wusste wieder, wie die Zahlenfolge weiterging, und flüsterte sie vor sich hin.

Asli Ozcan, die kurz vor halb sechs anklopfte und das Abendbrot hereintrug, fand Alois Inderwisch vor dem Plattenspieler sitzend. Seine Lippen bewegten sich, und er lächelte selig, während er die rotierende Vinylscheibe beobachtete. Der Verstärker war nicht eingeschaltet. Die Musik fand nur in seinem Kopf statt.

Asli Ozcan war seit Langem in der Altenpflege tätig und erfahren in der Betreuung von Demenzkranken, aber Inderwisch vermochte sie noch zu überraschen. Es gab Zeiten, da saß er still am Fenster und wusste nicht einmal mehr seinen Namen. Und andere, in denen er mit ihr scherzte, aus seinem Leben erzählte oder bissig das Tagesgeschehen kommentierte.

»Guten Abend, Herr Inderwisch. Hören Sie Musik?«

Inderwisch fuhr herum. »Wer sind Sie?«

»Ich bin Schwester Asli Ozcan. Ich bringe Ihr Abendessen.« Sie sprach mit ruhiger, einfühlsamer Stimme. Geduldig nahm sie ihm sein Misstrauen und brachte ihn dazu, die leichte Suppe und eine Scheibe Brot zu essen. Sie war mit goldgelbem Gouda belegt, den er gern mochte. In diesem Moment aber erinnerte er sich nicht.

Er aß mechanisch, ohne Genuss.

Anschließend lenkte Asli Ozcan ihn behutsam zu seinem Sessel am Fenster. Der Blick ins Freie besänftigte ihn, wenn ihn sein Gedächtnis im Stich ließ und er vor Hilflosigkeit unruhig oder sogar zornig wurde.

Länger konnte sie nicht bleiben. Eine Fülle weiterer Pflichten wartete auf sie. Sie warf einen Blick zurück, aber ihre Sorge schien unnötig. Inderwisch wirkte entspannt.

Er hatte ihr den Rücken zugewandt und sah hinaus ins Freie.

Inderwisch hörte, wie die Tür sich schloss. Einige Minuten später hatte er alles um sich herum vergessen. Die Zeit verstrich. Draußen waren nur noch wenige Menschen unterwegs. Einsame Läufer mit federnden Schritten, Hundehalter, Radfahrer.

Alle hatten es eilig. Einer aber konnte nicht mithalten. Ein wohl schon älterer, übergewichtiger Herr, der jedem Schritt vorsichtig eine seiner Gehhilfen voransetzte und mit stockenden Bewegungen dahinschlurfte. Wie ein hauchdünnes Relief trat ein früherer Eindruck aus Inderwischs verschwommenen Erinnerungen hervor. Er hatte diesen Mann schon gesehen, wie er seine seltsam nach innen gebogenen Beine zur Bewegung zwang, wie er tapfer seiner Einschränkung trotzte, von der er sich nicht lähmen ließ.

Inderwisch fiel etwas ein: Ropenkerl.

War es ein Name?

War es sein Name? Ropenkerl ...

Komisches Wort.

Dann geschah draußen etwas. Von einem Moment zum nächsten verlor Inderwisch jeden inneren Halt. Seine Gedanken gerieten in einen Strudel, wurden zerfetzt, ergaben keinen Sinn, keine Bilder mehr.

Inderwisch schlug um sich.

Und er schrie.

Er

*Das Mädchen war kräftig. Sportlich.
Hat ordentlich gestrampelt.
Schwierig, sie in seinen Bau zu zerren.
Gut so. Je anspruchsvoller die Jagd, umso größer der Triumph.
Er weiß nicht, was Glück ist, aber es kann sich kaum besser anfühlen.
Er hat es hinausgezögert, die Angst in ihren Augen genossen.
Unglücklich nur, dass keine andere Beute zu finden war.
Aber er hatte nicht mehr warten können.*

Sorge

Der Auberginenauflauf hatte ordentlich Farbe bekommen. Langsam wurde es Zeit, ihn zu servieren, sonst würde er anbrennen. Skeptisch äugte Finja Sudhoff durch das Backofenfenster und stellte das Gerät auf Warmhalten.

Ihr Blick wanderte zur Uhr. Mila, die wie jeden Abend eine Runde durch den Bürgerpark joggte, verspätete sich mal wieder. Finja vertrieb sich die Zeit, indem sie den Salat noch einmal durchhob.

Im Hintergrund lief das Radio. Gerade begannen die Nachrichten. Vorweg Meldungen aus aller Welt, dann erfolgte eine Schaltung ins Regionalstudio Osnabrück. Im Fall der vor zehn Tagen ermordet aufgefundenen Corinna S. gebe es noch immer keine neuen Erkenntnisse, sagte der Sprecher mit unbeteiligter Stimme. Die Polizei bitte erneut die Öffentlichkeit um Mithilfe. Für Hinweise aus der Bevölkerung sei eine gesonderte Telefonleitung geschaltet worden. Er gab die Ziffernfolge durch, wiederholte sie, verwies auf die Webseite des Senders, wo weitere Informationen zu finden seien.

Finja hörte es mit Sorge. Gleich nach dem Bekanntwerden des Leichenfunds hatte sie Mila gebeten, ihr Laufprogramm vorsichtshalber für einige Tage auszusetzen. Mila mochte ihre Bedenken nicht teilen. »Der Mörder wird wohl kaum zwei Mal an derselben Stelle zuschlagen. Wenn doch, kriegt er von mir was auf die Nase«, hatte sie gesagt und munter gegiggelt, aber doch der Freundin zuliebe zwei Tage ausgesetzt. Dann kamen die Entzugserscheinungen.

Im Stillen schimpfte Finja auf ihre Wohngenossin. Eigentlich wollte sie bereits am Schreibtisch sitzen und sich ihrem Referat widmen, sah aber keinen Sinn darin, vor dem Essen mit dem Schreiben zu beginnen und dann gleich wieder zu unterbrechen. Außerdem hatte sie inzwischen mächtigen Hunger.

Immer wieder schielte sie verlangend in Richtung Herd. Sie griff zum Handy und tippte auf Milas Kontaktsymbol. Den folgenden Spruch kannte sie.

»Hier ist Milas Mailbox und nimmt alles auf, was ihr zu sagen habt. Spam und langweiliger Kram wird automatisch gelöscht.«

Finja seufzte. Vermutlich hatte Mila ihre Ohren zugestöpselt und die Musik aufgedreht. Nach mehrmaligem vergeblichem Klingeln schaltete das Telefon automatisch auf die Mailbox um.

Finja fühlte Erleichterung, als sie unten die Haustür zufallen hörte. Das Klappern eines Schlüsselbunds, Schritte – die aber nicht zur Treppe führten.

Die Geräusche verklangen. Nicht Mila war nach Hause gekommen, sondern Rolf Bessmer, ihr Vermieter.

Kurz entschlossen stellte Finja die Salatschüssel in den Kühlschrank, lief hinunter und klingelte. Rolf Bessmer war älter, Finja schätzte ihn auf Mitte bis Ende dreißig. Das Anwesen mit Garten war sein Erbe, das Haus zu groß für den alleinigen Bewohner. Er hatte es umbauen lassen, sodass er die obere Etage vermieten konnte, während er selbst das Erdgeschoss bezog.

In Osnabrück fiel es Studenten nicht leicht, bezahlbare Zimmer in verkehrsgünstiger Lage zu finden. Darum hatten Mila und Finja bei der Besichtigung sofort zugegriffen, auch wenn sie fürchteten, dass das enge Zusammenleben mit dem Eigentümer zu Konflikten führen könnte.

Aber Bessmer erwies sich als verträglicher Zeitgenosse. Er lebte für sich, manchmal sah man ihn tagelang nicht, wenn er nicht gerade gärtnerte oder im Schuppen werkelte.

Bessmer hatte seine Jacke noch an, als er öffnete. »Finja? ’n Abend. Ich bin eben erst nach Hause gekommen ...«

»Ich weiß, ich hab’s gehört. Entschuldigen Sie bitte den Überfall, aber es gibt ein Problem. Mila müsste schon seit über einer Stunde vom Joggen zurück sein. Ich mach’ mir inzwischen echt Sorgen.«

Bessmer runzelte die Stirn. »Haben Sie versucht, sie anzurufen?«

»Na logisch. Schon mehrmals. Ist aber nur die Mailbox dran.«

Hilfsbereit griff Bessmer nach seinem Schal und seinem Schlüsselbund. »Ziehen Sie sich eine Jacke an, wir gehen sie suchen.« Bessmer war schon halb zur Tür hinaus, als Finja etwas einfiel.

»Einen Moment, ich muss noch mal zurück!« Sie stürmte die Treppe hinauf, schloss wieder auf, lief in Milas Zimmer und riss einen Bilderhalter von der Wand. Der dünne Nagel blieb in der Öse hängen und fiel mit leisem Klirren zu Boden. Finja war’s egal. Ihr ging es um das Foto, das Mila lachend auf einer mit bunten Mosaiksteinchen besetzten Sitzbank auf einer Wiese im Bürgerpark zeigte. Sie steckte es ein und verließ die Wohnung.

Mila hatte eine Stammstrecke, der sie folgten, am Seniorenheim vorbei durch den Park bis an den östlichen Hang, wo der Baumbestand endete und den Blick auf die neueren Gebäude der St. Gertruden Klinik freigab, dann nördlich in weitem Bogen wieder zurück. Den wenigen Passanten, die noch unterwegs waren, zeigte Finja Milas Foto und fragte, ob man sie gesehen habe. Die meisten blieben misstrauisch auf Distanz, verneinten knapp und eilten davon.

Von der Veilchenstraße her streckten sich schlanke Finger milchigen Lichts in die Gartenanlagen. Der größte Teil des Parks aber lag in kaum durchdringlicher Finsternis. Was immer sich in Unterholz und Buschwerk verbarg, wurde von einer tintigen Schwärze gegen menschliche Blicke geschützt.

Finja fühlte sich unwohl. Gut möglich, dass sie aus dem Dunkel heraus beobachtet wurden. Sie schob den Gedanken beiseite und konzentrierte sich auf ihre Suche.

Rolf Bessmer hatte eine kleine Taschenlampe dabei und leuchtete die Wegränder ab. Weit reichte der Lichtkegel nicht. Von Mila weit und breit keine Spur.

»Mehr können wir im Moment nicht tun«, sagte Bessmer, als sie wieder auf der Veilchenstraße standen.

Aber Finja mochte noch nicht aufgeben. Sie gingen zurück und schritten suchend die kleinen Verbindungswege und Fußpfade ab. Finja schauderte, als sie in den Rosengarten gelangten. Hier war vor einigen Tagen die Frauenleiche entdeckt worden. Ängstlich spähte sie zwischen die Sträucher, die die Anlage säumten, konnte aber nichts Ungewöhnliches entdecken.

Ihr Weg führte sie weiter zum Spielplatz. Finja schaltete die Lampe ihres Handys ein und leuchtete die Klettergeräte ab. Im Holzhäuschen oberhalb der Rutsche entdeckte sie eine Plastiktüte, darin zwei zerknüllte Bierdosen und eine leere Tequilaflasche.

Mila trank keinen Tequila.

Sie musste einsehen, dass weitere Bemühungen sinnlos waren. Ihr Heimweg führte sie durch das Senator-Wagner-Tor und an der alten Begrenzungsmauer entlang. Wieder daheim, rief sie schon von der Eingangstür aus ganz laut Milas Namen, voller Hoffnung, die Stimme, das

Lachen der Freundin zu hören. Aber das Haus lag still. Die gemeinsame Wohnung war leer.

Sie lud Bessmer noch zu sich in die Küche ein. Es tat gut, die Sorge mit jemandem zu teilen. Erneut bemerkte sie dieses kurze Zögern vor der Schwelle zu ihrer Wohnung. Eine Reaktion, die sie früher schon beobachtet hatte.

Er fing ihren fragenden Blick ein und lächelte verlegen. »Es ist immer ein bisschen komisch, diese Räume zu betreten«, erklärte er. »Früher war einer davon mein Kinderzimmer.« Seine Miene verdüsterte sich. »Ich habe daran nicht nur gute Erinnerungen.«

In der Küche stellte sie den Backofen auf aus. Der Appetit war ihr vergangen. Zum Aufwärmen kochte sie sich einen Kakao und gab einen Schuss Rum hinein. Bessmer trank ein Bier.

»Was können wir denn noch tun?«, fragte Finja hilflos, wohl wissend, dass es darauf keine Antwort gab.

»Nur warten«, antwortete Bessmer mitfühlend. »Es hat keinen Zweck, jetzt schon die Polizei zu verständigen. Die werden vermutlich die Anzeige gar nicht annehmen, weil es noch zu früh ist. Außerdem können die ja im Moment auch nicht mehr tun als wir.«

Finja gab ihm recht. Mehr aus Höflichkeit als aus Überzeugung.

Noch einmal wählte sie Milas Nummer. Wieder nur die Mailbox.

Sie wechselten ins Wohnzimmer hinüber. Finja spielte mit dem Gedanken, den Fernseher einzuschalten, ließ es aber bleiben. Immer wieder sah sie nach der Uhr, kontrollierte die SMS- und E-Mail-Eingänge ihres Handys.

Ihre Unruhe war nicht zu übersehen. Um sie abzulenken, erkundigte sich Bessmer nach dem Stand ihres Studiums. Finja berichtete halbherzig von dem Referat, das sie eigentlich hatte schreiben wollen. Bessmer kommentierte, gab Geschichten zum Besten, machte sich über seine eigene Studienzeit, über frühere Dozenten, dann über seine Arbeitskollegen lustig und redete irgendwann nur noch daher, was ihm gerade einfiel.

Er erreichte seine Absicht. Finja beruhigte sich allmählich, wurde still und schläfrig. Sie rutschte längs aufs Sofa. Schließlich nickte sie ein.

Geräuschlos schlug Bessmer eine Decke auf, breitete sie schützend über der jungen Frau aus und zupfte die Säume zurecht. Dann löschte er das Licht bis auf eine kleine Stehlampe am Fenster. Der Sessel, in dem er Platz nahm, stand jetzt im Dunkeln. Ganz leise atmete er tief durch und massierte seine schmerzenden Muskeln.
Seine Blicke waren noch eine Weile auf Finja gerichtet.

Gewissheit

Das durchdringende Rasseln der altertümlichen Türklingel riss Finja aus dem Schlaf. Blinzelnd versuchte sie, sich zu orientieren. Draußen dämmerte es, im Zimmer war es noch dunkel. Seit dem Vortag folgten die Uhren wieder der Winterzeit, aber ihr inneres Zeitgefühl hatte sich nicht so einfach umstellen lassen. Ihre Erinnerung war ein Flickenteppich, der erst nach und nach ein erkennbares Bild ergab. Mila ... Rolf Bessmer – war es Bessmer, der gerade schellte?

Oder Mila! Hatte sie womöglich ihre Schlüssel verloren?

Finja stemmte sich gähnend vom Sofa, machte eilig Licht und riss die Tür auf. Niemand da. Sie drückte auf den Türöffner.

Die Schließfeder der schweren Haustür knarrte, von unten ertönten die Schritte mehrerer Personen. Erst im Flur, dann auf der Treppe. Ein Mann und eine Frau.

Keine Mila.

Scheiße. Zeugen Jehovas, dachte Finja gereizt und legte sich schon mal eine passende Abwehrstrategie zurecht. Aber die Frau, die vorausging, trug keine Bibel, sondern hielt ein ovales Stück Messing in die Höhe, gerade lange genug, dass Finja das Wort »Kriminalpolizei« und einen Stern erkennen konnte. Auch der Begleiter zeigte kurz seine Marke vor.

»Guten Morgen. Kriminalpolizei, Hauptkommissarin Agarius. Das ist mein Kollege Fehrenkämper«, sagte die Frau. »Sind wir hier richtig bei Milena Wellenbrock?« Ihre Miene war ernst.

Finja wurde mulmig. »Ja. Mila ist meine Mitbewohnerin.«

»Und Sie sind ...?«, wollte der Mann wissen.

»Finja Sudhoff.«

»Wir müssten einmal Ihren Personalausweis sehen. Vielleicht dürfen wir reinkommen?«

»Personalausweis? Wieso?«

»Wir müssen uns vergewissern, dass Sie Frau Sudhoff sind, ehe wir uns weiter unterhalten.«

Finja wurde immer unbehaglicher zumute. Obendrein steckte ihr noch die Müdigkeit in den Knochen. Sie blickte in die ausdruckslosen Gesichter der beiden Polizisten und versuchte zu verstehen, was deren Fragen zu bedeuten hatten. Sie kam auf keine Lösung. Schließlich bat sie die beiden herein. »Bitte hier in die Küche. Das Wohnzimmer ist unordentlich. Ich bin gestern Abend da eingeschlafen. Ich wollte wach bleiben. Mila war am frühen Abend nicht vom Joggen wiedergekommen. Ich habe mir Sorgen gemacht. Sind Sie deswegen hier? Wissen Sie, wo sie ist? Hatte sie einen Unfall?«

Die beiden Kriminalbeamten wechselten einen Blick.

»Ihr Personalausweis?«, erinnerte die Kommissarin.

»Ach ja, Entschuldigung. Moment ... Hab ihn gleich ...« Finja kramte ihr Portemonnaie aus ihrer Handtasche, zog den Personalausweis heraus und gab ihn der Polizistin.

»Was machen Sie beruflich?«, wollte Kommissar Fehrenkämper wissen.

»Ich studiere. Kunst und Literatur auf Lehramt. Mila auch. Manchmal arbeiten wir im Service. Aber mehr so zwischendurch. Auf der Maiwoche und im Winter auf dem Weihnachtsmarkt zum Beispiel.«

»Hat Frau Wellenbrock in den letzten Tagen gearbeitet?«

»Nein. Das Semester ist ja gerade wieder losgegangen. Da haben wir nicht viel Zeit.«

Die Kommissarin hatte Finjas Ausweis kontrolliert und nickte ihrem Kollegen zu. »Wir haben leider eine traurige Nachricht«, sagte sie mit gedämpfter Stimme. »Milena Wellenbrock ist heute früh tot aufgefunden worden.«

Finja ließ sich auf einen der Küchenstühle fallen und kniff die Augen zusammen. Sie wollte die aufsteigenden Tränen vertreiben und erreichte das Gegenteil. Kleine Tropfen perlten aus ihren Augenwinkeln, rannen langsam über ihre Wangen, hinterließen schimmernde Spuren. Fahrig wischte Finja sie beiseite.

»Geht es?«, fragte die Kommissarin mitfühlend. »Wir müssten Ihnen nämlich ein paar Fragen stellen.«

Finja bejahte mit gepresster Stimme. Sie hatte selbst eine Frage. »Was ist denn mit Mila passiert? Wo ist sie ... war sie ...?«

»Gefunden hat man sie im Bürgerpark. Mehr können wir im Moment noch nicht sagen. Die Ermittlungen haben gerade erst begonnen«, sagte der Kommissar vage.

»War es denn ein Unfall?«

»Auch das bedarf noch der Klärung. Wann haben Sie Frau Wellenbrock zuletzt gesehen?«

»Gestern«, schluchzte Finja. »Irgendwann nach vier. Oder gegen halb fünf. Mila geht um diese Zeit meist laufen. Oben im Bürgerpark. Gestern auch.«

»Und wo waren Sie?«

»Hier. Ich habe das Essen gemacht. Wir wechseln uns ab.«

Sie stand auf und öffnete die Tür des erkalteten Backofens, zog das Rostgitter heraus und gab den Blick frei auf einen unberührten Auberginenauflauf.

»Hatten Sie Gäste oder haben Sie Gäste erwartet?«

»Nein.«

»Und Sie haben Ihre Mitbewohnerin irgendwann vermisst?«

»Ja. Normalerweise ist sie spätestens nach einer Stunde wieder da. Sie kam aber nicht.«

»Haben Sie denn nichts unternommen?«

»Doch, natürlich«, rief Finja aufheulend. »Ich habe bei Herrn Bessmer geklingelt, und wir sind sie suchen gegangen. Wir waren im ganzen Bürgerpark. Aber sie war nicht da. Und wir haben auch Leute gefragt. Aber keiner hatte sie gesehen.«

»Wer ist dieser Herr Bessmer?«

»Unser Vermieter. Er wohnt unten im Erdgeschoss.«

Finja sah, dass sich der Kommissar Notizen machte.

»Wann waren Sie gestern im Bürgerpark?«

Finja zuckte ratlos mit den Schultern. »Ich weiß es nicht mehr. Ich glaube, gegen sieben sind wir los. Ich hatte noch die Nachrichten um halb gehört. Dann waren wir lange unterwegs, haben Milas Laufstrecke abgesucht und sind anschließend noch kreuz und quer durch den Park gelaufen. Am Spielplatz waren wir auch noch. Überall.«

»Ist Ihnen irgendetwas aufgefallen? Vielleicht eine Person, die sich ungewöhnlich benommen hat?«

Finja schüttelte den Kopf. »Nein. Das hätte ich Ihnen doch gleich gesagt. Es war aber auch schon dunkel. Ich hatte mein Handy-Licht. Aber viel sehen konnte man damit nicht.«

»Was haben Sie dann gemacht?«

»Wir haben schließlich aufgegeben. Herr Bessmer und ich haben noch zusammengesessen und gewartet und was getrunken. Irgendwann muss ich eingeschlafen sein. Ich bin erst wieder aufgewacht, als Sie geklingelt haben. Eben gerade.«

»Haben Sie Alkohol getrunken?«

»Gestern Abend? Nein, Tee ...«

»Und wo ist dieser Herr Bessmer jetzt?«

»Weiß ich nicht. Ich glaube, er hat mich noch zugedeckt. Er ist wohl irgendwann danach gegangen.«

»Wir werden auch mit ihm sprechen müssen.«

»Vielleicht ist er unten. Oder schon zur Arbeit. Klingeln Sie doch einfach ...«

»Wie ist es mit Freunden? Lebt Frau Wellenbrock in einer Beziehung?«

»Zurzeit nicht.«

»Da gibt es niemanden?«, hakte Fehrenkämper nach.

Finja zögerte. »Na ja, so kurze Sachen. Zuletzt hatte sie länger etwas mit einem Spanier, Geraldo. Der war im August und September zum Sommersprachkurs an der Uni. Die haben sich bei einer Party kennengelernt. Beim Tanzen. Das war dann aber auch wieder vorbei. So eng war das nicht, dass sie einander nachgezogen wären.«

»Und sonst? Können Sie uns zu den ›kurzen Sachen‹ die Namen nennen?«

»Höchstens ein paar. Die meisten sehe ich ja gar nicht. Die sind oft schon wieder weg, wenn ich aufstehe.« Sie zählte ein paar Namen auf, die die Kriminalbeamten säuberlich notierten.

»Wie ist es mit Ihnen? Sind Sie partnerschaftlich gebunden?«

»Auch nicht. Jedenfalls im Moment nicht. Aber ich bin da anders als Mila. Ich möchte etwas Festes. Bis vor Kurzem war ich mit Severin zusammen. Aber es passte nicht. Wir haben uns getrennt. Ich schaue mich um, aber nicht nach One-Night-Stands oder so. Ich will was auf Dauer. Auch für die Zeit nach dem Studium, wenn ich im Schuldienst bin. Das geht halt nicht mit jedem.«

»Auch von diesem Severin hätten wir gern die Kontaktdaten.«

Finja riss ein Stück von einem gebrauchten Umschlag. »Ich schreibe es Ihnen auf.«

»Und dann bitte auch noch die Arbeitgeber, bei denen Sie aushilfsweise tätig sind oder waren«, bat die Kommissarin.

Eine Pause trat ein. Die Ermittler studierten die gelisteten Namen und, sofern vorhanden, die zugehörigen Adressen. Das Schweigen war bedrückend.

Wieder wurden Finjas Augen feucht. Sie wandte sich ab. Draußen war es immer noch trüb. Schwere Wolkengebilde hingen tief über der Stadt. Es sah nicht so aus, als ob es an diesem Tag noch richtig hell werden würde. »Aber was wird denn jetzt?«, fragte sie verzweifelt. »Sagen Sie Milas Eltern Bescheid?«

»Das ist schon in die Wege geleitet«, sagte Kommissarin Agarius in einem Tonfall, der beruhigend wirken sollte. »Hier, meine Visitenkarte. Vielleicht fällt Ihnen zu unseren Fragen noch etwas ein ... Oder wenn Sie etwas Ungewöhnliches bemerken ... Rufen Sie mich an.«

»Es kann auch sein, dass wir uns noch mal melden müssen«, sagte der andere.

Die beiden Ermittler verständigten sich mit den Augen, dann erhoben sie sich. Finja verabschiedete sie an der Tür. Sie hörte, dass die beiden unten klingelten. Rolf Bessmer war offenbar nicht zu Hause. Nach einer Weile gaben die Kriminalbeamten auf. Krachend fiel die Außentür ins Schloss.

Auf dem Weg zurück in die Küche sah sich Finja im Garderobenspiegel. Zutiefst erschrocken zuckte sie zurück. Sie sah eine Frau mit rot unterlaufenen Augen, geschwollenen Tränensäcken, feuchten Wangen, zerwühlten und verfilzten Haaren.

»Fuuuck«, flüsterte sie gedehnt. »Das ist ja voll der Horror ...«

Nervenprobe

Gaspard Budke stand vor der versammelten Mordkommission und blickte in eine Runde ernster und nachdenklicher Gesichter. Einige ließen gar Bestürzung erkennen. Das Kollegium verzichtete auf die sonst so häufigen Witzeleien. Budke hatte eben bekannt gegeben, dass er der Mordkommission »Rosengarten« noch einen weiteren Todesfall zur Untersuchung aufgebürdet hatte.

»Die Auffindesituation stimmt weitgehend mit der Ihres Falles überein«, erklärte er zur Begründung. »Das können wir selbstredend nicht außer Acht lassen. KHK Agarius hat sich einen Augenschein verschafft. Bitte, unterrichten Sie uns, Frau Kollegin.«

Die Kommissarin trat nach vorn. »Uns stellt sich angesichts der Umstände vordringlich die Frage, ob wir es mit einem Trittbrettfahrer oder widrigenfalls mit einem Mehrfachtäter zu tun haben.« Sie rief das erste Foto vom Auffindeort auf. »Die Tote ist die dreiundzwanzigjährige Studentin Milena Wellenbrock. Ihr Rufname lautet Mila. Wie ihr seht, wurde der Leichnam so ähnlich abgelegt wie der von Frau Schänkenberg, wenn man in Betracht zieht, dass Schänkenbergs Körper von ihrem Hund umgerissen worden war. Ursprünglich muss er aufrecht gesessen haben, so wie dieser hier. Der Tod wurde dem ersten Befund zufolge in gleicher Manier herbeigeführt. Sie wurde mit einer Plastiktüte mit zuziehbarem Bündchen erstickt. Das Produkt scheint identisch mit dem, das wir am anderen Auffindeort sichergestellt haben. Leider Massenware. Ein Herkunftsnachweis ist nicht möglich. Gefunden wurde die Tote nur einen

Steinwurf vom Rosengarten entfernt. Und wieder an einer auffälligen Stelle, nämlich auf dem flachen Dach eines ehemaligen Eiskellers. Das Dach ist von einem der Parkwege aus zugänglich und wird als Aussichtsplattform genutzt. Deshalb das umlaufende Geländer, an dem die Tote abgelegt wurde. Der Kühlkeller selbst ist verschlossen, er wurde als geschütztes Quartier für Fledermäuse hergerichtet. Der einzige Zugang ist unberührt. Der Raum kann als Tatort ausgeschlossen werden. Bemerkenswert ist meiner Ansicht nach, dass die Tote so ausgerichtet wurde, dass sie etwa Richtung Westen blickt ... blicken würde, wenn sie noch am Leben wäre. Genau in dieser Richtung liegt ihre Wohnung. An der Straße Am Bürgerpark – von der Adresse unserer ersten Toten ist das quasi um die Ecke. Auch nur einen Steinwurf entfernt. Und Sven war aufgefallen, dass Frau Schänkenberg mit Blick auf den Westerberg platziert worden war. Also in Richtung ihrer Arbeitsstätte.«

»Das kann aber auch Zufall sein«, wandte Fips Czierni ein.

»Ich glaube nicht an Zufälle«, brummte Bertie Dieken-Uphoff. »Hier spricht die Weisheit von vielen Dienstjahren. Ich habe leider vergessen, wie viele es genau waren.«

Niemand lachte, und doch hellte Diekmann-Uphoffs selbstironische Bemerkung die sorgenvollen Mienen ein klein wenig auf.

Nur Kommissariatsleiter Budke verstand keinen Spaß. Schon gar nicht, wenn es um eine Mordermittlung ging. Und seine Nerven waren reichlich gespannt. Es verging kein Tag, an dem nicht das Büro des Oberbürgermeisters, Tourismus- und Wirtschaftsverbände oder Pressevertreter anriefen und nach den neuesten Ermittlungsfortschritten fragten.

Budke sprach nicht laut, aber er klang scharf. »Ich darf doch wohl mal bitten. Die Tatumstände sind hier nicht Gegenstand einer mehrheitlichen Abstimmung oder individueller Befindlichkeiten, meine Damen und Herren. Gehen Sie dem erwähnten Aspekt bitte gewissenhaft nach. Ich muss Ihnen doch nicht darlegen, dass uns jede Kleinigkeit weiterbringen kann. Falls der Hinweis für jemanden von Ihnen doch erforderlich sein sollte, ist der Betreffende offensichtlich im falschen Beruf.«

Der deutliche Rüffel bewirkte betretenes Schweigen. Einige drehten voller Verlegenheit die Köpfe zum Fenster, um den strafenden Blicken des Chefs auszuweichen.

»Es versteht sich, dass wir die Umstände prüfen werden«, beeilte sich Bea Agarius zu sagen. »Deswegen hatte ich es ja angesprochen. Speziell, wenn wir das Umfeld des Opfers durchleuchten, werden wir diesen Gesichtspunkt natürlich besonders berücksichtigen.« Sie nickte den Kollegen vielsagend zu. »Die Mitbewohnerin unseres jüngsten Opfers kann sich an die Namen dreier vorübergehender Liebhaber der Toten erinnern. Marianne hat bereits deren Aufenthaltsadressen ermittelt. Fips und Bertie, ihr übernehmt die Befragung dieser drei Herren.«

Sie reichte den Kollegen ein Blatt mit weiteren Angaben zu den genannten Personen.

»Milena Wellenbrock wie auch ihre Mitbewohnerin waren zeitweise beruflich tätig. Im Winter an einem Verkaufsstand auf dem Weihnachtsmarkt, in den Semesterferien als Bedienungen in einem Café-Restaurant. Auch hier müssen wir Erkundigungen einziehen. Mit Personalchefs und Kollegen sprechen – aber wem sage ich das ...«

Die Moko-Leiterin benannte für diese Aufgabe zwei Ermittlergespanne. Dann verteilte sie die übrigen Aufgaben. Bündig und knapp, präzise und bestimmt, mit einem sachlichen Ernst, der keinerlei Zweifel an ihrer Kompetenz und an ihrer Führungsrolle aufkommen ließ.

Weder bei Gaspard Budke noch bei den ihr unterstellten Mitarbeitern.

Der Patient

»Dein Lieblingspatient ist ja ein ganz Wilder.«

Asli Ozcan antwortete mit einem missbilligenden Blick. »Er ist nicht mein Lieblingspatient. Ich behandle alle Patienten gleich«, gab sie zurück.

Ihre Kolleginnen kicherten. Asli Ozcan nahm ihre Aufgaben ungeheuer ernst und war ein leichtes Opfer für ihre Hänseleien. »Ziegen.« Sie verließ den Sozialraum. Sie wollte ohnehin nach Alois Inderwisch sehen. Am Vortag war der alte Mann völlig außer sich geraten. Das Pflegepersonal war von der Aufwallung völlig überrascht worden.

Sie hatte eine enge Beziehung zu dem zeitweilig sehr verwirrten Patienten aufbauen können. Aber auch ihr war es in dieser Situation nicht gelungen, den renitenten Mann zu beruhigen, der wild um sich geschlagen hatte und an den zu Hilfe gerufenen Pflegern vorbei aus dem Zimmer drängte. Aus Sorge um das Wohl des Patienten hatte die Pflegeleiterin am Ende entschieden, den Arzt zu rufen, der Alois Inderwisch sedierte.

Seither lag er auf der Krankenstation. Sein Mund stand offen, er atmete eigenständig und ruhig.

»Herr Inderwisch? Ich bin's, Asli Ozcan, Ihre Pflegerin.«

Inderwisch hob mühsam die Lider und bewegte unmerklich die Lippen. Sie glaubte zu hören, dass er ihren Namen hauchte. Seine Augen schlossen sich wieder, er war wohl in den Schlaf zurückgesunken.

Sanft ergriff sie sein Handgelenk und prüfte den Blutdruck. Er bewegte sich ein wenig unter dem Durchschnitt, unter den gegebenen Umständen nicht verwunderlich und kein Grund zur Sorge.

Sie hielt noch eine Weile seine Hand und beobachtete das Gesicht des Patienten. Es zeigte die Spuren des Alters, Runzeln auf der Stirn, Fältchen um die Augen, kleine Kerben neben den Mundwinkeln. Aber gemessen an anderen Vertretern seines Jahrgangs war es erstaunlich glatt und wirkte überhaupt nicht verlebt.

Sie wollte eben gehen, da sah sie, wie Inderwischs Augen zuckten. Seine Lippen bebten, und es klang, als lägen Worte in seinen Atemzügen.

Sie konnte ihn nicht verstehen. Sie trat ans Bett, beugte die Knie und brachte ihren Kopf nah an sein Gesicht.

»Ropenkerl«, hörte sie ihn röcheln. »Der Ropenkerl ...«

»Der Ropenkerl? Wer ist der Ropenkerl?«

Einige Minuten lang war nur das schwere Atmen des Mannes zu hören.

»Herr Inderwisch?

Sein Körper zuckte leicht. Er kam zu sich. »Frau Ozcan?«

»Ja, ich bin es. Hallo, Herr Inderwisch. Sie sprachen gerade von einem Ropenkerl. Was ist ein Ropenkerl?«

»Ein Ropenkerl?«

Sie sah, dass er angestrengt nachdachte.

»Bin ich der Ropenkerl?«

»Das weiß ich nicht«, sagte die Pflegerin, voller Ungewissheit, wie sie die seltsamen Worte ihres Patienten auffassen sollte. »Sind Sie denn nicht der Herr Inderwisch?«

»Doch«, sagte ihr Patient. »Ich glaube, das bin ich wohl.«

Auf Streife

»Wir hätten es schlechter treffen können«, sagte Polizeimeister Kreienbrink, als er an der Seite seines Kollegen Ziegler die Veilchenstraße ansteuerte. Am Vortag war im Bürgerpark wieder eine weibliche Leiche entdeckt worden, eine junge Studentin, erwürgt und auf dem alten vermauerten Kühlkeller ausgestellt wie auf einer Freilichtbühne. Parkbesucher waren aufmerksam geworden, als sie von der Aussichtsplattform auf dem flachen Dach des bunkerartigen Gebäudes, in das nur noch Fledermäuse Eingang fanden, den Blick auf die Stadt genießen wollten.

In einer sofortigen Reaktion hatte der Polizeipräsident regelmäßige Streifengänge in dichter Taktung angeordnet. Die beiden Uniformierten waren mit ihren Diensträdern von der Winkelhausen-Wache über die Römereschstraße und die Bramscher Straße am Hasefriedhof vorbei zum Gertrudenberg gefahren. Dort stiegen sie ab und gingen zu Fuß weiter, die Räder neben sich.

»Ja, nette Gegend«, bestätigte Ziegler. »Jetzt im Herbst allerdings nicht so schön wie im Sommer, wenn's grün ist und die Leute auf dem Rasen picknicken und Yoga-Übungen machen. Ich geh gern mit meiner Tochter her, und wir spielen Frisbee. Auf der anderen Seite gibt es auch einen tollen Spielplatz. Die Kinder lieben den.«

In diesem Moment wurden sie von einer Joggerin in hautenger Laufkleidung überholt. Sie warf ihnen einen freundlichen Gruß zu. »Danke, dass Sie auf uns aufpassen«, rief sie noch, behielt aber ihr straffes Tempo bei und war ihnen im Nu etliche Schritte voraus.

Die Polizisten mussten lachen, als sie bemerkten, dass sie beide der jungen Frau ungeniert hinterhergeschaut hatten. »Doch«, kommentierte Ziegler trocken. »Eigentlich ist es auch im Herbst ganz schön hier.«

»Spanner«, frotzelte Kreienbrink.

Sie passierten das Seniorenheim und wandten sich nach links in Richtung St. Gertruden Klinik. Der Weg wurde schmaler. Kreienbrink blieb zurück, um einem Behinderten Raum zu lassen, der sich nur mithilfe zweier Krücken fortbewegen konnte.

»Können wir Ihnen helfen?«, fragte Ziegler, als sie sich auf gleicher Höhe mit dem Mann befanden.

»Nur wenn Sie eine Zusatzausbildung als Orthopäde absolviert haben.«

Ziegler schüttelte bedauernd den Kopf.

»Galgenhumor«, sagte der Mann, der jünger war, als es aus der Ferne ausgesehen hatte. »Nein, ich muss meinen Weg schon selbst gehen. Das ist mein Trainingsprogramm.« Verdrießlich deutete er mit dem Kinn an sich hinab. »Ich war mal ein dünner Hering. Aber nach meinem Unfall hatte ich zu wenig Bewegung. Jetzt gucken Sie mich an – durch das lange Liegen habe ich mächtig zugelegt. Die Kinder oben am Spielplatz nennen mich nur noch den ›fetten Sack‹. Unverschämt, oder? Missratene Bälger ...«

Der Mann übertrieb ein wenig, aber er kokettierte nicht. Unter seinem halblangen Wintermantel deutete sich ein aufgeschwemmter Oberkörper an, der sich grotesk abhob von den normal geformten, eher zu dünn geratenen Beinen.

»Ich möchte vermeiden, dass ich noch weiter aus dem Leim gehe, wenn ich den ganzen Tag zu Hause hocke.

Außerdem – irgendwann fällt einem doch die Decke auf den Kopf. Dann lieber rein in den Mantel und raus ins Freie.« Er klang trotzig. Zugleich verriet sein leises Lächeln verhaltenen Stolz über seine körperliche Leistung.

»Das kostet sicher viel Überwindung«, sagte Kreienbrink verständnisvoll.

»Sie machen sich keine Vorstellung«, seufzte der Mann. »Jeden Tag aufs Neue. Ich muss mich schon zwingen, die Wohnung zu verlassen. Besonders natürlich zu dieser Jahreszeit. Und dieser Vorfall von gestern macht es auch nicht besser. Besonders wehrhaft ist man nicht, wenn man auf diese verdammten Krücken angewiesen ist.«

»Meine Hochachtung haben Sie«, sagte Ziegler. »Ich wünsche Ihnen noch einen schönen Tag ... wenn man das so sagen kann ...«

»Keine Sorge, ich leide nicht an übertriebener Empfindlichkeit. Vielen Dank. Ihnen auch einen schönen Tag.« Der Mann entfernte sich langsam und mit steifen Bewegungen.

»Wenn man bedenkt, dass ich manchmal keine Lust habe, zum Sport zu gehen ... Was für eine Lappalie im Vergleich zu dem, was der arme Kerl jeden Tag auf sich nehmen muss«, sagte Ziegler, als sie sich außer Hörweite befanden. »Und stell dir vor, einem deiner Angehörigen würde so etwas passieren ...«

Kreienbrink nickte und schüttelte voller Unbehagen die Schultern.

»Was soll man zu so einem Menschen sagen?«, grübelte er. »Da klingt doch jedes Wort irgendwie verkehrt.«

Ziegler gab ihm recht. Schweigend setzten sie ihre Runde fort.

Sie blieb ohne nennenswerte Zwischenfälle.

Später am Nachmittag setzte sich Asli Ozcan auf einen Tee zu ihren Kolleginnen in den Aufenthaltsraum. Beim Blick aus dem Fenster entdeckte Lina, die ihr Freiwilliges Soziales Jahr im Seniorenheim verbrachte, einen Mann, der auf Krücken angewiesen war.

»Guckt mal, der dicke Hampelmann ist wieder unterwegs!«, meldete sie den anderen.

Asli Ozcan folgte ihrem Blick. »Warum nennst du den bedauernswerten Menschen denn Hampelmann?«

»Na, weil er sich so komisch bewegt.«

»Aber doch nicht wie ein Hampelmann – der kriecht wie eine fette Krabbe«, sagte eine andere.

»Genau!«, johlte die Gruppe. »Krass! Echt feist!«

»Schämt euch. Das ist taktlos! Solche Ausdrücke gehören sich nicht, hier im Heim schon gar nicht«, wies Asli Ozcan die jungen Frauen zurecht. »Der arme Mann ist gebrechlich. Dafür kann er doch nichts. Wie würdet ihr das finden, wenn ihr euch beim Skaten das Bein brecht, auf Krücken gehen müsstet, und die Leute würden euch auslachen? Ich hoffe nicht, dass ihr über unsere Patienten auch so gemein redet. Raus mit euch an die Arbeit!«

Die Strafpredigt hatte die FSJlerinnen nicht sonderlich beeindruckt. Munter schwatzend schlenderten sie hinaus.

Asli Ozcan blickte durch die Scheibe und sah, wie sich der Behinderte langsam den Hang hinabbewegte. Die vorlaute Lina hatte ihn einen »Hampelmann« genannt. Ihr fielen die Worte Inderwischs wieder ein. War »Ropenkerl« womöglich plattdeutsch für Hampelmann?

Sie nahm ihr Smartphone zur Hand und tippte das Wort ins Suchfeld ein. Im deutschsprachigen Bereich gab es nur wenige Treffer. Die Einträge waren kurz, einige enthielten zu ihrem Erstaunen den Ortsnamen Osnabrück. Sie beschrieben den Ropenkerl als eine regionale

Sagengestalt. Viel mehr ließ sich den Angaben nicht entnehmen.
Asli Ozcan war neugierig geworden.

Der Ex-Freund

Bea Agarius wartete mit dem Telefonat, bis der große Zeiger ihrer Bürouhr die Zwölf erreicht hatte. Sie wusste, dass Lehrveranstaltungen an der Universität meist fünfzehn Minuten vor der vollen Stunde endeten. Das sprichwörtliche akademische Viertel. Ihre Überlegung ging auf, sie erwischte Severin Grisdek in einer Pause zwischen zwei Seminaren. Als er sich meldete, hallte aus dem Hintergrund das muntere Gewirr jugendlicher Stimmen.

Sie unterrichtete Grisdek über den Tod Milena Wellenbrocks. Die näheren Umstände ließ sie unerwähnt. Obschon er Mila nur als Freundin seiner Freundin gekannt hatte, wirkte Grisdek ehrlich erschüttert.

Die Kommissarin bat ihn um ein Gespräch.

»Ich glaube nicht, dass ich Ihnen irgendwie von Nutzen sein kann«, erklärte er, zeigte sich aber hilfsbereit. »Eigentlich wäre ich heute bis abends in der Uni, aber einer meiner Dozenten ist krank. Das Seminar um sechs fällt aus. Wenn Sie wollen, kommen Sie doch so gegen zwanzig nach sechs bei mir vorbei. Oder soll ich zu Ihnen kommen?«

Als erfahrene Ermittlerin wusste Agarius, dass Zeugen und Verdächtige, von Berufs- und Gewohnheitsverbrechern abgesehen, in vertrauten Umgebungen meist offener sprachen als in den Polizeibüros, die auf viele einschüchternd wirkten. Sie nahm Grisdeks Angebot darum gern an. »Ich will Ihnen nicht zu viele Umstände zumuten«, sagte sie. »Ich komme zu Ihnen. Zwischen zwanzig nach sechs und halb sieben, das sollte zeitlich klappen.«

Er gab ihr seine Adresse durch und verabschiedete sich. Im Telefon begann es zu rauschen.

»Ich muss mich beeilen«, stieß er noch schnell aus. »Die nächste Vorlesung fängt gleich an. Bis heute Abend.«

Die Verbindung brach ab.

In der Nähe der Studentenwohnanlage an der Natruper Straße war kein Parkplatz zu finden. Die Kommissarin umrundete den Block und entdeckte eine freie Bucht in der benachbarten Wachsbleiche. Weiter unten, an der Ecke zur Pagenstecherstraße, war einst eine Polizeidienststelle gewesen. Sie hatte hier eine Zeit lang gearbeitet. Flüchtig suchte sie nach dem Fenster ihres früheren Dienstzimmers, konnte es aber nicht entdecken.

Nach einer Sanierung war die Universität in das Gebäude eingezogen, dessen Stockwerke aussahen wie aus einem Steckbaukasten zusammengesetzt. Die Fassadenbauteile hatten ursprünglich eine Oberfläche aus schmutzanfälligem Waschbeton gehabt. Im Zuge der Neugestaltung hatte man eine neue Verkleidung angebracht, in einem gedeckten Weiß gestrichen und über dem Eingangsbereich mit der Freitreppe anthrazitfarben abgesetzt. Sie fand, dass das Ergebnis um einiges ansprechender geraten war.

Die restlichen Meter hinauf zur Natruper ging sie zu Fuß. Zwischen allerlei reizlosen Wohn- und Nutzbauten beidseits der viel befahrenen Ausfallstraße bot das Gebäude mit der fröhlichen Fassade und den zierlichen weißen Balkonerkern den Augen passierender Fahrzeuglenker eine angenehme Abwechslung.

Severin Grisdek hatte dort ein Einzelapartment bezogen. Auf ihr Klingeln hin wurde sogleich geöffnet. Grisdek schien auf die Ermittlerin gewartet zu haben.

»Waren Sie vorhin schon mal da? Es tut mir leid. Hat in der Uni doch länger gedauert. Ich bin gerade erst nach Hause gekommen.«

Die Kommissarin konnte ihn beruhigen. »Keine Sorge. Ich habe mich selbst verspätet. Ich konnte nicht sofort einen Parkplatz finden.«

»Ja, das ist hier ein Problem. Zum Glück nicht für mich. Ich fahre Bus oder Rad. Wollte mir eben einen Tee machen. Möchten Sie auch? Setzen Sie sich doch.«

Sie nahm an einem kleinen Kiefern-Esstisch Platz, während Grisdek den Wasserkocher einschaltete und losen Tee in einen Filter löffelte. Mit schnellen Blicken machte sich die Besucherin ein erstes Bild. Ungefähr fünfzehn Quadratmeter. Praktisch eingerichtet. Erkennbar bewohnt, aber nicht über die Maßen unordentlich. Auf der Spüle stand benutztes Geschirr, das Bett war gemacht.

»Normalerweise säßen Sie jetzt noch im Seminar?«, erkundigte sich Bea Agarius in zwanglosem Gesprächston. Grisdek seufzte. »Ja«, sagte er und hob die Stimme, um das Gepröttel des Sieders zu übertönen. »Es gibt solche Tage. Man sitzt von morgens acht bis abends in der Uni. Manchmal mit Pausen zwischendurch. Da muss man sich dann entscheiden, ob man mal schnell nach Hause fährt oder die Zeit in der Cafete oder der Bibo vertrödelt. Schon irgendwie blöd.«

»Bibo?«

»Uni-Bibliothek. Man kann da ganz gut sitzen und arbeiten. Aber da ist halt alles öffentlich.«

Er stellte bunte Tassen auf den Tisch und goss ein, erst der Besucherin, dann sich.

»Ich will Sie nicht abwimmeln, aber ich muss heute noch lernen. Vielleicht können wir gleich darüber sprechen, was Sie wissen wollen.«

»Natürlich. Auf mich wartet ja auch der Feierabend.« Die Kommissarin rührte in ihrem Tee. »Sie waren also eine Weile mit Finja Sudhoff zusammen? Stimmt das?«

Grisdek sah sie misstrauisch an. »Ja, wieso? Ich habe ihr alle CDs und Bücher zurückgegeben, die ich ausgeliehen hatte.«

Bea Agarius verkniff sich ein Lächeln. »Keine Sorge, deswegen bin ich nicht hier. Es geht um Milena, Finjas Mitbewohnerin. Sie wissen ja schon, dass sie gestern tot aufgefunden wurde. Es war kein Unfall.«

Grisdek riss die Hand vor den Mund und sackte schlaff gegen die Stuhllehne. »Was ist passiert? Hat sie ... Sie hat doch nicht ... Selbstmord?«

»Wir ermitteln noch.« Die Frage des jungen Studenten hatte die Kommissarin stutzig werden lassen. »Warum glauben Sie, dass Mila Wellenbrock Suizid begangen haben könnte? Gab es eine entsprechende Disposition?«

Grisdek wurde rot. »Nein«, stammelte er. »Eher im Gegenteil. Mila ist lebenslustig ... übermütig. Sie genießt das Leben.«

Bea Agarius sah ihn eine Weile schweigend an.

Grisdek fühlte sich merklich nicht wohl in seiner Haut. »Noch einen Tee?«, fragte er mit unsicherer Stimme.

»Sie hat also das Leben genossen. Und trotzdem sprechen Sie als Erstes von Selbstmord. Warum?«

Wieder wechselte Grisdeks Gesicht die Farbe. »Ich dachte ... vielleicht ist etwas herausgekommen ...«

»Was meinen Sie?«

Er sah verstört aus dem Fenster. »Also ... sie hat sich schon mal gelegentlich eine Pille eingeworfen. Sie wissen schon ... nachts im Club oder so.«

»Und das wäre ein Grund für den Freitod, wenn sie erwischt worden wäre? Hat sie gedealt?«

Grisdek reagierte heftig. »Nein! Um Himmels willen. Sie war vielleicht alle paar Monate mal drauf. Zum Spaß halt. Gegen den Stress. Aber doch nicht ständig. Und gedealt hat sie erst recht nicht.«

Er schrak zusammen, als Agarius ihn unvermittelt anfuhr: »Was war da noch?«

Grisdek fiel noch weiter in sich zusammen. Kleinlaut flüsterte er: »Wir haben miteinander geschlafen. Einmal nur. Wir waren beide ziemlich bedröhnt. Es war nur ein Ausrutscher. Finja hat es nicht erfahren. Ich konnte es ihr nicht sagen, aber ich konnte dann auch nicht mehr mit ihr zusammen sein. Ich hatte ein schlechtes Gewissen. Das war der eigentliche Grund, warum wir uns getrennt haben.«

»Deshalb also. Wie lange waren Sie zusammen?«

»Ungefähr ein Jahr.«

»Und Sie sind sicher, dass Finja nichts von der Affäre wusste?«

»Das war keine Affäre. So war das nicht. Mal bei so einer Party ... Finja hatte Bauchschmerzen und war schon früh gegangen. Sie wollte nicht, dass ich sie begleite. Frauengeschichten halt, da will sie keinen Mann in ihrer Nähe haben. Wir waren alle betrunken und bekifft und ... Ich weiß eigentlich gar nicht, was genau passiert ist. Mila hat es mir am nächsten Morgen erzählt und gefordert, dass wir beide den Mund halten sollen. Das war mir natürlich nur recht.«

»Wie verstanden sich Finja und Mila?«

»Die waren die besten Freundinnen. Unterschiedlich von ihrer Art her, aber ganz eng. Schon seit Langem. Die kommen ja aus derselben Stadt.«

»Gab es nie Streit?«

»Jedenfalls nicht, wenn ich dabei war.«

»Haben Sie auch Drogen genommen?«

»Mal gekifft, wenn auf einer Party eine Tüte rumging ... Eigentlich bringt mir das gar nichts. Aber man macht halt mit. Sonst ist man schnell die Spaßbremse.«

»Was ist mit Pillen? Pülverchen?«

Grisdek riss abwehrend die Hände in die Höhe. »Nein! Nie! Ich muss so viel lernen, da kann ich es mir gar nicht erlauben, bedröhnt zu sein.«

»Es gibt ja auch Mittelchen, um den Verstand auf Touren zu bringen. Crystal? Speed? Ecstasy?«

»So was nehme ich nicht. Das lehne ich absolut ab. Ich bewege mich überhaupt gar nicht in solchen Kreisen ... Warten Sie, ich zeige Ihnen etwas.« Er zog den Laptop heran, wischte über den Touchpad und tippte etwas ein. Dann drehte er das Gerät herum, sodass die Kommissarin den Bildschirm sehen konnte. Grisdek hatte sein Bankkonto aufgerufen.

»Gucken Sie! Ich habe bei weitem nicht das Geld, um mir Drogen leisten zu können. Ich lebe vom Bafög. In den Semesterferien verdiene ich mir manchmal etwas dazu. Aber das ist nicht viel. Größere Beträge würden dann ja gleich vom Bafög wieder abgezogen.« Er zeichnete mit dem Zeigefinger einen Halbkreis in die Luft. »Was glauben Sie, was das alles kostet? Die Wohnung ist sehr günstig, das gebe ich zu, aber ich brauche Bücher, die es in unserer Bibliothek nicht gibt, Computer, Arbeitsmaterial – und ich muss essen.«

Die Zahlenreihen seines Kontos stützten diese Angaben. Er erhielt einen verminderten Bafög-Satz. Beinahe die Hälfte wurde von der Miete verschlungen. Die Semestergebühren schlugen zu Buche, regelmäßig wurde ein Betrag für die Smartphone- und Internet-Flatrate abgebucht. Sehr viel blieb da nicht zum Leben, zumal wenn man weitere Studienkosten und unvorhergesehene Ausgaben in Betracht zog.

Angesichts seiner ehrlich wirkenden Empörung verzichtete Bea Agarius vorerst auf den Vorhalt, dass all das gerade auch ein Motiv sein konnte, sich über den Drogenhandel ein Nebeneinkommen zu verschaffen, das er sicher nicht über sein reguläres Konto laufen lassen würde. Eine andere Frage erschien ihr wichtiger.

»Von wem hat Mila ihre Drogen bezogen?«

Grisdeks Augen wanderten unruhig hin und her. »Das weiß ich doch nicht«, sagte er abweisend.

»Hören Sie.« Die Kommissarin nahm Grisdek streng in den Blick. »Ihre Drogeneskapaden interessieren mich herzlich wenig. Wohl aber meine Kollegen vom Fachkommissariat 2, falls die davon hören. Meine Aufgabe ist es, den Mord an Mila aufzuklären, und das sehr zügig. Wenn Sie mir dabei behilflich sind, müssen wir die Angelegenheit nicht unnötig verkomplizieren.«

Grisdek presste unwillig die Lippen zusammen und drehte den Laptop wieder zu sich. Leise klapperten die Tasten unter seinen Fingern. Wieder gewährte er der Kommissarin einen Blick auf seinen Monitor.

»Sie können nicht behaupten, ich hätte Ihnen etwas gesagt.«

Sie hörte den appellierenden Unterton heraus und nickte. Grisdek hatte sein Textprogramm gestartet und ein leeres Skript aufgerufen. Nur zwei Worte standen darauf. Der Name, den er eben eingegeben hatte.

Bea Agarius schrieb ihn in ihr Notizbüchlein.

Kaum war er sich sicher, dass die Kommissarin die Worte gelesen hatte, klickte Grisdek auf das Kreuzchen oben in der Ecke und schloss das Dokument, ohne es vorher abzuspeichern. Es gab keinen Beweis, dass der besagte Name von ihm stammte.

»Danke«, sagte Bea Agarius. Sie hatte die Informationen, die sie sich erhofft hatte.

Als sie ging, ließ sie einen aufgewühlten jungen Studenten zurück, dessen Pläne sich gerade geändert hatten. Seine Lernbereitschaft war erloschen.

Schmerz

Schon seit Stunden waren Finjas Gedanken auf den Besuch gerichtet. Und doch erstarrte sie mitten in der Bewegung, als zur verabredeten Zeit die Wohnungsklingel schrillte.

Es kostete sie Überwindung, den Öffner zu drücken.

Sie hörte, wie die Haustür zufiel, die verhaltenen Schritte. Das Knarren der hölzernen Stufen.

Langsam kamen die beiden die Treppe herauf. Zwei ältere Menschen, denen die Gram die Schritte verlangsamt hatte.

Sie wusste, Milas Eltern würden das Zimmer ihrer Tochter sehen wollen. Schon am Vortag hatte sie ihren Kummer niedergerungen und aufgeräumt und geputzt, das Bonbonglas mit den Kondomen geleert, die Pillen aus der Nachttischschublade ebenso entfernt wie einige Wäschestücke von der Art, die man nicht von der Mutter zu Weihnachten geschenkt bekommt.

Es war ihr kalt den Rücken hinuntergelaufen, als sie bemerkte, dass Milas Laptop noch eingeschaltet war, sich nur im Sparmodus befand. Sie hatte aus den Fotoalben alle Bilder von Partys und aus dem Urlaub sowie Selfies gelöscht, die nicht für elterliche Augen bestimmt waren. Einige Fotos, die auch für sie mit Erinnerungen verbunden waren, zog sie auf einen Stick, den sie gleich darauf mit einem Passwort verschlüsselte. Sie entschied sich für einen Namen aus ihrem Lieblingsbuch, mit einer bewussten Falschschreibung. Auch bestimmte E-Mails würden die Wellenbrocks, sofern sie den Computer an sich nehmen wollten, nie zu Gesicht bekommen.

Das abgespannte Gesicht Irene Wellenbrocks erschien als Erstes oberhalb des Treppenabsatzes. Sie war ihrem Mann einige Stufen voraus. »Hallo Finja«, grüßte sie, und es klang wie ein Seufzer.

»Hallo Irene. Wie war die Fahrt, seid ihr gut durchgekommen?«

»Oh ja, das ging ganz flott«, antwortete Milas Mutter schnell, dankbar für das harmlose Thema. »Die Autobahn war so gut wie frei. Aber hier in der Stadt – meine Güte. So ein dichter Verkehr. Wenn ich daran denke, dass ihr da jeden Tag mit dem Fahrrad unterwegs seid ...« Sie stockte, und Finja sah, dass ihre Augen feucht wurden.

Auch Finja kämpfte mit den Tränen. »Es tut mir so leid ...«

Sie sanken sich in die Arme. Irene Wellenbrock brach in ein Schluchzen aus.

Ihr Mann Anton, der wortlos nähergetreten war, sah, wie ihre Schultern bebten und wandte betreten den Blick zum Fenster, welches den oberen Treppenbereich und die schmale Empore mit Licht versorgte. Oberhalb des Gartens erhob sich der Bürgerpark. Ein kräftiger Herbstwind entriss den Bäumen die herbstbunten Blätter und wirbelte sie davon. Einige Schichten lagen bereits auf Beeten und Rasen unten im Garten.

»Das muss der Herr Bessmer aber bald mal sauber machen«, sinnierte Anton Wellenbrock, der es gern ordentlich hatte.

Langsam beruhigten sich die beiden Frauen.

»Hallo Anton.« Finja bemühte sich, ihr verheultes Gesicht zu einem Begrüßungslächeln zu zwingen. »Entschuldigt, ich lasse euch hier im Treppenhaus stehen ... Kommt doch herein.«

Unsicher nahm sie den beiden die Jacken ab und bat sie ins Wohnzimmer, wo sie den Kaffeetisch gedeckt hatte.

»Ich wusste nicht, ob ich Kuchen besorgen sollte«, sagte sie mit schwacher Stimme. »Ob das angemessen ist. Ich habe Plätzchen ...«

»Kind, mach dir nicht so viele Umstände. Wir brauchen doch nichts.«

»Aber einen Kaffee nehmt ihr doch? Er ist schon fertig.«

Die Eheleute sahen sich an und nickten.

Finja goss ihnen ein. »Ach, ich habe Zucker und Milch vergessen.« Sie entschuldigte sich und ging in die Küche.

Einige Minuten verstrichen. Aus dem Nebenraum, Finjas Arbeitszimmer, war das sachte Summen der Computerkühlung zu hören.

»Vielleicht braucht sie Hilfe«, sorgte sich Irene Wellenbrock. »Sieh doch mal nach ihr.«

Als Wellenbrock die Küche betrat, fand er Finja schwer atmend und zitternd über die Anrichte gebeugt.

»Was ist mit dir? Ist dir schlecht?« Wellenbrock stand steif und hilflos an der Tür. Schließlich rief er seine Frau.

Plötzlich wurde Finja von einem neuerlichen Weinkrampf erfasst. Sie ließ die Zuckertüte fallen, aus der sie gerade die Porzellandose hatte auffüllen wollen. Ihre Schultern schüttelten sich, ihr Blick war tränenverhangen.

Irene Wellenbrock nahm sie in den Arm, strich ihr tröstend übers Haar und sprach leise und beruhigend auf sie ein.

Erst eine ganze Weile später fanden sie wieder im Wohnzimmer zusammen. Der Kaffee war noch warm, er hatte auf einem Stövchen gestanden.

»Wollt ihr schon einige von Milas Sachen mitnehmen?«, fragte Finja, die sich wieder gefangen hatte.

»Nicht heute«, sagte Anton Wellenbrock bestimmt. »Aber in den nächsten Tagen. Ich besorge Umzugskartons, und dann packen wir zusammen.«

»Du willst das Zimmer ja sicher wieder vermieten«, vermutete Irene Wellenbrock.

»Ich muss ja, leider. Allein kann ich die Wohnung nicht bezahlen.« Finja wischte rasch mit dem Ärmel über ihre Augen. »Aber ich weiß nicht, ob ich das schon kann. Es kommt mir vor, als würde ich Mila betrügen.«

»Lass dir Zeit«, sagte Anton Wellenbrock. »Wir kommen für Milas Hälfte auf. Sag uns nur Bescheid, wenn du jemand Passenden gefunden hast.« Er suchte den Blick seiner Frau, aber deren Gedanken waren woanders.

»Sie haben sie uns nicht sehen lassen«, sagte sie abwesend.

Finja begriff nicht gleich. »Was hat man euch nicht sehen lassen?«

»Unsere Mila. Ihren Leichnam. Ich wollte doch Abschied nehmen.«

»Sie ist doch gar nicht hier.« Anton Wellenbrocks Belehrung klang harsch. »Sie wurde in die Rechtsmedizin nach Oldenburg gebracht.«

»Dann fahren wir morgen nach Oldenburg!«

»Irene, das ist doch Unsinn. Die lassen uns nicht zu ihr, solange die Untersuchungen nicht abgeschlossen sind. Du hast die Polizistin doch gehört. Wir bekommen Nachricht, wenn der Leichnam freigegeben wird.«

Für einen langen Moment herrschte beklommenes Schweigen.

Anton Wellenbrock war der Erste, der seine Worte wiederfand. Er klammerte sich an die praktischen Erfordernisse. »Wir sollten aufbrechen. Vielleicht kann ich auf dem Rückweg noch die Umzugskartons besorgen. Wir machen einen Stopp am Baumarkt ...«

»Wann ... wollt ihr denn kommen und Milas Sachen packen?«

Irene Wellenbrock kam ihrem Mann zuvor. »Am liebsten gleich nächstes Wochenende. Dann habe ich wenigstens was zu tun. Ginge das?«

»Von mir aus ja. Natürlich.«

Anton Wellenbrock erhob sich mit einer entschlossenen Bewegung. Seine Frau folgte, eher zögerlich. Sie verabschiedeten sich.

Auf der Schwelle zum Treppenhaus drehte sich Irene Wellenbrock noch einmal zu Finja und strich ihr mütterlich liebevoll über die Wange. »Nicht mehr weinen«, sagte sie noch und erreichte beinahe das Gegenteil.

Nachdem die Wellenbrocks gegangen waren, legte sich Finja in ihr Bett und ließ den Tränen freien Lauf.

An den folgenden zwei Tagen stand sie nur auf, wenn sie zur Toilette musste. Manchmal kochte sie sich einen Tee oder eine Brühe. Sie wusste, sie musste trinken. Appetit hatte sie nicht.

Einmal nahm sie eine Vitamintablette. Die enthielt angeblich alles, was der Körper braucht. Eigentlich war es Finja egal.

Nach den Ausflügen in die Küche kroch sie wieder ins Bett, zog sich die Decke über den Kopf und träumte sich weg. An die holländische Küste, wo sie im Sommer des Vorjahres mit Mila die Ferien verbracht hatte. Sie hatten nahe St. Martinzee einen Campingplatz direkt in den Dünen gefunden, wo die Zelte in die von büscheligem Gras gekrönten terrassenartigen Sandhügel gebaut wurden. Der junge Mann an der Rezeption hatte ihnen einen Platz ganz oben zugewiesen, von wo sie weit über das flache Hinterland mit den Blumenfeldern schauen und nachts die Brandung hören konnten.

Vom Campingplatz aus waren es nur ein paar Schritte durch die Dünen bis zum Strand. Dort verbrachten sie ihre Tage. Mila machte die Bekanntschaft eines Kitesurfers, der sie ins Wellenreiten einführte. Finja kam mit einem jungen Holländer von der Rettungsbrigade ins Gespräch. Das Zelt überließ sie Mila und ihrem neuen Freund, während sie selbst die Nacht mit Wim hoch über dem Strand im Beobachtungsposten des Rettungsdienstes verbrachte.

Es waren schöne Stunden gewesen, aufregend und zärtlich, und als sie anschließend eng umschlungen auf der Klappliege ruhten, hatten sie still dem Rauschen des Meeres gelauscht, dem Wellenschlag, dem Wind, der um den auf hölzernen Stelzen schwebenden Container strich, dem frohlockenden Schnattern der Möwen, das nach unbeschwerter Lebensfreude klang.

Da war es wieder, vor dem inneren Ohr, sie hörte es genau – das Meer, die Möwen, Wims leises Atmen … Finja sank in einen tiefen Schlaf.

Die Drogenfährte

Bea Agarius hatte nach dem Betreten ihres Dienstzimmers noch kaum ihre Jacke abgelegt, als sie auch schon zum Telefonhörer griff.

Eine männliche Stimme meldete sich.

»Institut für Rechtsmedizin Oldenburg, Lippelt. Wie kann ich Ihnen helfen?«

»Guten Morgen. Kripo Osnabrück, Fachkommissariat 1, KHK Agarius. Wir haben Ihnen die Leiche eines Mordopfers zukommen lassen. Eine junge Frau mit Namen Milena Wellenbrock.« Sie gab die Nummer der Fallakte durch. »Könnte ich den Mitarbeiter sprechen, der die Sektion vornimmt?«

»Einen Augenblick, ich muss eben schauen, wer da zuständig ist ... Der Name war Wellenbrock?«

Die Kommissarin bestätigte. »Vorname Milena.«

Sie hörte vertraute Computergeräusche.

»Hören Sie? Das ist Professor Dr. Wachowiak. Der Herr Professor arbeitet gerade in unserem Labor. Da darf ich ihn leider nicht stören. Soll er zurückrufen? Oder können Sie in ungefähr einer Stunde noch einmal anrufen?«

»Können Sie ihm vielleicht etwas ausrichten?«

»Aber sicher, gern. Augenblick, ich notiere.«

»Vermutlich hat er es auf dem Zettel, aber es ist wichtig, daher muss ich darauf hinweisen. Wir benötigen von Frau Wellenbrock ein komplettes Drogenscreening. Ein Zeuge hat uns darauf aufmerksam gemacht, dass sie gelegentlich Rauschmittel konsumierte.«

»Ich gebe es umgehend weiter.«

»Vielen Dank. Falls der Professor Fragen hat, soll er mich bitte anrufen.«

Sie gab dem Institutsmitarbeiter ihre Durchwahl und ließ ihn wissen, dass Wachowiak im Falle ihrer Abwesenheit auch mit KHK Alexander Zielinski oder KOK Marianne Stühlmeyer sprechen konnte.

Ihr nächster Anruf galt einem Kollegen vom Fachkommissariat 2, einem Kenner der regionalen Drogenszene. Klaus-Jürgen Sieveking hatte an diesem Morgen mehrere Vernehmungen durchzuführen. Er schlug vor, sich gegen Mittag zu treffen. Bea Agarius willigte gerne ein.

Sie überflog gerade die eingegangenen Meldungen, als Sven Fehrenkämper hereinhetzte.

»Entschuldige die Verspätung«, keuchte er. »Das ist vielleicht ein Scheißmorgen.«

»Ruhig, Brauner. Komm doch erst mal zu Atem.«

Fehrenkämper hängte seine Jacke in den Schrank. Dann ließ er sich in seinen Schreibtischsessel plumpsen.

»Ich habe schon eine Weltreise hinter mir«, seufzte er entnervt. »Ich war heute dran, unsere Kleine in die Kita zu bringen. Hängt da doch ein Schild: ›Wir bleiben heute geschlossen!‹ Warum? Läusebefall. Ist das zu fassen?« Er kratzte sich ostentativ am Hinterkopf.

»Ach du Schande ... Deine Tochter auch?«

»Nein, zum Glück nicht. Insofern bin ich im Grunde ganz dankbar, dass sie die Kinder ein paar Tage voneinander fernhalten. Aber jetzt musste ich auf die Schnelle eine Unterbringungsmöglichkeit finden. Zum Glück hatte die Oma Zeit. Aber dafür musste ich erst nach Hollage heizen und wieder zurück. Im dichtesten Berufsverkehr zweimal durch die Stadt. Ich bin mit den Nerven am Ende.«

»Alles gut. Tief und ruhig einatmen. Wir gehen es langsam an. Ich bringe dich auf den neuesten Stand.«

Sie unterrichtete den Kollegen über ihren Besuch bei Severin Grisdek, Finja Sudhoffs Ex-Freund.

Fehrenkämper hörte aufmerksam zu.

»Na, das ist doch super«, sagte er, als Agarius geendet hatte. »Da haben wir doch gleich ein ganzes Bündel prächtiger neuer Motive. Vielleicht hat Finja Sudhoff herausbekommen, dass ihre Wohngenossin mit ihrem Lover in der Kiste war. Oder der Ex-Freund wollte verhindern, dass Mila etwas ausplaudert. Und dann noch diese Drogengeschichte – dazu fällt mir eine ganze Menge ein: Ärger mit dem Dealer, offene Rechnungen, versuchte Erpressung ihrerseits. Alles möglich.«

Die Kollegin nickte.

»Und sollten wir nicht die Vermögensverhältnisse von diesem Grisdek genauer überprüfen? Auch wenn du sein Online-Konto gesehen hast – er könnte ja noch andere Bankverbindungen haben. Oder irgendwo Bares bunkern.«

»Schon klar. Das müssen wir in Betracht ziehen. Aber du hast seinen Tonfall nicht gehört und seine Körpersprache nicht gesehen. Ich glaube nicht, dass der junge Mann irgendwo ein Vermögen versteckt. Der hat wirklich nicht viel. Das bekümmert ihn, und er will es ändern. Aber über seine Ausbildung, mit Hilfe seines Studiums. Nicht mit krummen Dingern.«

»Wenn du da sicher bist ...«

»Was heißt sicher ... Wir werden ihn natürlich nicht aus den Augen verlieren. Aber erst einmal will ich mich um den Dealer kümmern. Ich habe nachher eine Verabredung mit Klaus-Jürgen.«

Auf Fehrenkämpers fragenden Blick hin ergänzte sie: »Vom FK 2. BTM. Mittelgroß, breitschultrig, dunkelblonde Haare, Fünf-Tage-Bart.«

»Ach, der. Ja, ich weiß, wen du meinst. Sonny Crockett in der Kleinsparerausgabe.«

»Also bitte!«

Fehrenkämper zeigte sein Lausbubengrinsen. »Stimmt aber, der kennt die Szene wie seine Westentasche.«

Die Anspielung entlockte ihr ein leises Lächeln. Denn Sieveking trug tatsächlich häufig eine Weste. Aus Leder, mit praktischen Taschen. Er besaß offenbar eine ganze Kollektion. In Schwarz, Haselnussbraun, Ziegelfarben. Die Weste war so etwas wie sein Markenzeichen.

Zwar stand die Sonne jetzt im Herbst tief über der Stadt und erreichte mit ihren Strahlen längst nicht mehr alle Straßen und Plätze, aber trotz der fortgeschrittenen Jahreszeit waren die Temperaturen noch einmal auf sommerliche Werte geklettert.

Bea Agarius und Klaus-Jürgen Sieveking hatten sich spontan entschlossen, ihre Mittagspause im Freien zu verbringen. Agarius hatte eine Jacke übergeworfen, zog sie aber wieder aus, als sie im warmen Herbstlicht über den Kollegienwall in Richtung Neumarkt schlenderten.

Sieveking hatte die Ärmel seines verwaschenen Jeanshemds umgeschlagen. Seine sehnigen Unterarme und die Handrücken waren noch immer sommerlich gebräunt. Am einen Handgelenk trug er eine Vintage-Uhr, am anderen mehrere Eintrittsbänder diverser Rockfestivals. Nicht alle hatte er aus dienstlichen Gründen wahrgenommen. Unter seiner schwarzen Weste zeichneten sich die Umrisse seines Telefons ab, das er in der Innentasche trug.

Sieveking gehörte zu den Drogenfahndern, die sich äußerlich von ihrer Klientel kaum unterschieden. Seine dunklen, üppigen Haare reichten bis über den Kragen, sein schwarzgrauer Bart wurde zwar gelegentlich geschoren, aber nicht konturiert. Er wucherte bis hinunter zum Kehlkopf. Selbst oben am Jochbein sprossen noch einzelne Härchen.

Für Bea Agarius kamen Männer als Partner nicht in Frage. Ihr war aber keineswegs entgangen, dass Sieveking trotz seines verwegenen Aussehens – oder vielleicht gerade deswegen – bei manchen Frauen kaum verhohlenes Interesse weckte.

Die Terrasse des italienischen Restaurants an der Ecke zum Neumarkt lag über dem Flussufer und damit im Schatten des modernen Geschäftsgebäudes. Hier war es windgeschützt und angesichts der milden Witterung sehr erträglich. Unter ihnen floss langsam und leise gurgelnd die Hase, ein von der Randbebauung eng eingepferchtes Flüsschen, dessen schnurriger Name bei vielen Ortsfremden für Irritationen oder auch für Belustigung sorgte.

Der Wasserstand war momentan so niedrig, dass man durch die grünliche Flut bis auf den Grund schauen konnte. Vereinzelt hoben sich schmale sandige Buckel über die Wasserfläche.

Gemächlich zogen ein paar Enten ihre Bahnen. Sie kannten das Restaurant als Futterquelle, denn oft machten sich Gäste einen Spaß daraus, ihnen Brotkrumen oder irgendwelche Reste zuzuwerfen. Gelegentlich stippten sie ihre flachen Schnäbel ins Wasser und schnappten nach einem Insekt oder einer in der Strömung treibenden Pflanze.

Auf der anderen Seite stand der grün angelaufene ›Spezialist‹ auf seinem niedrigen schmucklosen Postament und sah aus schmalen Augen auf sie herab. Die Skulptur eines hemdsärmeligen Mannes. Eines Arbeiters. Erfrischend unprätentiös.

Agarius bestellte einen gemischten Salat mit Orangen-Ingwer-Dressing und ein alkoholfreies Bier. Bei der Getränkewahl schloss Sieveking sich an, von der Speisekarte wählte er die Cannelloni.

»Habe ich lange nicht gegessen«, begründete er seine Wahl.

Während sie auf ihr Essen warteten, betrachtete Agarius schweigend die Passanten oben auf dem Gehsteig der Wittekindstraße, die hier die Hase kreuzte. Ihnen gegenüber verlief auf Straßenhöhe der Haseuferweg, der an dieser Stelle auf Stelzen am Fluss entlanggeführt wurde.

Sieveking sah in die gleiche Richtung, konnte aber nichts von besonderem Interesse ausmachen. »Wo guckst du eigentlich hin? Oder stierst du einfach so in die blaue Luft?«

Agarius lachte auf. Sie war Sievekings etwas rumpelige Art gewohnt und fühlte sich nicht gekränkt. »Da gibt es Menschen.«

»Ach was. Ist mir nicht entgangen. Aber die haben doch nichts Besonderes an sich ...«

»Wie man's nimmt ... Schau mal, die Frau mit dem Buggy.«

Sieveking folgte ihren Blicken. »Person erkannt. Junge Mutter mit Kleinkind. Unverdächtig, würde ich sagen. Betuppt höchstens mal das Finanzamt mit einem Bon, den sie auf der Straße gefunden hat.«

»Unverdächtig ja. Aber ich glaube nicht, dass die junge Frau die Mutter des Kindes ist.«

Skeptisch zog Sieveking die Nase kraus und sah sie fragend an. »Wie kommst du darauf?«

»Schau mal genauer hin. Dem Kind ist die Nuckelflasche heruntergefallen. Sie liegt auf der Decke und rollt jeden Moment auf den Boden. Die Frau hat das nicht bemerkt. Eine leibliche Mutter aber würde ständig besorgt nach ihrem Kind gucken. Vor allem, wenn es noch so klein ist.«

Sieveking erkannte, dass seine Kollegin recht hatte.

»Und noch etwas ist mir aufgefallen. Die Frau sucht den Blick von vorbeikommenden Männern. Vor allem von halbwegs gutaussehenden Männern.«

»Du meinst, sie will mit jemandem anbandeln? Eine Nutte?«

»Nein, nein ... Das glaube ich weniger. Sie will sehen, wie die Männer reagieren. Ob sie bei denen ankommt. Also entweder ist sie eine Mutter mit einer mächtigen narzisstischen Störung, die die Mutterinstinkte aussticht. Oder sie hat keine emotionale Beziehung zu dem Kind, weil sie eben nicht dessen Mutter ist. Vielleicht ein Kindermädchen, ein Au-pair. Oder eine Freundin der Mutter ...«

»Erstaunlich, auf was du alles kommst.«

Wieder gab Agarius ein kleines Lachen von sich. »Das habe ich schon oft gehört«, bekannte sie. »Und Schlimmeres. Meine frühere Freundin meinte immer, dass ich spinne. Aber ich finde, solche Beobachtungen in freier Wildbahn schulen das Auge. Und sie sind nützlich für unsere Arbeit, um das Verhalten von Zeugen und Verdächtigen einschätzen zu können.«

Sieveking wiegte den Kopf. »Da ist wohl was dran. Kann man das irgendwo lernen?«

Agarius hob den Arm und wies mit dem ausgestreckten Daumen über ihre Schulter hinter sich in Richtung Neuer Graben. »An der Uni. Psychologie zum Beispiel. Kognitionswissenschaft kann auch ganz hilfreich sein. Bevor ich zur Polizei ging, habe ich das zwei Semester lang studiert. Aber das war mir zu trocken. Zu theoretisch. Und teilweise ziemlich kompliziert. Mathe und vor allem Statistik. Darum habe ich das Studium geschmissen. Ich habe lieber direkt mit Leuten zu tun. So kam ich dann auf die Kripo. Das war eine gute Entscheidung. Bislang jedenfalls habe ich es nicht bereut. Aber inzwischen ist die Verantwortung enorm gewachsen. Man muss sehen, ob das auf Dauer alles so bleibt ...«

»Das hast du mir noch nie erzählt. Wie du zur Polizei gekommen bist, meine ich.«

»Ist ja auch nicht großartig von Bedeutung. Warum hast du unseren Beruf gewählt?«

Sieveking überlegte. »Ich weiß gar nicht so recht. Ich fand es irgendwie spannend. Ich kannte den Beruf allerdings erst mal nur aus dem Fernsehen. ›Tatort‹ – und erinnerst du dich noch an ›Balko‹? Das lief immer auf RTL. Das fand ich toll. Ich habe keine Folge versäumt. Außer wenn wir im Urlaub waren ... Das war immer bitter. Weit weg und kein deutsches Fernsehen. Internet gab es ja noch nicht ...«

Agarius gluckste. »Ich habe immer ›Doppelter Einsatz‹ geguckt. Mit den beiden Frauen. Despina Pajanou fand ich toll. Die mit der Lederjacke und dem Motorrad. In die war ich richtig verliebt ... Und du wolltest dann so ein Kommissar wie im Fernsehen werden? Mit einem Straßenkreuzer als Dienstwagen? Oder einem Ferrari wie in ›Miami Vice‹?«

»Der war doch gar nicht echt, sondern ein Nachbau. Njaa ... Als dann der Schulabschluss näherrückte, meinten meine Eltern, ich sollte eine sichere Beamtenlaufbahn einschlagen. Finanzamt und so war nichts für mich, also habe ich mich zum Einstellungstest bei der Polizei gemeldet. Fitness war kein Problem, ich habe früher Amateurfußball gespielt. Für die Theorie allerdings musste ich mächtig büffeln. Irgendwie hat es dann aber gereicht. So gerade eben.« Er zwinkernde zweimal und zeigte ein vielsagendes Grinsen.

Zwei Frauen im Alter von etwa Mitte bis Ende zwanzig hatten munter schnatternd am Tisch hinter ihnen gesessen und bereits gezahlt. Jetzt packten sie ihre Handtaschen und Einkaufstüten und brachen auf. Damit befand sich niemand mehr in Hörweite, und sie konnten auf dienstliche Belange zu sprechen kommen.

»Du wolltest mich eigentlich in Zusammenhang mit deinem Fall zu Rate ziehen?«

In diesem Moment brachte die Bedienung ihr Essen. »Einmal die Cannelloni für den Herrn, einmal Salat. Kann ich sonst noch etwas für Sie tun? Vielleicht noch ein Getränk?«

Agarius verneinte und wartete, bis sich die junge Frau wieder entfernt hatte.

»Richtig. Da hat sich eine Verbindung zur Drogenszene ergeben. Das Mordopfer soll laut Aussage eines Zeugen gelegentlich Pillen eingeworfen haben. Lieferant war ein gewisser Charly Mohrbutter. Sagt dir der Name etwas?«

Bea Agarius war irritiert, als Sieveking ein breites Grinsen aufsetzte. Er hatte gerade einen Bissen in den Mund genommen, kaute in aller Seelenruhe und schluckte ihn hinunter. »Hm, lecker. – Ja, allerdings, der Name Mohrbutter sagt mir etwas. Den Burschen haben wir vergangene Woche in Gewahrsam genommen.«

Jetzt war es an ihm, mit dem Daumen zu schlenkern und hinter sich zu deuten. Seine Geste galt dem Justizzentrum hinter dem alten Gerichtsgebäude.

»Der sitzt. Ein ganz durchtriebenes Bürschchen. Hat mal in der studentischen Szene als Gelegenheitsdealer angefangen und ist dann größer ins Geschäft eingestiegen. In einem Hinterhof in der Nähe vom Salzmarkt hatte er einen ungenutzten Werkzeugschuppen entdeckt und mit einem Komplizen zusammen zu seinem Ladenlokal gemacht. Wir haben einen Strohmann hingeschickt und das Geschäft von einer Wohnung im ersten Stock aus gefilmt.« Er klatschte die Hände zusammen. »Und zack!, hat die Szene einen Lieferanten weniger.«

Bea Agarius lehnte sich zurück und schloss frustriert die Augen. »Mist«, kommentierte sie trocken.

»Wie darf ich das denn verstehen?«, entgegnete Sieveking und klang ein wenig verschnupft.

»Die Szene hat einen Lieferanten und ich habe einen Verdächtigen weniger. Man könnte ja froh sein, aber leider ist unsere Auswahl nicht sonderlich groß.«

»Hoppla. Ach so. Tut mir leid, Kollegin. Wenn ich das gewusst hätte, hätten wir ihn noch eine Weile laufen lassen.«

Beide lachten entspannt.

»Nee«, sagte Agarius, »ist alles in allem schon besser so.«

»Nun iss aber mal«, alberte Sieveking weiter. »Dein Salat wird kalt und dein Wasser warm.«

Der Regenmacher

Eigentlich hatte Asli Ozcan ausreichend andere Dinge zu tun. Aber der Ropenkerl, die mysteriöse Sagengestalt, ging ihr nicht mehr aus dem Kopf. Sie beeilte sich mit der Hausarbeit und verließ früh genug das Haus, um vor ihrem Schichtbeginn um vierzehn Uhr noch einen Abstecher in die Stadtbibliothek am Markt unternehmen zu können.

Sie stellte ihr Fahrrad in der Passage zum Fritz-Wolf-Platz ab. Am Aufgang zum historischen Rathaus hatte sich eine Gruppe von Touristen versammelt. Aufmerksam lauschten sie der Stimme der Stadtführerin, die eine der Stufen erklommen hatte, damit sie von allen gesehen werden konnte.

Asli Ozcan konnte nicht verstehen, was gesagt wurde, aber bestimmt erfuhren die Besucher gerade von den Friedensverhandlungen in Osnabrück und Münster, mit denen die unvorstellbaren Leiden und Nöte der Bevölkerung nach dem Dreißigjährigem Krieg 1648 endlich ein Ende gefunden hatten. Im Osnabrücker Rathaus hatten die Gesandten Schwedens und des Deutschen Reiches getagt.

Normalerweise entlieh Asli Ozcan in der Stadtbibliothek unterhaltsame Romane, die sie in ihren Pausen oder abends vor dem Einschlafen las. An diesem Tag aber war sie auf etwas anderes aus. An der Auskunft in der ersten Etage geriet sie an eine erfahrene Mitarbeiterin, die ihr aus dem Stegreif helfen konnte, ohne erst den Computerkatalog heranziehen zu müssen.

Dank der guten Beschreibung fand sie den Präsenzband nach kurzer Suche bei den Osnabrugensien. »Dolle Dönekes – Sagen und Legenden aus dem Osnabrücker Land« hieß das Buch, das ihr an der Information empfohlen worden war. Es berichtete von Widukind und König Karl, von Hexen und Pastören, von Steckenpferdreitern und spukenden Fohlen, von Hüggelzwergen, Holenkerlen und Hostienwundern, von lästerlichem und liederlichem Volk ...

Und da – eine der letzten Geschichten des dicken Bandes erzählte die Mär vom Ropenkerl. Ozcan sah auf die Uhr. Das Kapitel war kurz. Die Zeit sollte reichen. Sie beschloss, es gleich an Ort und Stelle zu lesen.

Der Ropenkerl

In alter Zeit erzählte man sich in Ossenbruegge von einem Fuhrhalter aus der Hasestraße, der einen Stallburschen in Lohn und Brot hielt, der prümmelig war und wenig anstellig. Oft hörte man den Herrn, wie er wütend rief: »Verflixter Deibel! Mutt ik di dann allmanto naar de Arbeid ropen, Kerl?!«
So bekam der Bursche von den anderen Knechten den Namen Ropenkerl.
Als dem Ropenkerl wieder einmal die Pferde durchgegangen waren, prügelte ihn der Herr mit seinem Knotenstock, bis des Bengels Sinne schwanden und ihm die Beine schwach wurden. Der Herr befahl, den Ropenkerl vor die Stadtmauer in die Siechenanstalt an der Süntelbeke zu Füßen des Gertrudenberges zu schaffen, wo er von den Barmherzigen Schwestern in Pflege genommen wurde.
Erst nach Wochen ward ihm Genesung zuteil, jedoch bewegte er sich fortan auf krummen Beinen, und seine Füße standen nach innen gewandt.
Der Ropenkerl konnte keine Pferde mehr halten und musste um eine neue Anstellung ansuchen. Die Barmherzigen Schwestern gaben ihn zu einem mildtätigen Schneidermeister, weil er das Stopfen und Nähen im Sitzen leisten konnte. Wenn er aber auf seine ulkige Art durch die Gassen stakste, bewarfen ihn die Straßenkinder mit Schmöttke und riefen frech: »Da kommt der Ropenkerl!«
Der bejammernswerte Krüppel versuchte, die ungezogene Schar mit einem drohenden »Hoho!« zu

vertreiben. Nie vermochte er ihrer habhaft zu werden und erntete jedes Mal nur höhnisches Gelächter. Bei den Erwachsenen aber entstand der Aberglaube, dass Regen und Hagel bevorstünden, sobald man des Ropenkerls ansichtig wurde.

Die Verfolgung

Nachdem er zwei Tage unter Beobachtung auf der Krankenstation verbracht hatte, durfte Alois Inderwisch am Mittwoch zurück auf sein Zimmer. Der Arzt hatte seine Medikation neu eingestellt, um weiteren Gewaltausbrüchen oder auch Selbstverletzungen vorzubeugen. Zusätzlich zu seinen Antidementiva bekam Inderwisch jetzt ein Neuroleptikum.

Die Medikamente schlugen an, die Wirkung war zu spüren. In besseren Phasen saß Inderwisch wie früher in seinem Zimmer am Fenster. Oft aber starrte er nur teilnahmslos vor sich hin. An der Gemeinschaft nahm er gar nicht mehr teil.

Asli Ozcan gab sich die größte Mühe mit ihrem Patienten, hielt ihn zur Bewegung an, versuchte, ihn mit Frage-und-Antwort-Spielen aus der Lethargie zu locken.

An diesem Nachmittag brachte sie ihm Kaffee und Kuchen aufs Zimmer und sprach das Thema Lieblingsspeisen an, um sein Erinnerungsvermögen anzuregen. Inderwisch nahm sie zwar wahr, aber seine Antworten blieben einsilbig.

»Mögen Sie den Kuchen?«

»Kuchen. Ja.« Seine Zunge war träge, er dehnte die Worte, wenn er sprach.

»Lieber den mit Obst oder den mit Schokolade?«

»Kuchen. Ja.«

»Oder möchten Sie vielleicht lieber ein Brötchen? Mit Käse? Den essen Sie doch so gern.«

»Käse. Ja.«

Unbeteiligt aß Inderwisch seinen Kuchen. Zwischendurch schaute er immer wieder hinaus in den Park. Asli Ozcan fragte sich, was ihm dieser Ausblick bedeutete, ob er dort draußen oder in seinem Inneren, im Nebel seiner Erinnerungen, etwas zu finden hoffte.

Sie hatte sich einen Moment lang ihren Gedanken hingegeben und den Augenblick verpasst, an dem sich sein Verhalten änderte. Er hatte die Schultern gestrafft, reckte das Kinn, in seinen Augen glomm plötzlich ein Glanz, den sie bereits für immer verloren geglaubt hatte. Offenbar war er sich ihrer Gegenwart vollkommen bewusst. Er hob den rechten Zeigefinger, wies ihrem Blick die Richtung.

»Ropenkerl«, lallte er. Und: »Mörder.«

Ihre Gefühle schwankten zwischen Staunen und Schrecken. Sie folgte seinem Wink und sah auf dem Gehweg im Park den Behinderten mit den Gehhilfen. Den Mann, den Inderwisch hartnäckig als Ropenkerl bezeichnete. Sie beobachtete ihn eine Weile, unschlüssig, wie sie auf Inderwischs Anschuldigung reagieren sollte.

Dem Mann kamen drei Jungs im Alter von vielleicht zwölf, dreizehn Jahren auf Skateboards entgegen. Einer von ihnen übersah eine schadhafte Stelle im Asphalt. Sein Board bockte, er sprang ab, das Brett machte einen Satz und schoss ohne ihn davon, direkt auf den Behinderten zu. Der wich aus, erstaunlich wendig, wie Asli Ozcan fand. Er schimpfte, drohte den Jungen mit einer seiner Gehhilfen und wurde lauthals ausgelacht.

Die Pflegerin fasste einen spontanen Entschluss. Sie eilte nach unten, griff noch schnell ihre Strickjacke und rief den Kolleginnen zu, sie sei kurz mal weg.

Draußen trat sie in das mit Rindenmulch bedeckte Beet und drückte sich an der Hauswand entlang. An deren Ende duckte sie sich und schielte um die Ecke. Der

Behinderte war ihr ein gutes Stück voraus, aber er bewegte sich so langsam, dass er leicht einzuholen war. Sie hielt sich hinter den Büschen, die das Grundstück des Seniorenstifts von der Parkanlage trennten. Auch jenseits des Gebäudes boten ihr Bäume und Sträucher zunächst genügend Deckung, um vom Weg her nicht gesehen zu werden. Dann kam eine luftige Stelle unter hohen Bäumen. Freier Raum, keine Möglichkeit, sich zu verbergen. Sie wich nach rechts aus, umrundete im Laufschritt das alte Gartenhäuschen, kehrte zum Hauptweg zurück.

In gebückter Haltung spähte sie durch die Sträucher, doch der Gehweg war leer. Sie huschte weiter, suchte die hinter ihr liegende Strecke ab, wechselte zur anderen Seite, streifte durch die Anlagen – der Ropenkerl blieb verschwunden.

Es war ihr ein Rätsel, wie der Behinderte mit seiner schwerfälligen Gangart so rasch hatte verschwinden können. Enttäuscht erhob sie sich und wollte über den Rasen zurück zum Gehweg, als sich plötzlich von hinten eine Hand auf ihren Mund presste, während ein Arm ihren Hals zusammendrückte, bis ihr der Atem schwand und sie das Bewusstsein verlor.

Er

Dieses verfluchte Wicht. Was will sie von ihm? Schleicht durch die Büsche und glaubt, er bemerke sie nicht.
Wie zurückgelangen in seinen Bau? Wie vermeiden, dass andere aufmerksam werden?
Ungemütlich heute. Kaum Menschen unterwegs. Dennoch kann jederzeit jemand seinen Weg kreuzen. Eine Mutter, die ihr Kind in die Büsche pinkeln lässt, Jogger, diese Bande von Skateboardern.
Aber er kennt die versteckten Wege, die verborgenen Pfade.
Er lockt sie in die gewünschte Richtung, hinein ins Dickicht.
Dann ist er über ihr, lässt sie zappeln mit kräftiger Hand, und es ist ein Heidenspaß.
Diese lässt er leben, hebt sich das Vergnügen auf. Für später.
Und er wird sie fragen, warum sie sich an seine Fersen geheftet hat.
Das neugierige kleine Biest.
Zu dumm. Er ist nicht richtig vorbereitet. Er braucht Fesseln.
Er legt sie ab, wo es am dunkelsten ist. Hofft, dass sie jetzt noch nicht aufwacht. Wenn doch, wird sie keinen Ausgang finden.
Er ist ganz aufgeregt vor Vorfreude und unbändiger Lust.

Angst

Zwei Tage lang hatte Finja die meiste Zeit im Bett verbracht und abwechselnd geweint und geschlafen. Am Morgen des dritten Tages stand sie auf. Sie duschte, wusch sich die Haare, legte Make-up auf.

Um kurz vor zehn schob sie ihr Fahrrad in einen der Haltebügel vor dem Alten Kreishaus am Neuen Graben und schloss es ab. Sie sah sich um. Das gewohnte Bild. Nichts hatte sich verändert. Studierende kamen grüppchenweise aus Richtung Mensa und überquerten die Straße, andere nahmen den umgekehrten Weg. Sie hatten es eilig, weil sie für die nächste Vorlesung das Gebäude wechseln mussten und dafür nur wenige Minuten Zeit blieb.

Bebrillte Dozenten mit berstend dicken Aktentaschen und Laptop-Rucksäcken hasteten durch die Sandsteinarkaden und die Treppe hinauf. Gegenüber vor der Industrie- und Handelskammer standen mehrere ältere Männer in dunklen Anzügen. Sie rauchten und waren in eine lebhafte Diskussion vertieft. Über dem Eingang zum ehemaligen Kreishaus, am Mauereck über den Rundbögen, schmiegte sich der steinerne Sämann in seine Nische und sah so stoisch in die Welt wie alle Tage.

Alles war auf beruhigende Weise normal. Doch dann begegnete sie im Untergeschoss auf dem Weg zum Getränkeautomaten drei Kommilitoninnen, die sie kannten. Sie wurde gegrüßt und grüßte zurück und sah die Augen – voller Mitleid und Bedauern. Als die drei Frauen weitergingen, hinterließen sie eine Wehe teilnahmsvollen Getuschels.

Um kurz nach zehn nahm Finja im Seminarraum Platz. Ihr Dozent verhielt sich wie immer. Er gab sich nie besonders persönlich, beschäftigte sich mit dem Overheadprojektor und seinen Folien und schielte über seine Brille, um die Zahl der Anwesenden zu prüfen.

Er begann mit seinen Ausführungen über »Paranoia als Handlungsauslöser in Thomas Pynchons Romanen ›Vineland‹ und ›Natürliche Mängel‹«, fand aber nicht die gewohnte Aufmerksamkeit. Finja spürte die auf sie gerichteten verstohlenen Blicke, vernahm das Wispern, konnte mehr als einmal ihren Namen heraushören.

Der Professor unterbrach seinen Vortrag. »Warum herrscht denn heute so eine Unruhe hier im Raum?«, wollte er wissen und sah ungehalten in die Runde. »Wir sind doch nicht in der Klippschule!«

Finja hatte genug. Sie packte ihre Sachen zusammen. »Entschuldigung«, sagte sie mit brüchiger Stimme.

Als sie ging, vermied sie jeden Blick in die Gesichter der anderen.

Sie ließ ihre Trauer und ihren Zorn an ihrem Fahrrad aus. Trat wütend in die Pedale, beschimpfte cholerisch Fußgänger und Autofahrer, die ihr in die Quere kamen.

Passanten sahen sich nach ihr um, mehr als einer tippte sich kopfschüttelnd an die Stirn. Andere gaben ihrer Entrüstung lautstark Ausdruck, blafften ihr eine Rüge oder ein Schimpfwort hinterher oder drohten fuchtelnd mit der Polizei.

Unbeirrt zog Finja ihre Bahn und ließ sich weder von lautstarken Protesten noch von roten Ampeln aufhalten. Den Wall legte sie in nur wenigen Minuten zurück, war schon am Hasetor, unter der Eisenbahnbrücke hindurch, auf der Bramscher Straße, fast schon zu Hause, als die Fahrradkette plötzlich ein lautes Knarren von sich gab.

Im nächsten Moment trat sie ins Leere, und das Rad bäumte sich auf.

Beinahe wäre Finja der Nase nach über den Lenker geschleudert worden. In solchen Momenten kam ihr das langjährige Tanztraining zugute. Geistesgegenwärtig folgte sie der Fliehkraft, statt sich ihr zu widersetzen. Sie sprang, und es gelang ihr, sich geschmeidig zu drehen und federnd auf den Füßen zu landen, während das Fahrrad scheppernd auf das Pflaster stürzte.

Finja schnappte nach Luft und stieß wütend mit dem Fuß gegen das am Boden liegende Rad. Zum Glück war die Panne auf dem Radweg passiert. Mitten zwischen fahrenden Autos hätte es gefährlich werden können. Fluchend besah sie sich den Schaden, ruckelte an den Pedalen, aber die Kette war gerissen, hatte sich um die Nabe gewickelt und sich dort heillos festgezogen.

Finja wusste, was zu tun war, dankbar erinnerte sie sich an die Bastelstunden mit ihrem Vater. Aber sie hatte wenig Lust, auf der Straße mit der Schrauberei zu beginnen. Zudem war das Notfallwerkzeug aus der Satteltasche nicht besonders tauglich.

Es war nicht mehr weit, und so entschloss sie sich, das Fahrrad über das letzte Stück zu tragen. Mit einer Hand hob sie das Hinterrad an, mit der anderen führte sie den Lenker. Alle paar Meter machte sie eine Pause und wechselte die Seite.

Sie schwitzte und schnaufte, aber eigentlich tat ihr die Anstrengung gut. Sie brauchte ohnehin nicht lange, nach zehn Minuten stand sie am Gartentor und schaffte das Rad in den Geräteschuppen.

Sie wollte die Reparatur nicht lange aufschieben, ging hinauf in die Wohnung und stillte gierig ihren Durst direkt aus der Flasche. Dann zog sie sich ein paar alte Jeans und einen abgelegten Pullover an und kehrte zurück in den Schuppen, wo sie sich ein Sortiment an Maul- und Ringschlüsseln sowie eine Knarre zurechtlegte.

Man sah es ihm nicht mehr an, aber der Fahrradunterstand besaß, wie der Hauswirt den Frauen beim Einzug erzählt hatte, eine lange und ungewöhnliche Geschichte. Ursprünglich hatte dort, unmittelbar am felsigen Hang, ein zweistöckiges Gartenhäuschen gestanden. Im 19. und 20. Jahrhundert gab es auf den Terrassen des Gertrudenbergs einige davon, schmucke, zierliche Fachwerkgebäude mit Kamin und Terrasse. Zeugnisse des Wohlstands ihrer Besitzer, die in den düsteren, muffigen Gassen der dicht besiedelten Innenstadt wohnten und am Wochenende im Grünen Luft und Sonne suchten.

Fast alle Häuschen waren im Laufe der Jahrzehnte verschwunden. Das der Bessmers hatte schon vor sehr langer Zeit auf behördliche Weisung hin wegen Baufälligkeit abgerissen werden müssen. Nur das fest gemauerte Untergeschoss, der frühere Kühlkeller, war erhalten geblieben und zeitweilig als Gartenlaube, später zur Unterbringung von Werkzeugen genutzt worden.

Vorausschauend hatte man es in den Dreißigerjahren des 20. Jahrhunderts rundum mit einer Betonschale verstärkt. Ein privater Luftschutzraum, der im Zweiten Weltkrieg einige Leben rettete, als alliierte Geschwader auf breiter Schneise die nahe Bahnlinie bombardierten, wobei auch Teile der umliegenden Wohngebiete verwüstet wurden.

Wie ein Bunker sah der vom ewigen Wechsel der Wetter angegriffene, von Moosen und Flechten überzogene Schuppen immer noch aus, wenngleich Zierbüsche und an Spalieren emporrankende Kletterpflanzen den tristen Anblick milderten. Rolf Bessmer nutzte den Bau für seine Gartengeräte und hatte eine Werkbank aufgestellt. Ein Regal an der hinteren Wand enthielt Werkzeug,

Handwerkerzubehör, Sammelbehälter mit Schrauben, Nägeln und anderen Kleinteilen. An der Seite gab es Platz für den Rasenmäher, sein Fahrrad und die seiner Mieterinnen.

Das Tageslicht ausnutzend, hatte Finja das Fahrrad vor der offen stehenden Eingangstür auf Lenker und Sattel gestellt und damit begonnen, die Schraube der hinteren Nabe zu lösen, als ein leises Knarren in ihrem Rücken ihre Aufmerksamkeit auf sich zog. Eine Ratte fürchtend, sah sie über die Schulter und schrak zusammen. Ihr Schraubenschlüssel fiel klirrend zu Boden.

Sie hatte nicht gewusst, dass das Regal beweglich war. Ein Durchgang tat sich auf, der direkt in den Berg zu führen schien.

Heraus trat jemand, den sie kannte.

»Finja? Das hättest du eigentlich nicht sehen sollen«, sagte Rolf Bessmer. »Macht aber nichts. Du wolltest ja unbedingt wissen, was deiner Mila passiert ist. Komm her,ich zeig's dir!«

Finja stand erstarrt. Wie betäubt nahm sie wahr, dass Bessmer hastig nach der massiven Wasserwaage griff. Sie versuchte, sich aufzurichten. Ihr Kreislauf ließ sie im Stich und ihr wurde schwindlig von der jähen Bewegung. Sie riss schützend die Hände hoch, aber es war zu spät. Der schnelle, wuchtige Schlag traf sie seitlich am Kopf. Wie eine Stichflamme fuhr der Schmerz durch ihren Körper. Blutroter Nebel brannte sich in ihre Augen und nahm ihr die Sicht. Ihre Kräfte schwanden.

Und dann wurde alles lichtlose Nacht.

Flucht

Als Asli Ozcan erwachte, befand sie sich inmitten totaler Dunkelheit. Sie verengte die Augen, strengte ihre Sehnerven an, doch es machte keinen Unterschied, ob sie die Lider geöffnet oder geschlossen hielt.

Sie fror. Ihr Hals schmerzte, und ihre Kehle war wie zugeschnürt. Sie spannte die Halsmuskeln und versuchte, ihre Luftröhre zu weiten. Danach fiel ihr das Atmen leichter.

Unter sich fühlte sie kalten, steinigen Boden. Die Wände waren rau. Offenbar Fels. Sie erhob sich. Ihr Entführer konnte jeden Moment zurückkehren. Vermutlich holte er Material, um sie zu fesseln. Oder eine Waffe, um sie zu töten ...

Sie stand auf abschüssigem Grund. Langsam passten sich ihre Augen an. Bergauf herrschte undurchdringliche Finsternis. Entgegengesetzt gewahrte sie in weiter Entfernung einen zarten hellen Schimmer.

Rettung oder Gefahr?

Sie nahm allen Mut zusammen und entschied sich für diese Richtung.

Zögerlich bewegte sie sich voran. Offenbar befand sie sich in einer Art Höhle, in der alle Arten von Gefahren drohen konnten. Vor jedem Schritt erkundete sie den Boden mit dem Fuß und hielt mit der rechten Hand Kontakt zur Wand.

Sie war nicht weit gekommen, als weit vor ihr plötzlich Licht in die Höhle fiel. Vor dem hellen Hintergrund erkannte sie eine Gestalt, die ein nachgiebiges Bündel über der Schulter trug. Eine Plane oder ein Teppich, um ihre Leiche zu verpacken? Was hatte ihr Entführer vor? Wie auch immer – sie würde ihm sein Vorhaben nicht leicht machen.

Im nächsten Moment wurde es wieder dunkel.

Sie wandte sich um. Wenn es überhaupt ein Entkommen vor ihrem Entführer gab, dann in der anderen Richtung. Schneller als zuvor, aber weiterhin äußerst achtsam, schlich sie zurück bis zu der Stelle, wo sie aufgewacht war, dann mit erhöhter Vorsicht weiter.

Die Bodenbeschaffenheit hatte sich verändert. Der Grund war weniger eben, wies Buckel auf und Schwellen. Die Wände fühlten sich schroffer an.

Sie hörte die Schritte hinter sich. Der Mann bewegte sich trotz der unterirdischen Dunkelheit offenbar sehr sicher.

Sie würde ihm nicht entrinnen können.

Asli Ozcan dachte nicht daran, schon aufzugeben. Langsam glitt sie weiter. Ihre Hand geriet an eine scharfe senkrechte Kante. Sie vermutete einen Abzweig und folgte der abknickenden Wand, bis sie unter ihren Füßen lockeres Gestein spürte. Sie hockte sich auf die Fersen und versuchte, sich mithilfe ihrer tastenden Hände ein Bild zu machen, ohne ein Geräusch zu verursachen. Sie fühlte einzelne Brocken, Scherben, Trümmer. Offenbar war die Höhle eingebrochen oder zugeschüttet worden.

Ein Ausweg bot sich hier nicht.

Dennoch eine Chance, wenn auch nur eine kleine. Längs zur Wand erfühlte sie eine ovale Mulde und duckte sich hinein. Eng in die Vertiefung geschmiegt, machte sie sich so klein, wie sie nur konnte. Krümmte sich zusammen, strich ihre Haare ins Gesicht, verbarg ihre Hände. Die helle Haut hätte sie verraten können. Am liebsten hätte sie ihren Herzschlag angehalten, der so lärmend in ihren Ohren rauschte.

Der Mann war nur wenige Schritte entfernt. Eine Taschenlampe leuchtete auf.

Sie stellte das Atmen ein. Drückte fest die Zähne aufeinander. Ein Reflex. Von der Angst veranlasst. Eine Frage des Überlebens.

Er suchte nach ihr. Hektisch und planlos flog der Lichtstrahl durch die Höhle.

Sie hörte wilde Flüche, als er sie nicht fand.

Ein schabendes Geräusch verriet ihr, dass er sein Bündel abwarf. Kurz fiel Licht auf den seltsamen Wulst, und sie erkannte durch die Strähnen ihrer Haare hindurch: Es war kein Teppich, sondern ein menschlicher Körper. An Handgelenken und Knöcheln verschnürt.

Der Mann ließ sein Opfer liegen und lief los, bergauf, in panischer Hast, auf der Suche nach der Frau, die ihm auf die Schliche gekommen war. Die er keinesfalls entkommen lassen wollte.

Sie blieb in ihrem Versteck, wartete ab. Sie zitterte vor Furcht, als sie sich schließlich doch erhob. Sie stand still, lauschte, sicherte sich mit Blicken nach beiden Seiten ab, ehe sie sich behutsam tappend der fremden Person näherte.

»Hallo«, raunte sie. »Keine Angst, bin auch entführt worden. Werde versuchen, Sie zu befreien. Habe nichts, um die Fesseln aufzuschneiden. Muss Sie zum Ausgang schleifen.«

Sie konnte die Reaktion des anderen Menschen nicht sehen, hörte nur ein Röcheln, das für sie nach Zustimmung klang. Die Person war geknebelt. Asli Ozcan befreite sie von dem Lappen.

»Wir müssen leise sein«, warnte sie.

»Alles klar«, wisperte eine Stimme. Sie klang weiblich. Asli Ozcan griff unter den Achseln der Frau hindurch und schleppte sie bergab Richtung Ausgang. Die Last ließ ihre

Muskeln schmerzen, sie keuchte. Sie wollte auf keinen Fall anhalten, aber irgendwann ging es nicht mehr. Ihre Arme versagten.

Sie legte den Körper vorsichtig nieder, bettete den Kopf in ihren Schoß. Sie rang nach Luft, massierte ihre Arme.

Nur für einige Momente.

Die Angst trieb sie weiter.

Endlich gelangte sie an das Ende des Stollens. Eine hölzerne Tür versperrte den Ausgang. Asli schickte ein Stoßgebet gen Himmel und bat darum, dass die Tür nicht abgeschlossen war. Bang legte sie ihre Last ab und drückte die Klinke. Ihre Bitte wurde erhört. Die Tür schwang auf. Den Rücken voran, zog sie die Frau hindurch und gelangte in eine Art Werkraum. Die Rückseite der Tür erwies sich als Regal. Darin fand sie eine Rasenschere, mit der sie die junge Frau von ihren Fesseln befreite.

»Hallo, ich bin Asli«, sagte sie japsend.

»Finja. Merhaba, Asli«, antwortete Finja.

Der unerwartete Gruß in der Sprache ihrer Vorfahren, die ungeheure Erleichterung – sie brach in ein krampfhaftes Lachen aus, stotternd, abgehackt. So unvermeidlich und unkontrollierbar wie ein Hustenanfall.

Panik würgte das Lachen ab, als sie eine dunkle Stimme hörte. Sie schnellte herum.

»Da seid ihr ja endlich. Ich habe schon auf euch gewartet.«

Rage

Zwischen ihnen und der Außentür stand der Mann, den Asli Ozcan noch vor Kurzem als Gehbehinderten wahrgenommen hatte. Hoch aufgerichtet und ohne das geringste Zeichen einer körperlichen Einschränkung.

Der Ropenkerl. Für einen Augenblick waren beide Frauen vor Schreck wie versteinert.

Darauf hatte Rolf Bessmer gebaut. Ein schneller Satz, schon stand er bei Finja, riss die messerspitze Rasenschere an sich, setzte sie der jungen Frau an den Hals. Seine Augen flackerten. »Bring das Seil her«, herrschte er Asli an. »Und mach keine Dummheiten. Oder ich steche deine Freundin ab.«

Sie sah sich um und entdeckte die Seilrolle, auf die der Mann es abgesehen hatte. Sie nahm sie und tat wie befohlen.

»Spul ein Stück ab, dann fesselst du Finja«, kommandierte der Ropenkerl. Finja schnauzte er an: »Und du hörst gefälligst auf zu zittern. Hast doch sonst so eine große Klappe. Dreh dich langsam um und halte die Hände hinter den Rücken, damit sie zubinden kann.«

»Mach, was er sagt«, bat Finja mit vor Angst bebender Stimme. »Er hat schon einmal jemanden umgebracht. Meine beste Freundin ...«

»Nicht nur die«, sagte Bessmer mit prahlerischem Grinsen.

Wie in Trance drehte sich Finja einmal um sich selbst. Jetzt stand sie Bessmer zugewandt, vermied aber, ihn anzusehen. Ihr tränenumflorter Blick war in eine imaginäre Ferne gerichtet.

»Los, Mädchen, fessle sie«, bellte Bessmer.

Asli Ozcan kam auf Reichweite heran. Ganz klein wirkte sie, vollkommen hilflos. »Nimm die Hände höher, damit ich den Knoten machen kann«, bat sie mit schwacher Stimme. Sie hob das Seil, bildete eine Schlinge und schien diese über Finjas zusammengelegte Hände streifen zu wollen. Stattdessen aber gab sie Finja einen heftigen Stoß, so kraftvoll, wie sie nach den vorausgegangenen Anstrengungen nur irgend konnte.

Rolf Bessmer hatte sich von Asli Ozcans vermeintlicher Willfährigkeit täuschen lassen und wurde von dem unerwarteten Angriff überrumpelt. Als Finja mit voller Wucht gegen seinen Oberkörper prallte und er das Gleichgewicht verlor, gab er automatisch die gefährliche Schere frei, die klirrend auf den Dielen landete. Seine Hände flogen nach hinten im Versuch, sich im Sturz noch abzustützen, aber vergebens. Schulter und Kopf prallten auf der Werkbank auf, mit einem gurgelnden Laut rutschte er zu Boden.

Finja kippte vornüber, doch Bessmers Körper war unter ihr und dämpfte ihren Fall. Sie kam unbeschadet auf ihm zu liegen und warf sich sofort zur Seite. Schon war Asli bei ihr und zerrte sie hoch, weg von dem Mörder, in eine sichere Entfernung.

Bessmer stöhnte. Er schien benommen und bewegte sich kaum, aber sein Trieb war stärker, putschte ihn auf, entfesselte die letzten Reserven. Seine rechte Hand schob sich über die Bohlen und tastete nach der Rasenschere.

Finja bemerkte es und verlor die Beherrschung. Sie griff nach der erstbesten Waffe, die sie finden konnte. Eine Harke. In unbändiger Wut schlug sie auf Bessmer ein, auf die Knie, die Arme. Seitlich ausholend, rammte sie schließlich die Zinken des eisernen Rechens mit aller Wucht in seine rechte Hand, nagelte sie förmlich in den

Bodenbrettern fest. Bessmer brüllte auf, vom Schmerz zerrissen, nicht mehr menschlich.

Asli Ozcan fiel ihr in den Arm. »Hör auf. Ist gut jetzt. Bitte«, sagte sie beruhigend. »Der ist fertig.« Sie hörte Bessmer röcheln und neigte den Oberkörper in seine Richtung.

Spucke flog ihr entgegen und ein einziges Wort.

Es genügte, um auch ihre Wut zu wecken. »Wie war das? Hast du immer noch nicht genug, du Schwein? Jetzt wirst du die ›Fotze‹ kennenlernen, Freundchen!« Sie stampfte mit voller Wucht in die Beuge seines unverletzten Arms, der sich verkrampfte und gelähmt liegen blieb.

»Das Seil!«, rief sie mit triumphierender Miene.

Finja ergriff es, schlang es um Bessmers linkes Handgelenk und band das andere Ende an das unverrückbare massive Bein der Werkbank.

Rolf Bessmer krümmte sich vor Schmerz. Unfähig, die durchbohrte rechte Hand zu befreien, wand er sich hin und her, zuckte konvulsivisch mit den Beinen. Sein Jammern steigerte sich zum Geheul. Blasiger rötlicher Speichel rann aus seinem Mund. Er hatte sich im Fallen auf die Zunge gebissen.

»Halt die Schnauze, du miese Pocke«, sagte Finja kalt. Eine ganze Zeit lang sahen sie erschöpft auf ihren Peiniger hinab.

Endlich fragte Asli: »Sollen wir jetzt mal den Notarzt rufen?«

»Wenn du meinst. Von mir aus. Meinetwegen kann er sich ruhig Zeit lassen.« Finja fixierte Bessmer mit mitleidlosen Blicken.

»Hast du ein Handy? Ich hab meins im Umkleideraum gelassen.«

»Umkleideraum?«

»Ich arbeite oben im Seniorenheim.«

Finja ging hinaus. Sie hatte ihre College-Tasche auf der Gartenbank vor dem Schuppen stehen lassen. Sie kramte ihr Handy heraus. »Welche Nummer?«

»112. Die leiten dich dann weiter.«

Vom Stützpunkt an der Frankenstraße benötigte der Rettungswagen des Arbeiter-Samariter-Bunds weniger als neun Minuten. Schwierig wurde es Am Bürgerpark. Die schmale, oft geflickte Wohnstraße, ein Patchwork aus Asphalt und Rollsplitt, ließ kaum Raum für zwei einander passierende Fahrzeuge. Ein paar Meter hinter der Süntelstraße beschrieb sie eine rechtwinklige Kurve. Nur im Schritttempo und mit größter Umsicht war dieser Engpass zu bewältigen.

Prompt unterlief dem Fahrer eine Fehleinschätzung bei der Bemessung der Kurve, weil unmittelbar dahinter, durch einen Zaun und einen Baum der Sicht entzogen, ein Transporter abgestellt worden war. Der Rettungswagen musste zurücksetzen und auf der linken Spur in mühsamer Millimeterarbeit zwischen dem Lieferwagen und der Hecke des gegenüberliegenden Grundstücks hindurchmanövriert werden.

Begleitet von heftigen Verwünschungen des Fahrers erreichten die Nothelfer endlich die angegebene Adresse. Sie sahen den kleinen roten Flitzer des Notarztes auf sich zukommen. Er stoppte scharf vor der mannshohen Bruchsteinmauer, die das Grundstück umschloss. Er war klüger gewesen und von oben her, über die Lindenstraße, angefahren.

Eine junge Frau in abgerissener Kleidung kam den Sanitätern entgegen und rief sie in den Garten.

»Sind Sie die Verletzte?«, fragte der Notarzt.

»Auch. Der andere hat's nötiger«, sagte Finja trocken.

»Und wer sind Sie?«

»Finja Sudhoff. Ich wohne hier. Ich bin überfallen worden und habe angerufen.« Sie zeigte hinter sich auf das Gartenhaus. »Da müssen Sie rein.«

»Das sollten wir uns aber gleich auch mal ansehen«, sagte der Arzt und deutete auf Finjas Gesicht, das vom Schlag mit der Wasserwaage vom rechten Unterkiefer bis zur Schläfe angeschwollen und blaurot angelaufen war.

»Später. Sie müssen sich erst einmal um jemand anderen kümmern.«

Nach vielen Berufsjahren als Rettungshelfer geriet der Arzt nur noch selten in Erstaunen, aber der Anblick im Schuppen war so außergewöhnlich, dass ihm prompt ein Ausruf der Verwunderung entrutschte. »Hoppla, was ist das denn?« Die beiden Sanitäter, die ihm gefolgt waren, wies er an: »Lasst mal bitte die Polizei kommen.«

Rolf Bessmer war inzwischen kaum mehr bei Bewusstsein und wimmerte nur noch leise vor sich hin. Seine Wangen waren tränenüberströmt.

Er musste unglaubliche Schmerzen haben.

Der Arzt und einer der Sanitäter knieten neben ihm nieder und begannen mit der Erstversorgung.

Er

Verfluchte Schmerzen. In den Beinen. In der Zunge. Am Kopf ...
Trotzdem denken.
Der Notarzt – okay. Erste Hilfe. Arztgeheimnis. Keine Gefahr.
Die Mädchen. Brutal. Er hat sie unterschätzt, hätte aufpassen müssen.
So dumm von ihm. Hätte er die Dunkelhaarige laufen lassen sollen?
Was für ein Biest. Ist die Türkin?
Spielt keine Rolle jetzt. Konzentration.
Was ist passiert?
Er wurde geschlagen. Schwer verletzt. Er kann die Beine nicht bewegen. Sein Arm ist taub.
Die Mädchen waren es.
Die Mädchen sind die Täter.
Er kann nichts dafür. Er ist das Opfer. Wie damals.
Er war schließlich immer das Opfer.
Er fühlt sich ohnmächtig.
Und er weint.

Einsatz

»Sieht jetzt im Herbst ein wenig trist aus«, sagte Linus Kreienbrink und deutete flüchtig auf den steilen Hang oberhalb der Lindenallee. »Aber warte mal, bis Schnee fällt. Dann kommen die Kids mit ihren Schlitten. Dann ist hier mehr Verkehr als am Westfalentag vor den Parkhäusern.«

»Das wäre eigentlich was für meinen Neffen«, überlegte Hans-Peter Ziegler. »Der ist langsam alt genug für seinen ersten Schlitten. Vielleicht als Geschenk zu Weihnachten – wenn meine Schwester mitspielt. Die ist manchmal ein bisschen übervorsichtig. Packt das Kind in Watte. Dass der Bengel bloß nicht hinfällt. Mein Gott, wir waren als Jungs doch stolz auf jede Narbe.«

»Sind wir das nicht immer noch?«

Die beiden Streifenpolizisten lachten. Sie hatten ihre übliche Runde durch den Bürgerpark beendet und radelten gemächlich in Richtung Süntelstraße, als das Funkgerät schnarrte. Der Ruf der Zentrale galt ihnen.

Kreienbrink antwortete. »Teuto 12/19. Standort Bürgerpark, Nähe Süntelstraße. Wir hören.«

»Teuto an Teuto 12/19. Wir haben einen Ruf Am Bürgerpark. Die Straße, nicht der Park. Arzt ist vor Ort und meldet zwei verletzte Personen. Ursache unklar. Verdacht auf körperliche Auseinandersetzung. RTW ist vor Ort.«

»Verstanden, Teuto. Wir übernehmen. Wir sind quasi um die Ecke.«

Die Zentrale quittierte, gab die Hausnummer durch und kündigte Verstärkung an.

Die beiden Polizisten traten energisch in die Pedale. Sie waren trainiert und brachten es im Nu auf ein hohes Tempo. Sie klingelten anhaltend und lautstark, als sie auf zwei gemächlich schlendernde Spaziergänger zufuhren, Mann und Frau, die eilig zur Seite auf den Grünstreifen traten.

»Unverschämte Lümmel!«, wetterte die Frau, legte aber erschrocken die Hand über den Mund, als sie gewahrte, dass die vermeintlichen Rowdys Polizeiuniformen trugen.

»Entschuldigung! Einsatz!«, rief Ziegler. Die Worte verwehten im Vorbeifahren.

Sie flitzten am Seniorenheim vorbei und rasten bergab in Richtung Tennisplätze. Ihre Handbremsen quietschten schrill, als sie vor dem Parkplatz links abbogen und den Hundertachtzig-Grad-Bogen hinunter zur Süntelstraße nahmen, von der sie gleich darauf in die Straße Am Bürgerpark abbogen.

Das Ziel war nicht zu verfehlen. Der Rettungswagen stand vor der Tür. Zwei Sanitäter hoben gerade eine Krankentrage heraus.

»Guck an, berittene Polizei«, frotzelte einer von beiden.

»Moin«, grüßte der andere und wies mit einem Kopfnicken den Weg. »Da geht's rein.«

Das mannshohe Gittertor stand offen und war breit genug, sodass sie direkt hinter das Haus fahren konnten. Erst dort sprangen sie ab und lehnten ihre Räder an die aufgereihten Mülltonnen. Eine schnelle Einschätzung der Lage zeigte ihnen einen gepflegten Garten mit großer Rasenfläche, der zum Berg hin von einem ungewöhnlich massiv gebauten Schuppen abgeschlossen wurde.

»Sieht ja aus wie ein privater Bunker«, fand Ziegler.

»Möglich. So was hat's früher viel gegeben.«

Einige Schritte vom Schuppen entfernt standen zwei Frauen. Ihre Kleidung war unordentlich und verschmutzt, sie wirkten erhitzt und aufgewühlt. Die Polizisten kannten diesen Zustand – Nachwirkungen eines Adrenalinschubs.

»Guten Tag. Haben Sie uns gerufen?«

»Nein, das war der Notarzt«, sagte die Ältere, ein südländischer Typ mit dunklen Haaren. Sie zeigte auf den Eingang zum Schuppen.

Dessen Tür stand offen. Ein kleiner Findling verhinderte, dass sie zufiel.

Ziegler bemerkte eine blutunterlaufene Schwellung im Gesicht der anderen Frau. »Hat man Sie geschlagen?«, wollte er wissen.

»Ja. Ja. Hat man ... Das hat man, ja«, stammelte die Befragte.

»Aber wir haben uns gewehrt«, übernahm die Ältere mit fester Stimme. »Der Mann da drin ist gewalttätig. Er wollte uns entführen ...«

»Entführen?«, fragte Kreienbrink ungläubig.

»Er hat Mila ermordet«, sagte die Jüngere mit hochrotem Kopf und musste gegen aufsteigende Tränen ankämpfen.

Ziegler und Kreienbrink verständigten sich mit schnellen Blicken.

»Bleib du bitte bei den Damen«, sagte Kreienbrink. »Ich gehe rein und schaue mir das mal an.«

Ziegler nickte und positionierte sich so, dass er die Fluchtrichtungen zum Haus und Gartentor verstellte. Er griff zum Funkgerät, um zu erfragen, wann die Verstärkung eintreffen würde.

Die beiden Sanitäter waren inzwischen an ihnen vorbei. Sie bugsierten soeben die Trage in den Schuppen. Ein umständliches, aber versiert durchgeführtes Manöver: der Länge nach hinein, dann hochkant aufstellen, eine halbe Drehung und zur linken Seite hin neben dem Verletzten zu Boden lassen.

Kreienbrink folgte ihnen und blickte vorsichtig durch die Türöffnung. Sein Umriss verdunkelte den Innenraum.

Der Notarzt warf einen schnellen Blick über die Schulter. »Rein oder raus!«, schnappte er, »du stehst im Licht, Mann!« Der Arzt hockte am Boden neben einem männlichen Verletzten. Er hatte Kopf und Genick mit einer Halsmanschette fixiert und die Beine provisorisch geschient. Jetzt war er dabei, die rechte Hand zu bandagieren. Die Sanitäter bereiteten sich darauf vor, den Verletzten auf die Trage zu heben.

Kreienbrink hatte das vage Gefühl, den Patienten schon einmal irgendwo gesehen zu haben, verschob aber den Gedanken auf später. »Kreienbrink. Winkelhausen-Wache. Was haben wir?«, fragte er.

»Multiple Verletzungen. Trümmerbrüche an den Unterschenkeln, eine zerschmetterte Kniescheibe. In der rechten Hand steckten die Zinken einer Harke, die haben wir rausgezogen.« Der Arzt deutete nach oben. »Liegt auf der Werkbank. Außerdem Verdacht auf Schädeltrauma. Der Mann muss schnellstens zum CT.«

»Wissen Sie, was passiert ist?«

»Nur, was die Frauen mir gesagt haben. Angeblich hat der Mann die beiden angegriffen oder wollte sie sogar verschleppen.«

Inzwischen lag der Patient auf der Trage. Er stöhnte, als die Sanitäter ihn anhoben. Der Mann wirkte benommen, vermutlich eine Folge der Kopfverletzung, vielleicht auch der Spritze, mit der der Arzt seine Hand örtlich betäubt hatte. Dennoch hatte der Verletzte die Anwesenheit des Polizisten offenbar wahrgenommen. Er versuchte, sich hochzurappeln.

»Nicht bewegen!«, rief der Arzt scharf. »Sie haben möglicherweise eine Wirbelverletzung. Ganz stillhalten!«

Der Patient sank zurück, aber er zischte Kreienbrink etwas zu, als er hinausgetragen wurde. »Verhaften Sie die Dreckschlampen!«, würgte er über die Lippen. »Die wollten mich umbringen!«

Alarmfahrt

Bea Agarius zog die Schultern zusammen, als sie ins Besprechungszimmer trat, wo sich die Mitarbeiter der »Moko Rosenstrauch« versammelt hatten.

»Neue Jeans?«, forschte Fehrenkämper und wurde mit demonstrativer Missachtung gestraft.

»Warum ist es denn so kalt hier?«, fragte sie und rieb sich fröstelnd die Oberarme.

»Wir mussten mal frische Luft reinlassen«, erklärte Fips Czierni.

»Das ist aber mehr als frisch. Sogar in meinem Kühlschrank ist es wärmer«, klagte sie.

Fehrenkämper nahm den Ball auf. »Bäh. Dann möchte ich deine Lebensmittel nicht mit'm Mikroskop begucken.«

»Zum Glück habe ich nur selten Spinner wie dich zu Gast, die ihr Essen mit dem Mikroskop untersuchen«, parierte Agarius, während sie durch den Raum ging, um die Fenster zu schließen. »Jetzt aber die Heizung an. Stichwort Mikroskop. Die KTU hat sich gemeldet. Wir haben doch damals den Hund des ersten Opfers auf Spuren untersuchen lassen. Die Kollegen haben tatsächlich Hautschüppchen gefunden, mussten die aber noch mit Proben von Sven und mir und dem Kollegen, der den Hund gehalten hat, abgleichen. Die Ergebnisse liegen jetzt vor. Die Partikel stammen nicht von uns und auch nicht vom Opfer. Es könnte also sein – Achtung, nicht gleich alle aus dem Häuschen geraten, ich betone: es könnte sein, dass wir die DNA vom Täter haben.«

Fehrenkämpers Augen blitzten. »Und wer hatte die brillante Idee, dem Hund die Pfotenabdrücke abzunehmen?« Während er eine Verbeugung andeutete, beschrieb sein Arm einen feierlichen Bogen in Richtung der Überbringerin der guten Nachricht.

Einige Kollegen klopften anerkennend mit den Fingerknöcheln auf die Tischplatte.

Die Moko-Leiterin konnte sich ein Grinsen nicht verkneifen, winkte aber ab. »Ist gut jetzt. Hört auf mit dem Quatsch.«

Im Raum kehrte Ruhe ein. Die Mienen wurden ernst.

»Ehe wir eine teure DNA-Reihenuntersuchung veranlassen, sollten wir versuchen, Verdächtige zu ermitteln und aus dieser Gruppe den Richtigen herauszufiltern«, nahm sie ihren Faden wieder auf. »Deswegen müssen wir verstärkt daran arbeiten, mögliche Täterkreise festzulegen. Das Umfeld der Opfer wird nochmals haarklein durchleuchtet. Das meine ich wörtlich. Wo gibt es Gemeinsamkeiten? Außerdem müssen wir die Wohnbereiche im Umfeld des Fundorts noch einmal abgehen. Uns fehlen weiterhin mehrere Aussagen.«

»Was ist denn eigentlich mit diesem Gartenhäuschen im Park zwischen dem Rosengarten und dem Seniorenheim? Das ist doch unglaublich nah dran an den Fundorten. Ich habe dazu nichts in der Akte. Ist das nicht auch bewohnt?«, wollte Gernot van den Bleeken wissen.

Marianne Stühlmeyer wusste die Antwort. »Doch, normalerweise schon. Es wird vom Osnabrücker Studentenwerk verwaltet und nur an Studenten vergeben. Da war jetzt gerade Mieterwechsel. Zur Zeit der Morde stand es vorübergehend leer, weil der neue Mieter einen Unfall hatte und erst mit Verspätung einziehen konnte. Wir haben das überprüft.«

»Zu dumm aber auch. Hätte unter Umständen hilfreich sein können, wenn da an den Tattagen jemand anwesend gewesen wäre.«

»Möglicherweise wären die Morde dann gar nicht passiert«, sinnierte Alex Zielinski leise. Er wischte den Gedanken mit einer Handbewegung beiseite. »Aber hilft ja nix. Jetzt müssen wir uns um die Aufklärung kümmern.«

Bea Agarius hatte begonnen, Ausdrucke einer Liste mit Anwohnern zu verteilen, die bislang nicht angetroffen worden waren. »Vielleicht hat ja doch jemand etwas beobachtet, der sich nicht traut oder keine Lust hat, bei uns anzurufen. Kennen wir ja. Zusätzlich nehmen wir uns alle Unterlagen, Aussagen und forensischen Erkenntnisse noch einmal vor und halten nach Zusammenhängen Ausschau. Die beiden Opfer wohnten so nah beieinander – das kann doch kein Zufall sein. Uns muss da irgendetwas entgangen sein. Die Verbindungsdaten liegen jetzt auch vor. Die müssen wir uns intensiv anschauen, ob es Kontakte zwischen dem Opfer und einer verdächtigen Person oder zwischen den Verdächtigen gegeben hat …«

Sie wollte eben mit der Verteilung der Aufgaben beginnen, als ihr Telefon summte. Auf dem Display erkannte sie die Nummer eines Polizei-Handys.

»'tschuldigung, da muss ich ran. Ist dienstlich«, erklärte sie rasch und eilte hinaus auf den Gang, während sie das Gespräch bereits annahm.

»PHK Spreckling, Winkelhausen-Wache«, meldete sich der Anrufer. »Gerade im Einsatz in der Straße Am Bürgerpark. Das ist am Gertrudenberg. Wir haben noch kein klares Bild der Lage. Wir gehen von schwerer Körperverletzung aus. Ein Mann, der Besitzer des Anwesens, wurde durch Gewaltanwendung massiv verletzt. Kaum ansprechbar. Wurde vom Notarzt versorgt und ist im RTW unterwegs zum Finkenhügel. Mutmaßlich wurde die Tat von zwei jungen Frauen verübt. Jedenfalls waren beide am Tatort. Wir haben sie vorläufig in Gewahrsam genommen.«

Bea Agarius zog den richtigen Schluss aus dem Umstand, dass man sie direkt angerufen hatte. »Am Bürgerpark, sagen Sie? Der Mann heißt doch nicht etwa Rolf Bessmer?«

»Doch«, bestätigte Spreckling hörbar überrascht. »Sie kennen ihn?«

»Allerdings. Hat mit einer aktuellen Ermittlung zu tun. Haben Sie auch die Namen der Frauen?«

»Selbstverständlich. Die eine ist Türkin ... oder Deutsch-Türkin. Asli Ozcan.«

»Mir nicht bekannt.«

»Die andere ist eine deutsche Studentin, Finja Sudhoff. Wegen der rufe ich an. Sie hatte Ihre Karte und hat darum gebeten, dass wir Sie informieren. Sie haben wohl schon mal miteinander gesprochen. Es ginge um denselben Fall, sagt sie.«

Die Moko-Chefin war sofort im Bild. »Ich weiß Bescheid. Bleiben Sie an Ort und Stelle. Nichts verändern, den Tatort absichern. Das ist wichtig.«

»Keine Sorge, wir verstehen unsere Arbeit«, erwiderte Spreckling. »Die Spuren werden gerade aufgenommen. Der Erkennungsdienst ist schon dabei.« Er hatte noch einen Tipp parat. »Fahrt über die Lindenstraße an. Am besten lasst ihr den Wagen gleich dort stehen. Hier vor der Tür ist alles dicht.«

Bea Agarius schaltete ab und steckte den Kopf durch die Tür. »Sorry, Kollegen, wir müssen unterbrechen. Ein dringender Einsatz. Marianne, mach du hier bitte weiter. Sven, hoch mit den müden Knochen, wir müssen sofort los.«

Sie nahmen die Treppen und warfen sich im Laufen ihre Jacken über. Unterwegs brachte Bea den Kollegen mit knappen Worten auf den neuen Stand. Unten sprangen sie in ihren Wagen und preschten vom Hof. Agarius hatte das Steuer übernommen. Sie mied den vielbefahrenen Neumarkt, fuhr stattdessen nach links über die Schlagvorder Straße, überquerte die Möserstraße und bog links in den vierspurigen Goethering.

Die Fahrt mit Martinshorn und Blaulicht war nicht ungefährlich. Man konnte sich nie darauf verlassen, dass andere Verkehrsteilnehmer angemessen reagierten. Darum drosselte sie das Tempo, als sie zwischen den vor der Ampel aufgereihten Autos auf den Berliner Platz zufuhr, und stieß im Schritttempo in die Kreuzung vor. Ihre Vorsicht war mehr als angebracht – ein BMW schoss, das Polizeifahrzeug missachtend, von links aus der Wittekindstraße und bog schwungvoll in den Erich-Maria-Remarque-Ring.

»Blödmann«, schimpfte Fehrenkämper und zückte sein Handy, um das Kennzeichen einzugeben. Der rücksichtslose Fahrzeughalter durfte in den nächsten Tagen amtliche Post erwarten.

Bis zur Einmündung Nonnenpfad ging es zügig voran, dort aber wurden sie aufgehalten. Ein nervöser Fahrer zog nicht nach rechts, um die Mittelgasse freizugeben, sondern schob sich im Gegenteil nach links nahe an das nebenstehende Fahrzeug, dessen Besitzer, einen Blechschaden fürchtend, bereits panische Blicke um sich warf.

Agarius hatte die Situation kommen sehen und richtig eingeschätzt. Sie nahm die Rechtsabbiegerspur, wo nur zwei Fahrzeuge vor der Ampel hielten und ihr sofort Platz machten. Auch der LKW rechts unter der Eisenbahnbrücke verhielt sich vorschriftsmäßig. Sie lenkte zurück in die Mitte und beschleunigte. In schneller Fahrt ging es am Altstadt-Bahnhof vorbei, dann unter der Hasetor-Brücke hindurch.

Auf der Gegenfahrbahn wichen die Fahrzeuge auseinander. Ein Rettungswagen kam in Sicht und zwängte sich mit höchstmöglicher Geschwindigkeit durch die enge Mittelgasse.

»Vielleicht unser Opfer«, spekulierte Fehrenkämper.

»Möglich.«

Ein Blick über die Schulter, keine Radfahrer, keine Fußgänger – sie wechselte halb rechts in die Bramscher Straße. Dann nahm sie das Tempo zurück. In diesem Mischgebiet aus Kleinhandel, Praxen, Dienstleistungsgewerbe und Wohnhäusern war Vorsicht geboten. Man musste mit spielenden Kindern rechnen.

Wie von dem Kollegen empfohlen, fuhr Bea die Lindenstraße hinauf und parkte ganz am Ende der Sackgasse. Eine gute Entscheidung, wie sich zeigte. Vor Bessmers Haus standen Einsatzwagen von der Winkelhausen-Wache und des Erkennungsdienstes hinter- und nebeneinander und blockierten die Durchfahrt.

Im Hintergrund hatten sich Schaulustige versammelt. Haushaltshilfen in Kittelschürzen, Frauen in Hauskleidern, Jeans oder Jogginghosen, ältere Männer in Sportkleidung. Anwohner zumeist. Unmöglich, ihnen einen Platzverweis zu erteilen. Einer der uniformierten Kollegen scheuchte sie immerhin vom Fahrdamm, zurück auf die eigenen Grundstücke.

In der Zufahrt des Hauses stand ein Polizeitransporter. Hinter den beschlagenen Scheiben zeigten sich schemenhaft zwei Gesichter. Die Kommissare schenkten ihnen zunächst nur flüchtige Beachtung, bis drinnen energisch an das Glas geklopft wurde. Erschrocken gewahrte Bea Agarius das verunstaltete Gesicht einer jungen Frau, die einen Kühlbeutel an ihre geschwollene, blutrot und lila angelaufene Wange hielt. Erst im zweiten Hinsehen erkannte sie die Studentin, deren Freundin ermordet worden war. Finja Sudhoff. Die zweite Frau im Bulli, deutlich älter, war ihr nicht bekannt. Sie registrierte einen sommerlich dunklen Teint und schwarz glänzendes Haar. Vielleicht südländischer Herkunft. Beide trugen Wärmefolien um die Schultern.

Finja Sudhoff wollte aussteigen. Sie hatte offenbar nicht bemerkt, dass die Seitentür verschlossen worden war und nur von außen geöffnet werden konnte. Unversehens gingen der Studentin die Nerven durch. Sie trat gegen die Tür, trommelte ans Fenster, brüllte. Die zweite Frau nahm sie bei den Schultern und wurde wütend abgeschüttelt.

»Ist ja gut«, rief die Kommissarin. »Beruhigen Sie sich. Ich bin gleich bei Ihnen. Etwas Geduld.«

Fehrenkämper hatte inzwischen die Kollegen angesprochen. »Mahlzeit. PHK Spreckling?«

Er wurde in den Garten gewiesen und winkte ihr, ihm zu folgen.

Ein uniformierter Kollege kam ihnen entgegen. »KHK Agarius? Spreckling. Wir hatten telefoniert.« Der Polizeihauptkommissar fasste ohne Umschweife zusammen, was die Beamten von der Parkstreife vorgefunden hatten. »Ihr solltet euch den Schuppen oder besser Bunker mal genauer ansehen. Da gibt es eine Regalwand, die wie eine Schwingtür gebaut ist. Dahinter ist ein Stollen oder eine Art Gewölbe. Absolut filmreif, wenn ich das mal so sagen darf. Edgar-Wallace-mäßig. Wir sind noch nicht rein, wir wollten der Kriminaltechnik den Vortritt lassen. Wollt ihr übernehmen?«

Agarius sah Fehrenkämper fragend an.

»Ich rufe die Kollegen an«, sagte er und wandte sich an Spreckling. »Könnt ihr schon mal die Passanten abfragen, während ich mit dem Staatsanwalt spreche?« Er deutete in Richtung der Schaulustigen.

»Machen wir.«

»Dann rede ich inzwischen mit den beiden Frauen«, sagte Bea Agarius. »Wer hat den Schlüssel für den Transporter?«

»Ich«, erwiderte Spreckling.

Der Wurf war gekonnt. Der Schlüssel beschrieb einen eleganten Bogen.

Bea Agarius hatte keine Mühe, ihn zu fangen.

Heimkehr

»Warum kann ich nicht nach oben in meine Wohnung?«, waren die ersten Worte, die die Kommissarin von Finja Sudhoff zu hören bekam. »Uns ist kalt.«

Die junge Frau hatte sich beruhigt, aber die Aufregung war ihr weiterhin anzusehen.

»Die Kollegen mussten sich erst ein Bild machen. Wir müssen noch den zuständigen Staatsanwalt informieren, aber mein Kollege und ich übernehmen jetzt. Wie wäre es, wenn Sie mir erzählen, was genau vorgefallen ist?«

»Haben wir doch schon«, maulte Finja.

»Ihre Kollegen in Uniform haben schon alles aufgeschrieben«, präzisierte Asli Ozcan.

»Ich weiß. Aber jetzt haben wir mehr Ruhe. Und wir Frauen sind unter uns.«

»Na schön. Aber ich müsste jetzt erst mal dringend telefonieren. Ich arbeite oben im Pflegeheim. Die Kollegen dürften sich wundern, wo ich so lange abgeblieben bin. Ich hoffe, ich kriege da keinen Ärger. Kann ich von Ihnen eine Art Bestätigung bekommen, dass ich hier sozusagen dienstlich aufgehalten wurde?«

»Das wird sich machen lassen. Vielleicht fangen wir erst mal mit Ihren Personalien an?«

Die Aussagen der beiden jungen Frauen riefen bei Bea Agarius widersprüchliche Gedanken hervor, versetzten sie sogar in einen leisen Aufruhr. Ihr Menschenverstand befahl ihr, die Schilderungen als pure Ausflüchte zurückzuweisen. Als Kriminalistin musste sie danach fragen, aus welchen Motiven die Frauen mit solchen Fantasieleistungen aufwarteten. Doch ihre Skepsis wurde durch den unmittelbaren Augenschein gebrochen. Sie hatte den aufgewühlten Zustand der Frauen registriert, die nachwirkende Angst in ihren Augen gesehen, die Ernsthaftigkeit wahrgenommen, mit der die beiden von ihren Erlebnissen berichteten. Finja Sudhof und Asli Ozcan zeigten alle Merkmale von Opfern, nicht die von Täterinnen.

Auch wenn sie ihre Zweifel nicht ausklammern mochte – die Kommissarin zog die Möglichkeit in Betracht, dass die beiden Frauen die Wahrheit sagten.

Bea Agarius hatte unter den Einsatzkräften weibliche Polizisten ausgemacht und bat Spreckling, ihr zwei der Schutzpolizistinnen zur Verfügung zu stellen. Polizeiobermeisterin Petra Ordelheide und Polizeihauptmeisterin Tessa Scharfenberg waren erfahrene Kräfte. Bea Agarius brauchte nur wenige Worte, um die Situation zu erläutern. Sie wies darauf hin, dass Asservatenbeutel und Schutzhandschuhe benötigt wurden, und die Kolleginnen trafen Vorsorge, von beidem in ausreichender Menge parat zu haben.

Zu dritt traten sie wieder an den Transporter, den Agarius dieses Mal offengelassen hatte. Kurz machte sie die Anwesenden miteinander bekannt.

»Frau Ozcan, Frau Sudhoff, je eine meiner Kolleginnen wird Sie jetzt nach Hause begleiten. Es tut mir leid, aber wir müssen Ihre Kleidungsstücke unter Verschluss nehmen und einer kriminaltechnischen Untersuchung unterziehen.«

»Ich möchte nicht nach Hause«, widersprach Asli Ozcan. »Ich muss zurück an meinen Arbeitsplatz. Meine Sachen können Sie auch dort an sich nehmen. Ich habe Ersatz im Umkleideraum. Es kommt häufiger vor, dass man etwas abbekommt, wenn einer unserer Patienten kleckert oder sich erbricht. Oder Schlimmeres ... In unserem Beruf sollte man nicht zimperlich sein. Jeder von uns hat immer ein oder zwei Garnituren als Reserve im Spind.«

Die Blicke der Polizistinnen richteten sich auf Bea Agarius. Von ihrer Seite gab es keine Einwände. Sie bot der Altenpflegerin sogar an, sie mit einem Dienstfahrzeug zur Veilchenstraße bringen zu lassen, aber Asli Ozcan lehnte ab.

»Ich bitte Sie! Das ist doch gleich da oben, ein Spaziergang von ein paar Minuten. Und wie sieht das denn aus, wenn ich von einem Streifenwagen gebracht werde. Das könnte einigen Bewohnern Angst machen. Nein, danke, das lassen wir mal lieber. Kommen Sie, junge Frau«, forderte sie Petra Ordelheide auf. »Sie sind doch top in Form. Marsch, marsch!«

Wieder sah die Obermeisterin die Ermittlungsleiterin fragend an. Bea Agarius lächelte und gab nickend ihr Einverständnis. Sie wünschte Asli Ozcan alles Gute. »Ich hoffe, Sie erholen sich schnell von dem Schrecken. Wir melden uns noch bei Ihnen, um ein Protokoll anzufertigen. Und sicher werden sich auch noch Fragen ergeben.«

Die beiden Frauen brachen auf.

»Bei Ihnen stellt sich ja die Transportfrage nicht«, sagte Agarius an Finja Sudhoff und Polizeihauptmeisterin Scharfenberg gewandt.

»Nein«, bestätigte Finja Sudhoff, die sehr viel ruhiger, fast schon lethargisch geworden war. »Ich wohne ja gleich hier.«

Von der uniformierten Polizistin eskortiert, steuerte Finja Sudhoff mit schlafwandlerischen Bewegungen die Haustür an.

»Finja, eine Frage noch«, rief Bea Agarius ihr hinterher. »Kennen Sie zufällig eine Corinna Schänkenberg?«

Die junge Studentin drehte sich um und sah Agarius aus stumpfen Augen an. »Nicht dass ich wüsste. Wer soll das sein?«

»Eine Bibliothekarin. Vom Standort am Westerberg.«

Finja Sudhoff hob gleichgültig die rechte Achsel.

»Da war ich noch nie. Die Bücher für unseren Fachbereich stehen in der Bibo an der Alten Münze. Da finden wir alles, was wir brauchen.«

»Natürlich. War nur so eine Frage. Vielen Dank. Und gute Besserung. Achten Sie auf Ihre Wange.«

Tessa Scharfenberg mahnte sich zur Vorsicht. Ihr schien höchste Wachsamkeit geboten, als sie Finja Sudhoff zum Haus begleitete. Der Status der jungen Studentin war nicht geklärt. Sie konnte Opfer und Zeugin, aber genauso gut eine Täterin sein.

Für Ersteres sprach, dass ihre Hände heftig zitterten, als sie ihren Hausschlüssel aus der Tasche zog und vergeblich versuchte, den Bart in das schmale, rissartige Sicherheitsschloss zu schieben. Immer wieder verfehlte sie den winzigen Schlitz.

»Soll ich mal?«, fragte die Schutzpolizistin. Sie sagte es in freundlichem, aber sachlichem Tonfall.

Finja Sudhoff nahm es dankbar zur Kenntnis. Übertriebenes Mitgefühl hätte sie womöglich die mühsam aufrecht erhaltene Selbstbeherrschung gekostet. Kommentarlos reichte sie ihr Schlüsselbund der Polizistin.

Die schloss auf, ließ aber Sudhoff den Vortritt.

Finja schleppte sich über die Schwelle. Ihr Körper war ihr zur Last geworden. Er fühlte sich schwer an. Die Füße ließen sich kaum noch heben, als wären die Sohlen ihrer Sneakers mit Blei ausgegossen worden.

Unwillkürlich tat sie einen Schritt zur Seite, als sie Bessmers Wohnung passierten. Als ob der Mörder jeden

Moment die Tür aufreißen und sie angreifen könnte. In Finjas Gedankenwelt konnte er das. Die Vorstellung stand ihr glasklar vor Augen.

Mühsam stieg sie die Treppe hinauf. Die Streifenbeamtin blieb hinter ihr, bis sie die Wohnungstür erreicht hatten.

»Welcher Schlüssel ist es?«, fragte die Polizistin, die noch immer das Schlüsseletui in Händen hielt.

»Der mit dem eckigen Kopf.«

Sie traten ein und Tessa Scharfenberg sah sich um. So unauffällig, wie es eben ging. »Ich nehme an, Sie bewahren Ihre Garderobe im Schlafzimmer auf? Es ist am besten, wenn Sie die Wechselkleidung schon komplett bereitlegen. Sie müssen bitte alles ausziehen, auch die Unterwäsche und die Schuhe, und mir anreichen. Ich weiß, das ist nicht angenehm, aber es geht leider nicht anders.«

Finja Sudhoff ging voraus in ihr Schlafzimmer. Sie suchte leichte Freizeitkleidung heraus und warf sie auf das Bett. Eine weite Jogginghose, ein Shirt, einen Kapuzenpulli. Zuletzt Slip und Söckchen.

»Ich kann mich hinter die Tür stellen, während Sie sich ausziehen. Aber sie müssen mir die einzelnen Teile gleich herausreichen.«

Finja Sudhoff brummelte nur zustimmend und folgte den Anweisungen. Die Polizistin hatte Schutzhandschuhe angezogen und verstaute jedes Kleidungsstück sorgfältig in einem Asservatenbeutel. Erst die Schuhe, dann die Jeans, Strümpfe, Bluse.

Finja sah zu, wie die Beamtin die Beschriftung vornahm.

»Jetzt ruhen Sie sich am besten ein wenig aus«, riet Tessa Scharfenberg zum Abschied. Eine Floskel, dienstlich sicher schon hunderte Male ausgesprochen, aber was sollte man sonst schon sagen zu jemand Fremdem? Zu einer Person, zu der man in einer Ausnahmesituation, in einem seelisch belastenden Moment, ein berufliches Verhältnis aufbauen und neutrale Distanz wahren musste.

Bepackt wie nach einem ausgiebigen Einkaufsbummel, verließ Tessa Scharfenberg die Wohnung.

Finja schloss zweimal ab hinter ihr. Dann holte sie einen Lehnstuhl aus dem Wohnzimmer und klemmte ihn unter die Türklinke. Bis vor ein paar Tagen hatte sie sich in dieser Wohnung geschützt und gut aufgehoben gefühlt. Das war vorbei. Furcht und Verunsicherung saßen wie Parasiten in jeder Faser ihres Körpers.

»Ich glaube, es geht Ihnen nicht gut«, hatte die Polizistin noch gesagt und Finja eine Karte mit den Kontaktdaten des Opferhilfebüros in die Hand gedrückt. »Rufen Sie dort an, man wird Ihnen helfen. Es kostet nichts.«

Finja Sudhoff betrachtete das Kärtchen mit stumpfem Blick und legte es neben das Telefon. In der Küche nahm sie eine angebrochene Flasche Wodka aus dem Kühlschrank, goss den gesamten Restinhalt in ein hohes Trinkglas und stürzte ihn in einem Zug hinunter.

Dann ging sie ins Schlafzimmer, zog die Vorhänge zu und legte sich so wie sie war ins Bett.

Ein verlorenes Mädchen. Hoffend, dass der Alkohol bald wirken würde.

Erkundung

»Möglicherweise haben wir eben einen zweifachen Mörder ins Krankenhaus einliefern lassen.« Bea Agarius stand vor dem Eingang zum Werkzeugschuppen und teilte Sven Fehrenkämper mit, was die Frauen zu Protokoll gegeben hatten.

Der Kollege lauschte mit ungläubigem Gesichtsausdruck. »Klingt aber schon sehr nach wilden Fantasien, oder?«, kommentierte er, als sie geendet hatte. »Schlechtes Kino, würde ich sagen. Oder kann man das glauben?«

Ihr erster Reflex war ein unschlüssiges Schulterzucken. »Schwer zu beurteilen. Ich bin mir auch nicht sicher, was ich davon halten soll.« Nachdenklich sprach sie weiter. »Stimmt schon, das hört sich erst mal abenteuerlich an. Aber die beiden sind ziemlich durcheinander. Die machen auf mich nicht den Eindruck, als wäre das alles abgesprochen oder als hätten sie sich die Geschichte zurechtgelegt. Die kannten sich auch bislang nicht. Sagen sie jedenfalls.«

Fehrenkämper verzog den rechten Mundwinkel. »Das wird sich feststellen lassen.«

»Alex soll sich gleich mal drum kümmern. Und auf jeden Fall muss Rolf Bessmer unter Bewachung gestellt werden.« Sie griff zu ihrem Telefon, setzte Alexander Zielinski, den Aktenführer der Mordkommission »Rosenstrauch«, ins Bild und bat ihn, zwei Kollegen zu den Städtischen Kliniken zu schicken. »Die Überwachung muss rund um die Uhr erfolgen. Teilst du bitte die Schichten entsprechend ein?«

Der Moko-Chefin war bewusst, dass die Maßnahme nicht auf Begeisterung stoßen würde. Viele Kollegen hatten bereits Überstunden angesammelt. Es stand zu befürchten, dass es im Zuge dieser Ermittlung noch mehr werden würden.

Sie trat näher an den Eingang. Drinnen gingen weiß vermummte Gestalten ihrer Arbeit nach. Die Experten vom Erkennungsdienst knieten vornübergebeugt auf dem Fußboden, hockten nah vor der Werkbank, gingen Zentimeter für Zentimeter den Blutspritzern nach. Sie hantierten mit Tupfern, Folien und Pinzetten, suchten nach Fußspuren und Fasern, nahmen die Harke und die Wasserwaage unter ihre Lupen. Sie hatten für die Fotodokumentation Messstäbe ausgelegt und gelbe Nummerntäfelchen aufgestellt, um die Asservate zu registrieren. Gelegentlich warf ein Ringblitz für die Dauer eines Sekundenbruchteils ein hartes Schlaglicht auf die gespenstische Szenerie, begleitet von dem typischen dumpfen »Ploff«-Geräusch.

Ein Teil der Rückwand stand offen. Das bewegliche Regal. Von PHK Spreckling erwähnt und tatsächlich so, wie es die Frauen beschrieben hatten: Ein Durchlass in einen weiteren Raum, der allem Anschein nach nicht mehr zum Grundriss des Schuppens gehörte, sondern in den Hang des Gertrudenberges gehauen worden war. Wie es dort drinnen aussah, ließ sich vom Standort der Kommissare aus nicht ausmachen.

»Guten Tag, Kollegen. Können wir schon durch? Ich würde gern mal einen Blick in die Höhle werfen.« Sie deutete auf die Öffnung.

»Sollen wir nicht zuerst eine Spurenaufnahme machen?«, fragte der Leiter der Gruppe.

»Wir werfen uns in unsere weißen Ballkleider. Dann kann eigentlich nicht viel kaputtgehen«, sagte Agarius.

»Es ist schon wichtig. Wir müssen die Aussagen der Zeuginnen überprüfen und herauskriegen, wer hier Täter und wer Opfer ist, damit wir unsere Ermittlungen angehen können.«

Der Kriminaltechniker nuschelte etwas Unfreundliches in seine Maske, aber er konnte ihnen den Zutritt nicht verwehren.

Sven Fehrenkämper war zwischenzeitlich zum Auto gelaufen und kam mit zwei staubdicht verpackten Tyvek-Anzügen zurück. Unter den gegebenen Umständen wurde es zur akrobatischen Herausforderung, sich in die unerlässliche Schutzkleidung zu zwängen. Wer den beiden Polizisten zusah, erlebte einen grotesken Balanceakt, denn sie mussten vermeiden, Schmutz von außerhalb des Schuppens an den Tatort zu tragen. Bea Agarius hatte beträchtliche Mühe, das Gleichgewicht nicht zu verlieren, als sie einen Überzieher über den angehobenen Fuß streifte, einen Schritt über die Schwelle tat und dann, wieder nur auf einem Bein stehend, das andere in der Luft, den zweiten Schuh abdichtete.

»Das nenne ich Körperbeherrschung.« Aus Fehrenkämpers Kompliment sprach der blanke Neid. Er musste sich beim Anlegen seiner Schutzkleidung von einem der Spusi-Kollegen helfen lassen, um nicht hinzufallen. Aus seiner Warte unmännlich und deswegen peinlich.

Bea Agarius stülpte die Kapuze über den Kopf und zog den Saum zurecht. Sie hasste Kapuzen. Sie fühlte sich darunter eingeengt. Auch das Hörvermögen war beeinträchtigt. Zuletzt legten sie Mundschutz und Latexhandschuhe an und griffen zu ihren Taschenlampen.

Nebeneinander verharrten sie vor der Stufe zu dem Gewölbe, das normalerweise durch das Werkzeugregal verdeckt wurde. Im diesigen Licht einer staubbedeckten vergitterten Deckenlampe sehr alter Bauart erkannten sie schlackennarbige Backsteinwände und eine gewölbte Decke aus natürlichem Fels. Der Boden bestand aus nachlässig geschnittenen, großformatigen Platten, der kreidig-grauen Farbe nach vermutlich Kalkstein, im mittleren Bereich ausgetreten und speckig von den vielen Schuhen, die über sie hinweggeschlurft waren. An den Wänden standen schlichte, aus ungehobeltem Holz gezimmerte Regale. Alle waren leer.

»Das ist sicher ein alter Kühlkeller«, sagte Fehrenkämper. »Bei uns auf dem Land gab es früher viele davon. So ziemlich jeder Kotten hatte einen. Die waren meist halb unter die Erde oder in einen Hang gebaut und obendrüber dick mit Gras bewachsen. Wir haben da als Kinder gern gespielt.«

Sie traten ein.

»Schau mal, ein echtes Sammlerstück. Absolut vintage.« Sven Fehrenkämper deutete auf den Lichtschalter neben dem Durchgang, ein dunkelbraunes Bakelitmodell mit Drehknopf. »Aus den Fünfzigern. Oder noch älter. Ein Wunder, dass der nach so langer Zeit noch funktioniert.«

»Echte deutsche Wertarbeit. So was wird heute gar nicht mehr gebaut«, stimmte Agarius ein. Ihr nostalgisches Schwärmen war hörbar mit dem Gift der Ironie getränkt.

»Mach dich ruhig lustig. Du hast trotzdem recht. Das war noch nicht auf Verschleiß programmiert, wie der Billigkram von heute.«

Sie nahm die Holzregale genau in Augenschein, konnte aber nichts Auffälliges entdecken. Das Holz war rissig und hatte Staub angesetzt. Die letzte Nutzung lag lange zurück.

Fehrenkämper leuchtete sorgsam den Boden ab, stets penibel darum bemüht, keine Spuren zu zertreten. Aber es gab nichts, was auf Anhieb als bedeutsam zu erkennen gewesen wäre. Um die Feinheiten wie Krumen, Abdrücke, Sekrete und die Ablagerungen in den Fugen würden sich die Kriminaltechniker kümmern müssen.

»Lass uns weitergehen«, sagte Bea Agarius, voller Neugier auf das, was sich noch finden lassen würde.

In der hinteren Wand wartete ein zweiter Durchgang, der tiefer in den Berg hineinführte, eine einfache Öffnung ohne schützende Zargen, roh in die Mauer gebrochen. Der trübe, von mattem, verschmutztem Glas gebrochene Schimmer der alten Glühlampe fiel auf felsigen Boden. Weit reichte die schwache Lichtzunge nicht, nach wenigen Schritten bereits verlor sie sich in undurchdringlichem Dunkel.

»Jetzt wird's spannend«, sagte Fehrenkämper und wagte die ersten Schritte hinaus ins Unbekannte.

Agarius antwortete mit einem zustimmenden Gemurmel. Die Gänsehaut auf ihren Armen erwähnte sie nicht.

Fehrenkämper schickte den Lichtfächer seiner Taschenlampe über den Untergrund, dann die Wände hinauf bis zur unregelmäßig gewölbten, an manchen Stellen durch Betonpfeiler gestützten und durch Bögen verstärkten Decke. Ansonsten fand sich kein Mauerwerk, nur rauer und rissiger Fels. Den Untergrund hatte man wohl schon vor langer Zeit mit einfachen Werkzeugen abgeflacht. Er war uneben, aber recht gut begehbar.

Dennoch galt es, vorsichtig zu sein. Immer wieder fanden sich Stolperfallen, Mulden, Spalten und holprige Erhebungen. An manchen Stellen hatten sich Steinchen gelöst, auf denen man ins Rutschen geraten konnte.

Zögerlich schoben Sven und Bea ihre Füße voran durch das Dunkel, leuchteten vor jedem Schritt die Umgebung ab und achteten aufmerksam auf den anderen, um sich bei etwaigen Gefahren sofort warnen oder zu Hilfe eilen zu können.

›Ein Seil wäre gut‹, dachte Agarius. ›Wie es Bergsteiger benutzen. Zur Sicherung.‹

Sie machte sich insgeheim Vorwürfe, denn sie hätte viel früher daran denken müssen. Sie warf einen schnellen Blick zurück zu dem beleuchteten Rechteck, das den Durchgang zum Kühlkeller markierte, um zu ermessen, wie weit sie vorangekommen waren. Sollten sie jetzt noch einmal zurückgehen? Nein. Sie wäre sich lächerlich vorgekommen.

Die Temperatur hatte merklich abgenommen. Es wurde unangenehm. Unter dem Tyvek-Anzug konnte man keine dicke Jacke tragen, und der dünne Vliesstoff der Schutzkleidung und ihre Baumwollbluse hielten die Kälte nicht ab. Sie biss fest die Zähne zusammen, um das unkontrollierbare Klappern zu unterbinden.

Mehrere Minuten waren vergangen, als sich die Wände an beiden Seiten plötzlich aufzulösen schienen. Statt ihrer gab es nur noch Finsternis. Die dünnen Lichtfinger der Taschenlampen gingen ins Nichts.

Fehrenkämper tastete sich an der Wand entlang bis zur Ecke. Dort ging er in die Knie und untersuchte den Grund. Immer bestand die Gefahr, dass sich plötzlich eine Stufe oder eine Bruchstelle auftat. Doch der feste Boden setzte sich fort, aber anders als der aufsteigende Hauptgang auf gleicher Ebene oder sogar mit Neigung nach unten.

»Ich glaube, wir sind an einer Kreuzung oder einem Abzweig.«

Vorsichtig arbeitete er sich weiter vor, immer eine Hand am Fels. Die Berührung der Wand gab ihm ein Gefühl von Sicherheit.

Dann hörte Beatrice Agarius einen erstaunten Ausruf.

»Oh ... Ende Gelände. Das war mal ein Quergang. Ist aber eingebrochen. Oder er wurde zugeschüttet. Hier kommen höchstens noch Grottenolme durch.«

»Gibt es dort im Boden eine Mulde oder dergleichen, wo sich ein Mensch verkriechen könnte?« Sie erinnerte Fehrenkämper an Asli Ozcans Darstellung der Ereignisse.

Er hockte sich hin und leuchtete dicht über den Boden. »Ja! Unglaublich! Hier an der Wand ist so eine Vertiefung, wie sie sie beschrieben hat. Sie ist ja eher klein. Dem Augenschein nach würde sie hineinpassen.« Er sah sich die Furche noch genauer an. »Ich kann aber so jetzt nicht erkennen, ob da wirklich jemand dringelegen hat.«

Bea Agarius begann mit der Untersuchung der anderen Seite. Auch dort endete der Gang nach einigen Metern vor einer Halde aus geborstenen Mauerresten, Schutt und Geröll.

Ungefähr in Augenhöhe entdeckte sie ausgefranste, in regelmäßigen Abständen auftretende Löcher. Dort musste einmal etwas befestigt gewesen sein. Fehrenkämper stieß zu ihr, und sie machte ihn auf die Bohrungen aufmerksam. Gemeinsam rätselten sie über den Nutzen des Ganzen, kamen aber zu keinem Ergebnis und nahmen ihre umständliche Wanderung wieder auf.

Der Charakter des Höhlengangs änderte sich nur wenig. Er führte in relativ gerader Richtung weiter in den Berg hinein, gelegentlich abgefangen durch vorspringende Säulen aus krustigen, verdreckten Ziegelsteinen, die unter der Decke in schlanken Bögen zusammenfanden. Ungefähr ab Mündung der Quergänge hatte die Steigung merklich zugenommen. Es ging eindeutig aufwärts. Bea fühlte sich inzwischen sicherer und schritt ein wenig flotter voran. Fehrenkämper blieb ein Stück hinter ihr.

Unerwartet knirschte es unter ihren Reeboks. Eine bröckelige Stelle, die ihrer Aufmerksamkeit entgangen war. Sie trat auf abgesplitterte Steinchen und geriet auf dem unsicheren abschüssigen Grund ins Rutschen. Sie verlor ihr Gleichgewicht und drohte zu stürzen. Heftig mit den Armen rudernd, konnte sie sich gerade noch fangen.

Fehrenkämper hatte das scharfe kratzende Geräusch gehört und riss die Taschenlampe in Agarius' Richtung.

»Ist was passiert?«, fragte er erschrocken.

»Nein ... keine Sorge. Nur eine rutschige Stelle. Alles gut.«

»Sei vorsichtig«, mahnte er.

Überflüssigerweise. Sie hatte schon eingesehen, dass sie ihre Ungeduld bändigen musste.

Unter normalen Verhältnissen hätten sie für eine Strecke dieser Länge allenfalls wenige Minuten benötigt. In der tiefen Dunkelheit hier im Berginneren und wegen der gebotenen Umsicht dauerte es mehr als eine halbe Stunde, ehe der Schein ihrer Taschenlampen auf eine Stahltür fiel, bei deren Anblick Agarius an ein Schiffsschott denken musste.

»Ach du Scheiße«, fluchte Sven. »Ob die sich noch öffnen lässt?«

»Wenn nicht, haben wir Gewissheit. Dann haben die beiden Frauen gelogen«, sagte Agarius.

»Immerhin etwas«, hörte sie Fehrenkämper grummeln.

Die Tür war mit einem schweren Hebel verriegelt. Fehrenkämper drückte ihn nach oben. Er benötigte viel weniger Kraft als vermutet und war überrascht, mit welcher Leichtigkeit sich der mit rotbrauner Rostfarbe gestrichene Hebel betätigen ließ. Auch die Tür leistete keinen Widerstand, sondern schwang ohne Weiteres auf. Die Angeln mussten gut geölt worden sein, denn es ertönte kein Geräusch.

Im Raum dahinter erwartete sie endlich wieder Tageslicht, wenngleich nur gedämpft, von oben einfallende laichgrüne Lichtsträhnen, deren Ursprung nicht auf Anhieb auszumachen war.

Die beiden Polizisten, die so unerwartet zu Höhlenforschern geworden waren, befanden sich in einem weiteren, sehr geräumigen Kellerraum. Hier waren die Wände nicht verklinkert, sondern bestanden wie die Decke aus massivem nacktem Beton. Die Fugen und Muster der Verschalung traten reliefartig hervor. Der ursprünglich wohl weiße Anstrich war ergraut und an manchen Stellen aufgesprungen.

»Sieht mir ganz nach einem Luftschutzkeller aus«, meinte Agarius. »Vielleicht das Gegenstück zu dem unteren Raum?«

Dem Höhlenausgang gegenüber führten Gitterroststufen hinauf zum Ausstieg, der mit einem eisernen Schachtdeckel geschlossen worden war. In dem schweren Verschluss befanden sich schmale, kreisförmig angeordnete Luftlöcher, durch die ein Weniges an Außenlicht eindringen konnte, das im Keller für schwachen grünlichen Dämmer sorgte.

Der reichte nicht aus, um den Raum genau in Augenschein zu nehmen. Die Ermittler blieben auf ihre Taschenlampen angewiesen. Deren Lichtkeile zeigten ihnen ähnliche hölzerne Regale wie im unteren Keller, ein Spalier verrosteter Metallspinde, außerdem lange, einfach gezimmerte Bänke. Anders als der Rest der Umgebung waren sie frei von Staub und sonstigen Verschmutzungen. Auf einer lag Oberbekleidung, mehrere ungewöhnlich dick ausgestopfte Jacken. Bea Agarius zog eine von ihnen auseinander. Innen war sie von einer normalen Konfektionsgröße, aber wegen des eingenähten mehrlagigen Futters würde eine hagere

Person darin wie ein Schwergewicht erscheinen. Zu dem Bündel gehörte ein halblanger Mantel. Auf dem Boden davor waren mehrere Paar Schuhe abgestellt, feste Schnürstiefel und Sneakers. An der Wand lehnten Gehhilfen. Die Spinde waren unverschlossen und bis auf ein abstoßendes wucherndes Gewölle staubdurchsetzter Spinnweben vollkommen leer.

»Also doch«, murmelte Bea Agarius, dankbar für ihren Mundschutz, der sie vor dem Einatmen der aufgewirbelten Stäube bewahrte.

»Was meinst du?«

Sie deutete auf die Krücken. »Die Altenpflegerin hat von einem Gehbehinderten erzählt, der ihr nicht ganz geheuer vorgekommen war. Offensichtlich eine Tarnung. Ich glaube, dieser Bessmer, der Mann, der ins Krankenhaus gebracht wurde, ist unser Täter. Mit seinem vermeintlichen Gebrechen erschien er den Frauen ungefährlich. Vermutlich hat er Hilfsbedürftigkeit vorgetäuscht und ist ihnen auf diese Weise nahe gekommen.«

»Der muss doch gestört sein«, entfuhr es Fehrenkämper, der die Treppe erklommen hatte. »Nicht alle Latten am Zaun ... Leuchte mal bitte.« Seine eigene Taschenlampe klemmte er in den Ausschnitt seines Anzugs, sodass der Lichtstrahl steil nach oben gerichtet war. So bekam er beide Hände frei. Aber eine hätte genügt. Auch hier waren der Öffnungshebel und die Scharniere sorgfältig geschmiert worden. Der Metalldeckel ließ sich mühelos bewegen und gab bis auf ein kaum hörbares metallisches Schaben kein Geräusch ab.

Fehrenkämper blieb vorsichtig. Er drehte den Kopf, schielte aus wechselnden Positionen hinauf und versuchte zu ergründen, was ihn dort draußen erwartete.

Über sich sah er tiefgrüne Wipfel und hellgraue Wolken. Er lauschte und ließ die Blicke kreisen.

Schließlich wagte er den Ausstieg und fand sich inmitten einer kleinen Baumgruppe wieder, umgeben von Sträuchern und Farnen, die ein regelrechtes Dickicht bildeten und die Sicht versperrten. Das Gestrüpp und das Unterholz standen so dicht, dass es kein Durchkommen zu geben schien.

»Wo sind wir?«, fragte Agarius, die nun auch den Kopf aus der Öffnung streckte.

Fehrenkämper half ihr heraus. Beide zogen ihre Schutzmasken herunter, atmeten tief durch, genossen das Tageslicht und die frische Luft, die nach würzigem Nadelholz und nach vergehenden Herbstblumen schmeckte.

»Ich habe keine Ahnung«, gestand er.

Sie klemmte den Gummizug ihrer Kapuze hinter ihr rechtes Ohr und lauschte dem Atmen des Herbstwinds, der ihr nach dem Aufenthalt in der eisigen Höhle angenehm warm vorkam. Zweige und Äste schaukelten unter den sanften Böen und gaben ein leises Knarren von sich. Von fern waren die munteren Stimmen tobender Kinder zu hören.

Sie sah sich um. Sie waren umzingelt von übermannshohem Rhododendron, Stechpalmen, Kirschlorbeer, Brombeeren und anderem Buschwerk, das sie nicht zu benennen wusste. Schlanke Nadelbäume und hoch gewachsene Eiben reckten sich in den tristen Novemberhimmel.

Einmal mehr richtete sie ihre Aufmerksamkeit wie ein Spurenleser auf den Boden. »Hier«, sagte sie und deutete auf eine Art Fährte im krautigen Bewuchs, die im Zickzack durch die Pflanzen führte.

Um etwaige Abdrücke nicht zu verwischen, traten sie beiseite und kämpften sich mit staksenden Schritten mitten durch knorrige Stauden und abgestorbene Gräser, unter tief hängenden, stachelbewehrten Zweigen hindurch, bis sie aus den Büschen heraus waren und auf eine offene Rasenfläche gelangten.

Sie versuchten, sich zu orientieren. Durch die silhouettenhaften Baumkronen hindurch ließen sich Umrisse von Gebäuden der St. Gertruden Klinik ausmachen. Zur Rechten verlief einer der breiteren Parkwege.

»Lass uns da mal rübergehen«, schlug Bea vor. Sie umrundeten die grüne Insel, der sie gerade entstiegen waren, und stießen auf einen kleinen künstlichen Teich. Unter der Oberfläche im moorigen Wasser waren zwischen Schwimmfarnen und Inseln von Entengrütze krautige und stachelarmige Gewächse erkennbar, ein unberührter Urwald auf modrigem Grund, olivfarben oder bräunlich, vermutlich bewohnt von schlüpfrigen Tieren ...

Bea Agarius schnipste mit den Fingern. »Jetzt weiß ich, wo wir sind«, meldete sie erfreut. Sie deutete in Richtung Westen, wo das oberste Geschoss des Altenpflegeheims über die Wipfel ragte. »Von da sind wir gekommen. Von unterhalb der Gebäude. Der Stollen unterquert die Veilchenstraße und führt unter dem Seniorenstift hindurch. Dann weiter bis hier rauf. Die zugeschütteten Partien verbanden den Gang wahrscheinlich früher mit dem ehemaligen Kloster und auf der anderen Seite vermutlich mit einem Ausstieg am Nordhang. Keine Ahnung, was da früher war.«

Fehrenkämper nickte. Er betrachtete das Gelände mit prüfenden Augen, versuchte eine Einschätzung. Nahm in Gedanken Maß, rekonstruierte ihren Weg, legte eine imaginäre Luftlinie fest.

»Warte mal«, sagte er. Er entfernte sich, marschierte in gerader Linie neben dem Teich entlang, hin und zurück, und versuchte, eine Schrittlänge von ungefähr einem Meter einzuhalten.

Noch einmal richteten sich ihre Gedanken auf den Bunker. Es fiel ihr nicht schwer, sich vorzustellen, wie Menschen dort auf Schutz hoffend ausgeharrt hatten, dicht gedrängt, einander haltend, vielleicht in stillem Gebet. Das Gehör nach draußen, auf den tosenden Feuersturm gerichtet. Auf die Detonationen, einbrechenden Mauern, auf berstendes Holz und gesprengtes Metall. Kroch der Brandgeruch bis in die Schutzräume hinein? Was mochte ein solches Erlebnis in Kinderseelen angerichtet haben? Wie hatten ihnen die Eltern dieses Inferno erklären können?

Sven Fehrenkämper holte sie in die Gegenwart zurück. Inzwischen war er sich sicher. »Weißt du was – der obere Luftschutzkeller liegt direkt unter dem Teich.«

»Meinst du?«

Bea Agarius runzelte zweifelnd die Stirn, hielt ihrerseits Ausschau, wanderte ein paar Mal hin und her im Bemühen, seinen Berechnungen zu folgen. »Nicht zu fassen. Ich glaube, du hast recht ... Wie clever ist das denn? Wer käme auf die Idee, einen Tümpel in einem Park zu bombardieren?«

»Wir haben gerade ein bislang unbekanntes Kapitel der Stadtgeschichte entdeckt«, sagte Fehrenkämper und schüttelte grinsend den Kopf.

»Nicht ganz«, wandte Agarius ein. »Dieser Bessmer hat es offenbar vor uns gewusst.«

»Aber fatalerweise für sich behalten. Die beiden Frauen haben also höchstwahrscheinlich die Wahrheit gesagt. Bessmer hat der Türkin ...«

»Sie ist Deutsche ...«

»Meinetwegen. Er hätte ihr demnach also aufgelauert, sie bis zur Ohnmacht gewürgt und durch den Kellereingang drüben unter den Bäumen in den Bunker und dann weiter in den Stollen verschleppt. Wer weiß, was er da mit ihr vorhatte … Junge, Junge. Das ist schon ein Hammer, oder? Wäre das ernsthaft möglich?«

Was sie gesehen hatten, sprach voll und ganz für dieses Szenario, aber Sven Fehrenkämper konnte es noch immer nicht glauben. Es klang einfach zu verrückt.

Dagegen waren Agarius' Vorbehalte nahezu ausgeräumt. »Ich denke schon. Sie ist eher zierlich gebaut. Jemand von deiner Statur könnte sie locker heben. Und Bessmer ist zwar schlank, aber kräftig genug.«

Von unten aus Richtung der Lindenallee kamen zwei Joggerinnen den Hang herauf. Sie stutzten, wechselten ein paar Worte, warfen misstrauische Blicke herüber. Sie wichen zwischen die Pflanzungen unterhalb des Asphaltweges aus und schlugen vorsichtshalber einen weiten Bogen um die beiden vermummten Gestalten in den weißen Anzügen.

Die beiden Kommissare musterten sich gegenseitig und brachen in Gelächter aus. Agarius schob die Kapuze in den Nacken, drückte sie platt und zog den Reißverschluss des Schutzanzugs bis fast zur Taille hinunter.

Während er sich ebenfalls von seiner Kapuze befreite, kommentierte Fehrenkämper grinsend: »Das macht es auch nicht besser. Du siehst immer noch aus wie ein Kinderschreck. Sollen wir durch die Höhle zurück oder oben herum?«

»Oben. Auch wenn die Leute komisch gucken. Mir ist es zu kalt da unten. Und die Kollegen von der Kriminaltechnik werden uns sowieso die Ohren lang ziehen. Wenn wir jetzt gleich noch mal durch die Botanik trampeln …«

»Wir waren doch vorsichtig wie zwei Igel beim Schmusen. Wird schon werden. Lass einfach deinen Charme spielen.«

»Das ist ja nun meine ganz große Stärke, vor allem bei Männern«, unkte Bea. »Und wieso eigentlich immer ich? Lass doch selbst mal deinen Esprit von der Leine. Los, gehen wir.«

Bewölkung

Der Staatsanwalt stand am Fenster. Unten zog schnaufend ein Gelenkbus durch die Schlagvorder Straße. Wie so oft, wurde sein Blick von dem postmodern aufgeputzten Eckhaus drüben am Ufer der Hase eingefangen. Die oberen Stockwerke erstrahlten im Licht der tief stehenden Herbstsonne. Vor der mildgrauen Wolkenwand über dem Schinkelberg traten die kraftvollen Farben besonders wirkungsvoll hervor.

Meinhard Schneidling grollte, weil er am Morgen eine Verhandlung vor dem Landgericht verloren hatte. Freispruch. Wider alle Erwartungen, trotz langer und sorgfältiger Vorarbeit.

Und auch sein aktueller Fall bereitete ihm Kopfzerbrechen.

Abrupt drehte er sich um. »Was ist das?«, schnauzte er die versammelte Gruppe an. »Stümperei? Schlamperei? Was ist los bei Ihnen?«

Sven Fehrenkämper, Alexander Zielinski und Marianne Stühlmeyer sahen ihn verständnislos an.

Die Leiterin der Moko ließ sich nicht einschüchtern. »Jetzt aber mal mit der Ruhe. Immerhin haben wir den Täter«, sagte Bea Agarius.

Schneidling klatschte einen Aktenordner auf den Tisch. »Wissen Sie, was das ist?«, fragte er zornig, bekam aber nur fragende Blicke zur Antwort.

»Das ist ein Antrag von Bessmers Anwältin. Sie möchte, dass die Überwachung ihres Mandanten eingestellt wird. Und sie hat gute Chancen, dass sie damit durchkommt.«

»Aber wieso …«, setzte Marianne Stühlmeyer an.

»Weil die Beweise nicht ausreichen, ganz einfach.«

»Wie kann das denn sein? Wir haben zwei Zeuginnen!«

»Zwei Zeuginnen mit einer Geschichte wie aus einem Schauerroman. Bessmers Anwältin hat Strafanzeige wegen übler Nachrede und gemeinschaftlicher Körperverletzung gestellt. Bessmer behauptet, die beiden hätten das Ganze verabredet und wären gemeinsam auf ihn losgegangen.«

»Warum hätten sie das tun sollen?«, fragte Bea Agarius unbeeindruckt.

»Sehe ich auch nicht«, sprang Fehrenkämper ihr bei. »Außerdem gibt es keine Hinweise, dass sich die beiden bereits vor ihrer Entführung kannten. Wir haben das eingehend überprüft. Und welches Motiv sollten sie gehabt haben?«

»Mietstreitigkeiten, Raub, sexuelle Hintergründe, irgendwas Perverses, was weiß ich. Ist doch völlig egal. Die brauchen kein Motiv, um die Anklage zu Fall zu bringen, wenn wir keine stichhaltigen Beweise haben. Vielleicht sind die Frauen ja gestört.«

»Den Eindruck hatte ich ganz und gar nicht«, widersprach Bea ruhig.

Schneidling verdrehte die Augen. »Wollen Sie's nicht verstehen oder können Sie es nicht verstehen? Der tatsächliche Geisteszustand der Frauen ist gänzlich unerheblich. Die pure Unterstellung genügt, um das Verfahren zu gefährden. Andere Haftgründe fallen aus. Wegen Bessmers Verletzungen besteht weder Flucht- noch Wiederholungsgefahr. Und er hat einen festen Wohnsitz. Paragraf 112, Strafprozessordnung. Schon mal gehört? Wenn der Richter keinen überzeugenden Haftgrund erkennt, bleibt Bessmer auf freiem Fuß.«

»Aber das ist doch längst nicht alles«, argumentierte Fehrenkämper. »Wir haben in dem Luftschutzbunker die Krücken gefunden. Und an der Wasserwaage aus dem Geräteschuppen, mit der die junge Frau niedergeschlagen wurde, waren Bessmers Fingerabdrücke.«

»Natürlich waren seine Fingerabdrücke auf der Wasserwaage – sie gehört ihm ja und wurde von ihm bei der Arbeit benutzt. Und die Gehhilfen? Ist es verboten, Gehhilfen zu besitzen? Können wir überhaupt definitiv nachweisen, dass die Krücken Bessmer gehörten und dass er sie auch benutzt hat? Gibt es Kaufbelege? Fingerabdrücke?«

Zielinski und Stühlmeyer schüttelten stumm die Köpfe.

»Die hat er wohl jedes Mal abgewischt«, murmelte Sven Fehrenkämper. »Zeugen wollen ihn mit Handschuhen gesehen haben.«

»Die Verteidigung wird vorbringen, dass da irgendjemand seinen Müll in den Keller geworfen hat. Können wir das widerlegen? Wie bringen wir also die Krücken mit den beiden Morden in Verbindung? Moment, nein – die Frage muss doch vielmehr lauten: Warum sind Sie nicht in der Lage, Bessmer mit den Morden in Verbindung zu bringen? Was treiben die Kriminaltechniker? Warum kommt nichts von der Rechtsmedizin?«

Im Raum herrschte betretenes Schweigen.

»Aber alle Indizien zusammen ergeben doch ein ziemlich eindeutiges Bild«, unternahm Fehrenkämper einen weiteren Versuch, die Kränkung abzuwehren. Doch er wusste bereits, dass seine Gegenrede vergeblich sein würde.

»Für Sie und für mich vielleicht. Aber mit hoher Wahrscheinlichkeit nicht für den Richter. Gehen Sie und bringen Sie mir Beweise, die der Argumentation der Verteidigung standhalten.«

Als sich die Tür zum Arbeitszimmer des Staatsanwaltes öffnete, schaute dessen Büroleiterin in frustrierte Gesichter. Alexander Zielinski und Marianne Stühlmeyer wirkten niedergeschlagen. Sven Fehrenkämper stieß einen unterdrückten Fluch aus. Nur die Leiterin der Mordkommission ließ den Kopf nicht hängen. Geschürzte Lippen drückten ihren Trotz aus.

Die Verwaltungsangestellte fühlte sich insgeheim solidarisch. Beinahe wären ihr ein paar tröstende Worte entschlüpft. Aber ihr Chef befand sich in Hörweite. Sie schwieg und wandte sich wieder ihrem Schriftsatz zu, den Schneidling schnellstens zum Abzeichnen vorgelegt haben wollte.

Die Gruppe war schon halb auf dem Flur, als das Mobilphone der Kommissarin klingelte. Ein schneller Blick erfasste das Display.

»Die Vorwahl von Hannover«, meldete sie. »Das Landeskriminalamt.«

Ihr Daumen schnellte auf das Symbol für ›Annehmen‹. »KHK Agarius ... Ja bitte, stellen Sie durch ... Grüße Sie ...«

Den Türgriff noch in der Hand, lauschte die Kommissarin aufmerksam den Worten des Anrufers. Ein kurzer Dialog mit dem Labortechniker, eine Nachfrage. »Ganz sicher?«

Plötzlich wurde ihre Miene hell. Sie setzte das Telefon ab und hielt die hohle Hand über das Mikrofon.

»Augenblick, Leute«, rief sie ihren davonstrebenden Kollegen hinterher. »Wir müssen noch mal zurück.«

Drei Gesichter drehten sich um, drei überraschte Augenpaare sahen sie an. Sie erlaubte sich ein triumphierendes Lächeln.

Meinhard Schneidling hatte mit der Arbeit an dem vom Oberstaatsanwalt gewünschten Revisionsantrag begonnen. Noch ehe der Büroinhaber »Herein!« rufen konnte, streckte schon Moko-Leiterin Bea Agarius ihren Kopf durch den Spalt.

»Was?«, tönte es ihr gereizt entgegen. »Haben Sie etwas vergessen?«

»Wir haben ihn.« Sie sprach betont ruhig, aber ihr Triumph war unüberhörbar.

»Was soll das heißen?«

»Der Hund.«

Schneidling schien kurz davor, zu explodieren. Er ballte die Fäuste, sodass seine manikürten Fingernägel ins Fleisch der Handballen schnitten. »Wovon reden Sie denn? Was für ein Hund?«

»Der Hund des ersten Opfers. Wir haben damals seine Pfoten auf Spuren untersuchen lassen und DNA gefunden. Wohlgemerkt: frische DNA unmittelbar am Auffindeort. Dieselbe DNA haben die Kollegen an der Harke nachgewiesen. An den Zinken mit Bessmers Blut. Es kommt noch besser: Die Stiefel aus dem Luftschutzbunker gehören eindeutig Bessmer. Auch da wurde seine DNA gefunden. Und unter den Schuhsohlen Rückstände, die mit dem Boden im Rosengarten übereinstimmen. Wegen der Mischung aus Düngung, Vogelkot, Humus und Gartenerde ein ziemlich einzigartiger Cocktail.«

Der Staatsanwalt ließ sich in seinem Bürostuhl zurückfallen. Sein Gesichtsausdruck wandelte sich von verdrießlich zu nachdenklich. Überraschend lachte er auf. »Das soll mir die Verteidigerin mal erklären. Da bin ich jetzt aber gespannt. Ich brauche die Untersuchungsergebnisse so schnell wie möglich.«

»Sind schon unterwegs.« Bea Agarius wandte sich ab.

Nur die Kollegen sahen den Glanz in ihren Augen. Beinahe hätten sie applaudiert.

Revival

Nach Tagen höchster beruflicher Beanspruchung stand Bea Agarius der Sinn nach ein wenig Ablenkung. Katharina hatte keine Mühe, sie zum Besuch einer Revivalparty zu überreden. Der Flyer des Veranstalters versprach Musik aus dem »Ashbury«, einem Club, in den Bea und Kat früher oft zum Tanzen gegangen waren. Seit einigen Jahren gab es das Lokal nicht mehr. Pächter und Eigentümer hatten sich nicht über die Verteilung der Kosten für die behördlich vorgeschriebenen Schall- und Feuerschutzmaßnahmen einigen können. Nach einer längeren Phase unfruchtbarer Auseinandersetzungen war der traditionsreiche Bau zum Leidwesen vieler ehemaliger Besucher schließlich abgerissen worden. Eigentlich hatten auf dem Grundstück Wohnungen entstehen sollen. Getan hatte sich nichts, außer dass das Gelände mittlerweile als wilder Schuttabladeplatz missbraucht wurde.

Mit dem »Ashbury« verbanden sich für Bea und Kat lange Nächte, in denen sie zu Musik tanzten, die man damals »Acid Jazz« nannte. Oft war Bea zum Discjockey gegangen und hatte den Titel eines eben gehörten Stückes erfragt. Anderntags war sie dann in den Plattenladen gelaufen und hatte die CD gekauft. Sie besaß sie noch immer und hörte sie gelegentlich. Meist bei der Hausarbeit oder wenn sie Gäste hatten. Working Week, Incognito, The Brand New Heavies, James Taylor Quartet. Omars »There's Nothing Like This« war für sie und Kat der erste gemeinsame Engtanztitel gewesen. An ihren Jahrestagen gehörte das Stück zum Pflichtprogramm, ob sie nun eine Party feierten oder das Jubiläum in trauter Zweisamkeit verbrachten.

An diesem Abend bei der Revivalparty aber lief kein »Acid Jazz«, gar nichts Souliges, nichts mit schwarzem Groove. Stattdessen abgehackte Rhythmen, bedrohliche Stimmen, dumpfes Gehämmer. Bea hielt dem übergewichtigen DJ, der mit trägen Bewegungen zwischen seinen CD-Koffern und dem Mischpult hin und her watschelte und gelegentlich über seine Hornbrille auf die dünn bevölkerte Tanzfläche schielte, zugute, dass er vielleicht eine andere Phase des »Ashbury« erlebt hatte als sie.

Sie hatte heute tanzen wollen, erschöpfend, leidenschaftlich, schweißtreibend, um in der Bewegung die unangenehmen Dinge abzuschütteln, die sie so lange beschäftigt hatten und noch immer nicht losließen. Mit Katharina, zu ihrer Musik.

Ihre Laune verschlechterte sich. Sie versuchte, sich nichts anmerken zu lassen. Sie wollte Katharina nicht den Abend verderben.

Katharina dagegen machte kein Hehl aus ihren Gefühlen. Ihre Enttäuschung war ihr anzusehen. »Tut mir leid, dass ich dich hierhergeschleppt habe«, rief sie, gegen die übertriebene Lautstärke und den von Störgeräuschen begleiteten Sound ankämpfend. Beas Erinnerung nach hatte die Musik im »Ashbury« nicht so verzerrt geklungen.

»Ich hatte mir das anders vorgestellt.«

›Ich auch.‹ Bea behielt ihren Gedanken für sich und zuckte nur mit den Schultern. Ihre gehobenen Augenbrauen signalisierten ein stummes ›Wird vielleicht noch ...‹.

Sie hatten einen Platz an einem der wenigen Stehtische im hinteren Bereich des Raumes eingenommen. Die waren normalerweise umkämpft, aber nicht an diesem Abend. Viele Besucher hatten sich ins Foyer verzogen. Auch andere konnten offenbar mit dieser Musik nichts anfangen oder fühlten sich von der Lautstärke gestört.

Den Mund nahe an Beas Ohr, fragte Kat: »Soll ich was zu trinken holen? Oder möchtest du lieber wieder gehen?«

»Lass uns doch noch drei oder vier Stücke abwarten. Vielleicht wird es ja besser«, sagte Bea.

Katharina zog eine trotzige Schnute. »Ich habe eine bessere Idee. Ich gehe hin und wünsche mir was«, verkündete sie entschlossen.

»Was denn?«

»Lass dich überraschen!« Zielstrebig zog sie ab.

Bea sah ihrer Freundin hinterher. An diesem Abend hatte sie ihre Arbeit einmal vergessen wollen. Aber sie konnte die Gedanken an die beiden Morde, an die betroffenen, leidenden Menschen, an den mutmaßlichen Täter einfach nicht loswerden. Sie wünschte so sehr, mit Katharina darüber sprechen zu können. Ihre Freundin war psychologisch geschult und mit emotionaler Intelligenz gesegnet. Und sie besaß einen mit viel Mutterwitz gepaarten gesunden Menschenverstand. Aber Bea durfte dienstliche Angelegenheiten nicht mit Außenstehenden erörtern. Schon allein die Wahrung der Persönlichkeitsrechte stand dem entgegen.

Mit ihrem Kollegen Sven Fehrenkämper, auch ein Partner, aber von anderer Art, konnte sie die Einzelheiten ihres Falles diskutieren. Das musste sie sogar. Sie sprachen selten über etwas anderes. Und da lag das Problem. Sie hätte einer äußeren Ansicht bedurft, einer unvoreingenommenen Sichtweise. Kat wäre genau die Richtige gewesen ...

Eine innig vertraute Stimme riss sie aus ihren Gedanken.

»Was für ein Egozentriker!«, ereiferte sich Katharina neben ihrem linken Ohr. »Der ignorante Fettwanst erfüllt offenbar keine Wünsche. Er hat nur den Kopf geschüttelt und mich weggewinkt. So ein blöder Sack. Der hat selbst vermutlich noch nie im Leben auch nur einen Tanzschritt getan.« Kat schimpfte sich immer mehr in Rage.

Bea musste schmunzeln. Als Kat gerade einmal Luft holte, gab sie ihr einen Kuss. Direkt auf die Lippen.

»Ich liebe dich«, sagte sie unvermittelt, für Katharina scheinbar ohne jeden Zusammenhang. »Komm, lass uns gehen. Der dicke alte Mann soll doch seine CDs für sich alleine spielen.«

Katharina sah sie überrascht an, war aber sofort einverstanden.

Ihr Heimweg führte sie durch den Schlossgarten und am »Unikeller« vorbei, einer traditionsreichen Studentenkneipe, in der sie beide zu Studienzeiten, noch vor ihrem Kennenlernen, des Öfteren zu Gast gewesen waren. Bea selbst dann noch, als sie ihr Studium bereits abgebrochen und die Ausbildung bei der Polizei begonnen hatte.

»Lass uns noch etwas aus dem angebrochenen Abend machen«, sagte Katharina lächelnd und nickte in Richtung Schloss. »Wie wäre es mit einem vorgezogenen Schlürschluck?«

Ihr Vorschlag entsprach Beas Stimmung, und sie entschlossen sich aus dem Moment heraus zur Einkehr im »Unikeller«, wo sie noch einige Stunden verbrachten. Ein paar Stufen unterhalb der Wirklichkeit, unter dem Gewölbe im dämmerigen Nebenraum, in einer der kuscheligen Nischen.

Sie tranken weißen Wein und knutschten, als hätten sie sich gerade erst kennengelernt.

Irgendwann lief sogar Omar im Hintergrund.

There's Nothing Like This.

Krankheitsbilder

Der Sprecher des Lokalradios gab eine aktuelle Warnung weiter. Am Rubbenbruchsee hatte es einen Unfall gegeben. Ein leichtsinniger Spaziergänger war aufs Eis hinausgelaufen und eingebrochen. Die gefrorenen Flächen seien trügerisch, meldete die Feuerwehr, das Eis noch nicht stark genug. Man solle sich von den Wasserflächen fernhalten und ganz besonders auf Kinder achten.

Bea Agarius lenkte den Wagen auf den Parkplatz, der dem Haupteingang der Städtischen Kliniken am nächsten lag. Das Unglück hatte sich nur wenige Hundert Meter entfernt ereignet. Der Blick dorthin, hinunter zum Rubbenbruchsee, über die nordwestliche Flanke des Finkenhügels, wurde von den verwinkelten Gebäuden des weitläufigen Krankenhauskomplexes verstellt.

Das Parken war kostenpflichtig. Auch als Polizisten im Einsatz besaßen sie keine Sonderrechte. Missmutig zog die Kommissarin ihr Ticket. Bezahlen musste sie später am Automaten. Meist lief es darauf hinaus, dass sie und ihre Kollegen kleine Beträge aus eigener Tasche bezahlten. Der Verwaltungsaufwand für die Erstattung verschlang einfach zu viel Zeit.

Es war Ende Januar, und zumindest in Osnabrück schien die Klimaerwärmung zu pausieren. Die Menschen suchten sich kleinzumachen unter den kalten Böen, die über die freien Flächen vor der Klinik fegten. Sie liefen geduckt und gekrümmt, mit vorgezogenen Schultern, verkrochen sich in ihre Wintermäntel und wattierten Jacken. Sie erlebten nicht die spaßige Seite des Winters mit Schneeballschlachten, Schneemännern, Schlittenfahrten und Glühwein im Freien. Wer irgend konnte, blieb im Warmen.

Verharschter Schnee überzog den Rasen vor der Klinik. Dick eingemummelte Gestalten fegten den Hubschrauberlandeplatz. Ein kleines orangefarbenes Streufahrzeug bewegte sich ruckelnd über die Privatwege.

Bea Agarius schloss schnell den Reißverschluss ihres Outdoor-Parkas, klappte die mit Kunstfell gefütterte Kapuze über den Kopf, zog den Schal bis über die Nase, legte Handschuhe an. Sven Fehrenkämper rückte seine Mütze zurecht. Männlich stolz verzichtete er auf Handschuhe, versenkte stattdessen seine Hände tief in den Taschen seiner Steppjacke.

Staatsanwalt Schneidling wartete im Foyer. Wie immer trug er einen dunklen Anzug, an diesem Tag mit Weste. Seinen eleganten Wintermantel – exquisite Herrenausstatterqualität – hatte er sorgfältig gefaltet und über den Arm gelegt. Nach einer kurzen Begrüßung wandte er sich an einen jungen Mann an der Information und legte seinen Dienstausweis vor. Mit eingeübter Autorität in der Stimme machte er sich bekannt. »Dr. Meinhard Schneidling, Staatsanwaltschaft Osnabrück. Wir wurden angemeldet. Wir haben einen Termin mit Ihrem Patienten Rolf Bessmer.«

»Einen Termin? Bei einem Patienten?«

Es war laut in der Halle. Menschen kamen und gingen, Reinigungskräfte gingen ihrer Arbeit nach, Telefone klingelten. Die Festanschlüsse am Empfang, die Handys von Patienten und Besuchern. Nebenan im Café schepperte Geschirr. Der Klinikmitarbeiter glaubte, sich verhört zu haben, aber Schneidling bekräftigte seine Worte. Der junge Mann wollte eine Diskussion beginnen, schließlich gab es geregelte Besuchszeiten. Aber bei einem Staatsanwalt war vielleicht Vorsicht angebracht ...

Ein älterer Kollege hatte zufällig mitgehört und trat hinzu. »Das hat seine Richtigkeit«, sagte er mit wissender Miene. Er bat Schneidling zur Seite und erklärte ihm den Weg.

Die Klinikleitung hatte für Bessmer ein Zimmer abseits des normalen Betriebs herrichten lassen. Dort stand er unter der ständigen Bewachung eines Justizwachtmeisters. Nachdem Schneidling beim Ermittlungsrichter einen Haftbefehl erwirkt und dessen Zustellung veranlasst hatte, war die Verantwortung für den Verdächtigen an die Justizbehörde übergegangen.

Bessmer befand sich nach mehreren Operationen noch immer in der Rekonvaleszenz. Ein Fluchtversuch war wenig wahrscheinlich, konnte aber nicht völlig ausgeschlossen werden. Schneidling wusste aus Erfahrung, dass man mit allem rechnen musste.

Für die Anwesenheit des Justizbeamten gab es einen weiteren Grund. Zwar hatte Bessmer die persönliche Mitwirkung an dem vom Staatsanwalt in Auftrag gegebenen forensisch-psychiatrischen Gutachten verweigert, aber Staatsanwaltschaft und Gericht lag eine auf Aktenbasis erstellte Stellungnahme eines anerkannten Sachverständigen vor, der zufolge Bessmer als potenziell gefährlich einzustufen war. Auch Bea Agarius' Mordkommission und der Krankenhausleitung war die Expertise zur Kenntnis gebracht worden.

Dem Justizwachtmeister kam die Aufgabe zu, das Klinikpersonal und andere Patienten zu schützen. Er begleitete die Pfleger und Ärzte, die Bessmer zu versorgen hatten, soweit es die rechtlichen Bestimmungen zuließen. Eine Maßnahme, die dem Direktorium und den Justizbehörden unter den gegebenen Umständen geboten erschien. Der Ermittlungsrichter hatte nicht widersprochen.

Schneidling pochte kurz an die Tür und trat ohne abzuwarten ein. Agarius und Fehrenkämper folgten ihm.

Rolf Bessmer lag in seinem Krankenbett auf einem lindgrünen Laken. Eine leichte Decke war über seine Beine gebreitet, die verbundene rechte Hand ruhte kraftlos auf seinem Brustkorb. Er hatte an Gewicht verloren, seine blassen Lippen sahen so ungesund aus wie die kreidig weiße Haut über seinen eingefallenen Wangen.

Bessmers Anwältin Dr. Vera-Louise Rüthenbrock saß an einem Tischchen, wo sie Papiere, Handy und ein Tablet ausgebreitet hatte. Sie erhob sich, um den Staatsanwalt und die Ermittler zu begrüßen. Sie trug ein elegantes kamelhaarfarbenes Kleid.

Sicherlich mit eingenähtem Designerlabel, dachte Bea Agarius. Katharina hätte vermutlich auf Anhieb gewusst, welches. Und auch den hauchfeinen noblen Wohlgeruch benennen können, der zart das Krankenzimmer schwängerte und sicher nicht von Bessmer ausging. Sie selbst interessierten solche Nebensächlichkeiten nicht, es sei denn, sie waren ermittlungsrelevant.

Leise klapperten Rüthenbrocks Armreifen, als sie ihnen die Hand bot. Sie hegte offensichtlich eine Vorliebe für Goldschmuck. Zwei dünne Kettchen mit asymmetrisch geformten Gliedern um den Hals, Ringe an den Fingern, in den Ohren Creolen. Die Tönung ihrer Haare bewegte sich zwischen sandfarben und blond mit dezent eingearbeiteten Aufhellern. Modisch, aber nicht grell. Unaufdringlich. Stilbewusst. Einer Frau um die fünfzig angemessen.

»Frau Kollegin«, sagte Meinhard Schneidling ohne Lächeln. »Ich freue mich, dass wir uns mal wieder begegnen.«

»Schnickschnack«, sagte sie in ihrer unverblümten Art, die im Widerspruch zu ihrer vornehmen Erscheinung stand und für die sie bekannt und vor Gericht gefürchtet war. Ihre Offensive ließ nicht lange auf sich warten. »Ich begrüße es sehr, dass Sie sich endlich selbst ein Bild vom Befinden meines Mandanten machen. Wie Sie sehen, ist er noch immer nicht wiederhergestellt. Er hat eine komplizierte Osteosynthese hinter sich – muss ich erklären, was das ist?«, fragte sie spitz und gab gleich die Antwort. »Ihm wurden in mehreren Operationen Platten und Nägel eingesetzt, um die vielen Knochenbrüche zu richten beziehungsweise zu überbrücken. Sehr schmerzhaft. Eine Qual sondergleichen. Die Gabe von entsprechenden schmerzlindernden Medikamenten ist unvermeidlich.«

Sie hatte noch eine dramatische Steigerung parat.

»Es ist weiß Gott nicht allzu lange her, da wäre der Unterschenkel verloren gewesen. Da hat man bei solchen Verletzungen gleich amputiert. Ratzfatz abgeschnitten. Wir dürfen froh sein, dass wir in moderne Zeiten hineingeboren wurden. Ein medizinisches Wunder, dass das zerfetzte Bein überhaupt gerettet werden konnte.«

»Herr Bessmer, Sie haben mein Mitgefühl«, antwortete der Staatsanwalt. »Niemand sollte solchen Qualen ausgesetzt sein …«

Artig bedankte sich Bessmer für die Anteilnahme, aber seine Anwältin war keineswegs zufrieden.

»Da sind wir einer Meinung«, sagte sie. »Warum wird dann aber nicht mit dem nötigen Nachdruck gegen die Täterinnen ermittelt? Kein Haftbefehl, soweit ich informiert bin. Wohingegen sich mein Mandant absurden Anschuldigungen ausgesetzt sieht.«

»Wenn ich ein klein wenig korrigieren dürfte«, widersprach Schneidling geduldig. »Sie haben eben die Krankengeschichte Ihres Mandanten umrissen. Eine frühere Vernehmung war wegen seiner langwierigen Behandlung nicht möglich. Als Juristin wissen Sie, dass wir beide Seiten hören müssen. Ihre Strafanzeige gegen die Personen Sudhoff und Ozcan liegt uns vor. Die Kriminalhauptkommissare Agarius und Fehrenkämper«, er deutete auf seine Begleiter, »bearbeiten sie so umfassend und eingehend – und selbstredend vorbehaltlos – wie jede andere.«

Bea Agarius knüpfte an Schneidlings Worte an. »Deshalb sind wir heute hier. Um die Einlassungen Ihres Mandanten zu hören.« Sie wandte sich an Rolf Bessmer. »Herr Bessmer, wir wollen Sie nicht unnötig lange stören, wären aber dankbar, wenn Sie uns berichten könnten, unter welchen Umständen Sie diese schweren Verletzungen davongetragen haben.«

»Wie sie ihm zugefügt wurden. So muss die Frage lauten«, korrigierte Vera-Louise Rüthenbrock.

Rolf Bessmer antwortete mit gebrochener Stimme. Zumindest ließ er sie so klingen. »Ich wollte an dem Tag im Garten arbeiten. Alles für den Winter herrichten. Sommerblumen rausreißen, Sträucher zurückschneiden, Beete abdecken. Ich war in meinem Werkzeugschuppen, als meine Mieterin, Finja Sudhoff, hereinkam. Ich dachte, sie wollte ihr Fahrrad holen. Ich habe gegrüßt, sie aber nicht weiter beachtet. Plötzlich ist da noch eine andere. Sie haben mich von hinten geschubst und auf mich eingeschlagen. Mit der Harke.« Er hob anklagend seine bandagierte Hand. »Durch die Hand gehauen! Und meine Beine kaputtgeprügelt! Das kam alles so überraschend – ich konnte mich gar nicht wehren.« Seine Stimme kippte, als müsse er gleich in Tränen ausbrechen.

»Kennen Sie den Grund für den Überfall?«, wollte Sven Fehrenkämper wissen und erntete einen jammervollen Blick.

»Da kann ich nur vermuten. Ich hatte den Mietvertrag von Frau Sudhoff fristgemäß gekündigt. Sie und ihre Mitmieterin, die ja leider verstorben ist, haben sich nicht an die Hausregeln gehalten. Bis in die späte Nacht ging es da hoch her. Partys – und ständig wechselnder Männerbesuch. Es gab schon Gerede in der Nachbarschaft. Mein Haus ist doch kein Puff! Meine Eltern drehen sich im Grabe rum! Auch sonst – die Treppe wurde nicht geputzt, die Fahrräder wurden verbotenerweise in der Zufahrt abgestellt. Untragbar. Ich vermiete nie wieder an Studenten.«

»Können wir das von Ihnen ausgestellte Kündigungsschreiben zu den Akten nehmen?«, fragte Staatsanwalt Schneidling.

»Natürlich«, versicherte Dr. Rüthenbrock. »Ich lasse Ihnen eine Kopie zukommen.«

Schneidling notierte einen Aktenvermerk.

Die Kommissarin sah Bessmer forschend an. »Ich frage mich aber, was die Frauen mit der Gewaltausübung erreichen wollten. Sie konnten damit die Kündigung ja wohl kaum rückgängig machen.«

»Das nicht«, antwortete die Anwältin anstelle ihres Mandanten. »Das war pure Rache. Einschüchterung. Natürlich irrational. Aber diese Frauen sind ja auch nicht bei Verstand. Ich werde ein psychologisches Gutachten beantragen. Dann werden wir sehen, welche Partei in diesem Fall gestört ist und welche nicht. Sie sollten diese Megären unter Hausarrest stellen. Dorthin gehört eine amtliche Aufsicht, nicht vor die Tür dieses Krankenzimmers.«

»Ein entsprechender Antrag liegt im Rahmen Ihrer rechtlichen Möglichkeiten«, bestätigte Staatsanwalt Schneidling höflich. »Herr Bessmer, jetzt erklären Sie uns aber bitte noch, warum es in Ihrem Werkzeugschuppen diesen Durchgang zu einem alten Stollen gibt. Wozu dient er und inwiefern wurde er von Ihnen genutzt?«

»Da ist nichts Besonderes dran«, antwortete Bessmer wegwerfend. »Das stammt alles noch aus dem Zweiten Weltkrieg. Der Schuppen und das Gewölbe waren Luftschutzräume meiner Großeltern und deren Kinder. Also meiner Familie. Man hat die Mauer durchbrochen und eine Verbindung mit dem alten Bergwerksstollen hergestellt, damit man von oben nach unten flüchten konnte. Oder umgekehrt. Je nachdem, wo es gefährlich wurde. Der offizielle Einlass war oben, versteckt unter den Bäumen. Von den Fliegern kaum zu entdecken. Aber im Notfall wäre man eben auch unten ins Freie gelangt. Außerdem gab es so eine zusätzliche Sauerstoffzufuhr. Wenn eine Bombe am Eingang explodiert und das Feuer den Sauerstoff abzieht, könnten die Menschen im Bunker ansonsten ersticken. So hat es mir mein Vater erklärt. Er hatte solche Dinge erlebt und sein Leben lang Angst vor einem neuen Krieg. Ich habe deshalb einfach ein Regal davor gebaut. Mit Türangeln, falls man den Raum mal wieder nutzen muss. Das hat ihn sehr beruhigt, dass man jederzeit wieder hätte Schutz finden können.«

»Eine interessante Konstruktion ... Mittlerweile ist Ihr Vater aber verstorben?«

»Ja.«

»Der Stadtarchäologe wusste nichts von dem oberen Bunker und dem Verbindungsgang nach unten.«

»Dafür kann ich doch nichts!«, verteidigte sich Bessmer.

»Ich wüsste nicht, dass für einen privaten Bunker Anzeigepflicht besteht«, giftete Dr. Vera-Louise Rüthenbrock.

»Schon gut.« Schneidling winkte ab. »Herr Bessmer, Sie selbst haben die Höhlen seit dem Regalbau nicht genutzt?«

Bessmer klang verwundert. »Nein, wozu? Was sollte ich da? Da gibt es doch nicht mal elektrisches Licht.«

»Sie haben die Gänge nie betreten?«

»Nein, sage ich doch.«

»Wir haben im oberen Luftschutzraum Gegenstände gefunden. Gehhilfen, Kleidungsstücke, Schnürstiefel, Handschuhe ... Die gehören nicht Ihnen?«

Dr. Rüthenbrock kam Bessmer zuvor. »Krücken braucht mein Mandant erst, seit er von diesen wild gewordenen Furien zum Krüppel geschlagen wurde. Ich weiß, böses Wort, Krüppel sagt man nicht. Ganz unartig von mir. Aber ist doch so ...«

»Sie lassen Herrn Bessmer ja gar nicht zu Wort kommen.« Der sanfte Tadel der Kommissarin prallte von der Adressatin ab.

»Herr Bessmer ist noch immer von schwacher Konstitution. Und er darf sich nicht aufregen. Ich übernehme das für ihn. Ich rege mich gern auf. Mir bekommt das.« Sie stellte ihr gnädigstes Queen-of-England-Lächeln zur Schau.

Staatsanwalt Schneidling blieb hartnäckig. »Trotzdem würde ich gern von Herrn Bessmer hören, ob die Kleidungsgegenstände und anderen Utensilien im Luftschutzraum ihm gehörten.«

»Natürlich nicht! Ich war als Jugendlicher manchmal in dem Tunnel. Das war unsere Mutprobe, da durchzulaufen. Aber jetzt schon seit Jahren nicht mehr.«

Bea Agarius hakte nach. »Und das Prepaidhandy? Gehört Ihnen auch nicht? Und Sie wissen auch nicht, wie es in den Schutzraum gekommen ist?«

Bessmer wirkte bestürzt, klang regelrecht entrüstet. »Ich hatte noch nie ein Prepaidhandy! Ich habe eine Flatrate!«

Schneidling stutzte, sah, dass Bea ihm zunickte, und setzte seine Befragung fort. »Nun lässt sich aber nachweisen, dass die erwähnten Stiefel Ihnen gehören. Sie tragen Ihre DNA. Und nicht zu knapp. Sie haben ganz schön geschwitzt, oder?«

»Mein Mandant hatte die Klamotten längst ausgemustert und in den Sammelbehälter vor den Tennisplätzen an der Veilchenstraße geworfen«, tat Vera-Louise Rüthenbrock den Vorhalt ab. »Wer weiß, wer das Zeug aus dem Altkleidercontainer gezogen und in den Keller geworfen hat. Der Einstieg ist ja für jedermann zugänglich. Im Park treiben sich Penner und verwahrloste Jugendliche herum. Und dann gibt es da noch diese Anstalt. Die Patienten sind ja nicht umsonst dort untergebracht. Knöpfen Sie sich die doch mal vor. Von denen stammt bestimmt auch das Handy.«

»Wir wollen doch nicht geschmacklos werden und psychisch kranke Menschen denunzieren«, mahnte Dr. Schneidling.

»Pah!« Die Anwältin ließ sich nicht irritieren.

»Kommen wir zu einem anderen Punkt«, sagte Staatsanwalt Schneidling kopfschüttelnd. »Im Parkbereich wurde die Anwohnerin Corinna Schänkenberg ermordet aufgefunden. Am Auffindeort befand sich der Hund der Toten. An dessen Pfoten wurde DNA gefunden. Die von Ihnen, Herr Bessmer.«

Wieder ließ sich die Verteidigerin zuerst vernehmen. »Auch nichts Besonderes«, parierte sie kühl. »Wie Sie schon sagen, war Frau Schänkenberg eine Anwohnerin. Quasi eine Nachbarin von Herrn Bessmer. Man begegnete sich schon mal, auf der Straße, beim Bäcker, in der Poststelle ... Wo ist die noch mal?«

»Bramscher Straße«, erklärte Bessmer.

»Ganz normal also. Der Hund kannte meinen Mandanten und sprang ihn jedes Mal an. Weil er sich freute, ihn zu sehen.«

»Ist das so? Herr Bessmer, haben Sie Frau Schänkenberg und ihren Hund in der besagten Nacht getroffen? Unter einer Hundepfote hätte sich die DNA nicht stundenlang gehalten. Die war frisch«, entgegnete Bea.

»Das kann ich nicht sagen«, bedauerte Bessmer. »Ich bin ja bei dem Überfall heftig gestürzt und auf den Kopf gefallen. Ich hatte eine schwere Gehirnerschütterung. Seither kann ich mich nicht mehr so gut erinnern. Mir wird oft schwindlig.«

»Was soll man sagen«, kommentierte Sven Fehrenkämper. »Glück für Sie, Pech für uns?«

»Unterlassen Sie diese Taktlosigkeiten«, wies die Anwältin ihn zurecht. »Ihr Tonfall ist der Situation nicht angemessen.«

Staatsanwalt Schneidling warf Fehrenkämper einen mahnenden Blick zu und hob das Kinn in seine Richtung.

Er verstand und tat, was man von ihm erwartete. »Ich bitte um Entschuldigung.«

»Sie haben für keine der Tatphasen ein Alibi, Herr Bessmer«, erinnerte Schneidling.

»Mein lieber Freund und Kupferstecher! Ich habe auch keins«, bekannte Vera-Louise Rüthenbrock. Ihre Worte troffen vor Sarkasmus. »Aber das macht mich ja noch nicht zu einer Verdächtigen. Obwohl – euch jungen Staatsanwälten traue ich alles zu. Nichts als Karriere im Kopf. Muss ich mir Sorgen machen? Sollte ich einen Anwalt hinzuziehen?« Sie schenkte dem so heftig attackierten Anwaltskollegen ein unschuldiges Augenklappern. »Ich würde mal sagen, wir schließen hier ab«, verfügte die Anwältin mit einer Bestimmtheit, die keinen Widerspruch duldete. »Ihre Fragen haben meinen Mandanten doch sehr mitgenommen. Wir dürfen seine Gesundung nicht gefährden. Nach meinem Dafürhalten ist ja so weit auch alles beantwortet. Ich bekomme dann das Protokoll?«

»Natürlich, wir brauchen ja Herrn Bessmers Unterschrift.«

Schneidling und die Kommissare schickten sich drein. Ohne Mitwirkung des Verdächtigen und seiner Verteidigerin war der Versuch einer weiteren Einvernahme zum Scheitern verurteilt.

Sie verabschiedeten sich und suchten den Weg zum Ausgang.

Als sie auf den Fahrstuhl warteten, sagte Bea Agarius: »Diese Anwältin ist nicht auf den Kopf gefallen. Rhetorisch verdammt gewieft.«

»Das kann man wohl sagen.« Sven Fehrenkämper klang grimmig. »Was für eine Gewitterziege. Die hat ja Haare auf den Zähnen. Dr. Schneidling, ist die immer so?«

Der Angesprochene seufzte. »Das war vergleichsweise harmlos. Die Kollegin kann noch ganz anders.«

»Mannomann ... Wahrscheinlich ruft sie gerade ihre Sekretärin an und lässt die angebliche Mietkündigung aufsetzen. Mit passender Rückdatierung.«

»Vorsicht mit solchen Unterstellungen, Sven«, warnte Agarius. »Wenn das jemand hört ...«

»Schon gut. Aber ich glaube Bessmer kein einziges Wort.«

»Über den Wahrheitsgehalt muss jetzt die Strafkammer befinden«, kommentierte Staatsanwalt Schneidling. »Aber Frau Agarius – was war das mit dem Prepaidhandy? Ich habe darüber keinen Vermerk in den Akten.«

»Das hat seine Richtigkeit. Wir haben kein Handy in der Höhle gefunden. Ich wollte nur sehen, wie Bessmer reagiert. Habt ihr es nicht gesehen?«

Sven Fehrenkämper kam nicht mit. »Was jetzt genau?«

Schneidling verstand. »Er war auf alles vorbereitet, hatte auf jeden Vorhalt eine Entgegnung. Beziehungsweise seine Anwältin. Aber die Erwähnung des Handys hat ihn beinahe aus der Fassung gebracht.«

»Genau«, bestätigte die Kommissarin. »Darauf wollte ich hinaus. Das Handy hat ihn überrascht. Was zumindest darauf hindeutet, dass er anders als behauptet doch in jüngster Zeit in der Höhle war.«

»Das ist nur leider kein Beweis«, wandte Fehrenkämper ein.

»Aber es ist eine gute Vorlage. Vielleicht kann ich es in der Verhandlung benutzen«, sagte Schneidling hoffnungsvoll. »Ich muss darüber nachdenken. Ich hoffe nur, dass die Kollegin Rüthenbrock die Finte nicht vorher bemerkt. Sie verfügt über eine enorm gute Witterung. Ich wünschte, wir hätten sie in unseren Reihen.«

»Und, wie sehen Sie nach dem heutigen Gespräch die Chancen für eine Verurteilung?«

Meinhard Schneidling richtete seinen Blick nach oben und studierte die perlgraue Flurdecke, als ob er dort eine Antwort zu finden hoffte. Seine Einschätzung fiel nicht sehr ermutigend aus: »Fifty-fifty.«

Er

*Die Anwältin mahnt.
Er weiß es doch. Opfer sein. Sichtbar humpeln.
Fällt ihm nicht schwer. Hat er schon oft gemacht.
Mehr Zuschauer als draußen im Park.
Er war immer lieber für sich. Aber er hat gelernt, ein anderer zu sein. Und der andere genießt die Aufmerksamkeit.
Neugierige Blicke von allen Seiten. Er schaut zurück. Lächelt höflich.
Der Psychologe? Nicht da. Schade. Kommt wohl noch. Er hat es versprochen.
Ein verständnisvoller Mann. Ihm hat er alles erzählt.
Wie die Mutter in sein Zimmer kam.
Warum er es nicht leiden konnte, wenn sie ihn lieb hatte.
Von der Lehrerin. Die im Zimmer blieb, wenn der Schularzt kam. Die ihn so angeguckt hat.
Wie er sich gegen die Erinnerungen wehrt ...
Vorn tut sich was. Alle stehen auf.
Nicht vergessen. Zeigen, dass er Schmerzen hat.
Opfer sein.*

Auftakt

Bea Agarius hatte es nicht anders erwartet. Mehrfach war über das Verfahren gegen Rolf Bessmer berichtet worden, in der Tageszeitung, in den Regionalmagazinen der Fernsehsender, auch in verschiedenen Internetmedien, journalistischen wie privaten. Entsprechend groß war an diesem Morgen der Andrang im Osnabrücker Landgericht. Auf der Treppe zum Haupteingang und davor hatte sich ein Pulk gebildet. Durch die inzwischen üblichen Kontrollen kam es beim Einlass zu Verzögerungen. Ein Justizwachtmeister stand auf dem obersten Absatz und mahnte zu diszipliniertem Benehmen.

Sie erinnerte sich an Zeiten, in denen man das Gerichtsgebäude ohne Weiteres betreten konnte, wie es eigentlich einem demokratischen Rechtswesen entsprach. Aber nachdem sich die Gewaltakte innerhalb von Gerichtsgebäuden bundesweit gehäuft hatten, waren die Sicherheitsmaßnahmen unverzichtbar geworden. Auch in Osnabrück hatte man sich notgedrungen angeschlossen.

Die meisten Besucher nahmen klaglos hin, dass sie mitgeführte Taschen vorzeigen und Mäntel und Jacken öffnen mussten. Diejenigen, die leise murrten, gehörten zu jenem querulatorischen Typ Mensch, der an allem etwas auszusetzen hat.

Die Kommissarin zeigte ihren Dienstausweis und wurde durchgewunken. Hinter sich hörte sie vereinzelte Proteste. Drinnen schlängelte sie sich durch suchende Menschen, die das traditionsreiche Gerichtsgebäude augenscheinlich zum ersten Mal besuchten und sich neugierig umsahen. Bea Agarius dagegen kannte sich aus. Schon so manches Mal hatte sie in einem der Sitzungsräume als Zeugin aussagen müssen. Selten aber vor so viel Publikum wie an diesem Tag.

Abseits der heranströmenden Besucher, seitlich der Treppe, entdeckte die Kommissarin Finja Sudhoff. Auch sie war als Zeugin geladen und in Begleitung einer älteren Frau. Bea Agarius trat näher, um Finja zu begrüßen.

»Guten Morgen, Frau Sudhoff.«

Finja hatte die Kommissarin bereits kommen sehen. »Guten Morgen«, sagte sie mit belegter Stimme. »Mama, das ist die Kommissarin, die den Fall bearbeitet hat.«

»Guten Tag. Hauptkommissarin Beatrice Agarius.« Sie reichte der fremden Frau die Hand.

»Guten Morgen. Angela Sudhoff. Ich bin die Mutter.«

»Wie geht es Ihnen denn, Finja?«, fragte Agarius mit ehrlichem Interesse. »Kommen Sie zurecht damit, vor Gericht aussagen zu müssen?«

Finja Sudhoff wich ihrem Blick aus, ihre Augen wanderten den Korridor hinauf und zurück. Sie wirkte bedrückt.

»Ich weiß es nicht. Wir werden sehen. Entschuldigen Sie mich, ich muss noch mal schnell zur Toilette.«

Die beiden Frauen sahen ihr nach. Als Finja außer Hörweite war, sagte ihre Mutter: »Es geht ihr nicht gut. Sie hat das alles immer noch nicht verkraftet. Der Prozess rührt alles wieder auf.«

»Haben Sie Hilfe in Anspruch genommen?«, wollte Agarius wissen.

Angela Sudhoff seufzte verbittert. »Wir haben es versucht. Aber es ist offenbar in unserem Gesundheitssystem nicht möglich, kurzfristig psychotherapeutische Hilfe zu bekommen. Wir waren bei unserem Hausarzt, der uns eine Psychologin empfohlen hat. Die hat sich alles angehört und Finja eine Therapie empfohlen. Sie selbst aber führt angeblich solche Therapien nicht durch. Ich frage mich, was die Dame eigentlich tut ... Jedenfalls hat sie uns drei Therapeuten genannt, die für uns in Frage kämen. Wir haben dort angerufen, aber entweder nahm niemand ab oder es war der Anrufbeantworter dran. Natürlich haben wir jedes Mal um Rückruf gebeten. Aber nie einen erhalten.« Sie spannte zornig ihre Wangenmuskeln an, ihre Stirn lag in Falten. »Dann habe ich es per E-Mail versucht. Einer hat geantwortet. Er komme gerade aus dem Krankenhaus und sei noch krankgeschrieben, könnte uns aber einen Termin für den nächsten Monat anbieten, wenn es so lange Zeit hätte. Wir haben angenommen, wir hatten ja gar keine Alternative. Aber auch der hat dann nichts mehr von sich hören lassen. Wir haben noch mal gemailt und ihn erinnert, dass er uns einen Termin zukommen lassen wollte. Nichts. Keine Reaktion. Am Telefon nur der Anrufbeantworter. Können Sie mir vielleicht sagen, wie man hierzulande in Fällen wie unserem einen Therapietermin bekommt?«

Bea Agarius war betroffen von dem, was sie hörte, und fragte sich im Stillen, ob es richtig war, Finja den Fragen des Gerichts und der Anwälte auszusetzen, und das noch dazu vor einer großen Öffentlichkeit.

»Das war mir nicht bekannt, dass es da so große Probleme gibt.« Nach kurzer Überlegung kam ihr ein Gedanke. »Finja ist doch immer noch Studentin. Haben Sie es denn mal bei der ›Psychologischen Beratungsstelle‹ der Uni versucht? Die ist an der Sedanstraße und nur für Hochschulangehörige. Soweit ich weiß, bekommt man dort recht schnell einen Ersttermin. Warten Sie ...«

Die Kommissarin zog ihr Smartphone aus der Tasche und rief eine Suchmaschine auf. Die Anzeige kam schnell.

›Studentenwerk Osnabrück‹ und ›Psychologische Beratungsstelle‹.

»Hier, schauen Sie. Da haben Sie auch gleich die Telefonnummer und Mail-Adresse.«

Dankbar notierte sich Angela Sudhoff die Kontaktdaten und erzählte Finja davon, als sie von der Toilette zurückkehrte. »Das sollten wir mal versuchen, Liebes, was denkst du?«

Mit ausdrucksloser Miene stimmte Finja ihr zu. »Ich rufe da nachher mal an. Aber vor allem anderen will ich erst mal die Verhandlung hinter mich bringen.«

Ihre Mutter nahm sie tröstend in den Arm. Dann wurde es Zeit, die Plätze einzunehmen.

»Ich darf die Fotografen und Filmteams jetzt bitten, den Sitzungssaal zu verlassen. Ich erinnere daran, dass Aufnahmen der angeklagten Person unter Anwendung geeigneter technischer Maßnahmen zu anonymisieren sind.« Richterin Bärbel Weiss blickte streng über ihre Brillenränder.

Die Fernsehleute nahmen ihre Kameras von den Schultern und klemmten sie lässig unter die Arme. Die Fotografen warfen prüfende Blicke auf ihre Displays und klickten sich in raschem Takt durch die Aufnahmen. Waren sie zufrieden, schoben sie sich hinaus. Andere schossen ehrgeizig noch schnell weitere Bilder, dann gingen auch sie.

Damit lichtete sich der Pressebereich, aber schreibende Journalisten drängten eilig auf die frei gewordenen Plätze.

Der spektakuläre Mordprozess stieß nicht nur bei den regionalen Medien auf großes Interesse. Journalisten und Kamerateams von außerhalb, aus Münster, Hannover, Köln, Berlin und sogar aus den nahen Niederlanden, aus Enschede und Winterswijk, hatten sich akkreditiert.

Die vorsitzende Richterin setzte ihre Belehrungen fort. »Ich weise darauf hin, dass nunmehr mit Beginn der Verhandlung das Fotografieren verboten ist. Weitere Ton- und Filmaufnahmen dürfen nur nach Absprache mit unserer Presseabteilung erfolgen. Wenn Fotos aus diesem Gerichtssaal bei Twitter, Facebook oder anderswo erscheinen, werde ich die Verantwortlichen belangen lassen. Ich möchte bei der Gelegenheit auch gleich alle Prozessbesucher darauf hinweisen, dass wir uns hier nicht in einem Fernsehgericht befinden. Öffentlichkeit ist ein hohes Gut in der deutschen Rechtsprechung. Aber ebenso der ordnungsgemäße Ablauf der Verhandlung. Alle Parteien haben das Recht, ohne Behelligung gehört zu werden. Verzichten Sie also bitte auf lautstarke Kommentare und Zwischenrufe. Störer werden des Saales verwiesen, und es kann ein Ordnungsgeld verhängt werden. Bitte nehmen Sie Platz.«

Die Schöffen, eine Frau und ein Mann, die beisitzenden Richter und der Staatsanwalt setzten sich. Die Verteidigerin blieb stehen.

Richterin Bärbel Weiss sah sie erwartungsvoll an. »Frau Anwältin?«

»Frau Vorsitzende, bevor wir mit der Hauptverhandlung beginnen, möchte ich einen Antrag auf Vertagung stellen.«

Bärbel Weiss antwortete mit einer rhetorischen Frage. »Noch einen? Das wäre dann der dritte.«

»Ich weiß. Aber mein Mandant ist noch immer nicht verhandlungsfähig.«

Der angeklagte Rolf Bessmer sah sich prüfenden Blicken der Richter und Schöffen ausgesetzt und beantwortete sie mit einem leidenden Gesichtsausdruck.

»Ich sehe, ihr Mandant trägt eine Beinschiene«, sagte die Vorsitzende. »Die Strafprozessordnung besagt, dass der Angeklagte bei voller geistiger Gesundheit sein muss. Nach meinem Dafürhalten steht eine Beinverletzung dem nicht entgegen.«

Die Anwältin war nicht bereit, schon aufzugeben. »Dem darf ich, mit allem gebührenden Respekt, widersprechen. Herr Bessmer wurde von den als Zeuginnen geladenen Personen Ozcan und Sudhoff malträtiert. Unter anderem wurde seine Kniescheibe zertrümmert. Er hat eine schwere Behinderung davongetragen und wird Zeit seines Lebens an Schmerzen leiden. Diese quälenden Schmerzen zwingen ihn, regelmäßig Medikamente einzunehmen, in deren Beipackzettel nachdrücklich gewarnt wird, dass sie die Aufmerksamkeit beeinträchtigen, beim Autofahren oder bei der Arbeit an gefährlichen Maschinen. Darum ist es ihm nur schwerlich oder gar nicht möglich, der Verhandlung zu folgen. Folgerichtig beantrage ich Vertagung.«

Die Vorsitzende schob ihren Stuhl zurück und beriet sich flüsternd mit ihren Beisitzern und Schöffen. An deren Körpersprache konnte Verteidigerin Dr. Vera-Louise Rüthenbrock schon ablesen, wie der Beschluss ausfallen würde. Ihre Deutung erwies sich als richtig.

Die Richterin rückte wieder vor an ihr Mikrofon. »Ich bitte ins Protokoll aufzunehmen: Der hier anwesende Angeklagte Rolf Bessmer wurde von medizinischen Gutachtern für verhandlungsfähig erklärt. Das Gutachten wurde zu den Akten genommen und liegt der Verteidigung vor. Der Antrag der Verteidigung auf eine weitere Vertagung muss daher abgelehnt werden. Desungeachtet wird die Verteidigerin des Angeklagten gebeten, dem Gericht der Vollständigkeit halber und zum Zwecke einer etwaigen Neubewertung eine Liste der Medikamente vorzulegen, die der Angeklagte einzunehmen gezwungen ist.«

Rüthenbrock hatte nicht ernstlich mit einem Erfolg gerechnet, ärgerte sich aber doch über diese frühe Niederlage und am meisten über das zufriedene Gesicht des Staatsanwalts.

Die Verhandlung war eröffnet und begann mit der Aufnahme der Personalien. Es folgten die Verlesung der Anklageschrift und die Zeugenbelehrung. Bis zur Mittagspause waren die ersten Zeugen gehört, die Studentin Finja Sudhoff und die Altenpflegerin Asli Ozcan, die den Angeklagten Rolf Bessmer schwer belasteten.

Die Umstände der Taten, wie sie von den Zeuginnen beschrieben wurden, sorgten auf der Richterbank für Stirnrunzeln und unter der Zuschauerschaft für ungläubige Gesichter. Stellenweise brandete leises Raunen auf. Die souverän auftretende Vorsitzende reagierte mit strenger Miene, fixierte einige Besucher, bedachte sie mit strafenden Blicken. Mehr war nicht nötig, um die Ruhe wiederherzustellen.

Die Verteidigerin ließ keine Gelegenheit ungenutzt, die Glaubwürdigkeit der Frauen zu erschüttern. »Frau Vorsitzende, ich möchte Sie bitten, die Zeugin Sudhoff noch einmal eindringlich zu belehren, dass sie hier die Wahrheit zu sagen hat«, forderte sie mit Nachdruck, als Finja von ihrer Entführung berichtete.

Richterin Bärbel Weiß wandte sich Finja zu und kam dem Ansinnen nach. Sie sprach rücksichtsvoll, aber eindringlich.

Finja Sudhoff bestätigte mit leiser Stimme, dass sie die Belehrung verstanden hatte. Unsicher suchte sie die Blicke der Richter und Schöffen, schaute zu der Verteidigerin, in die Gesichter der Zuschauer in den ersten Reihen. Sie sah in ungläubige, sogar verächtliche, im besseren Fall mitleidige Mienen. Ihre Mutter nickte ihr aufmunternd zu.

Ganz kurz schloss sie die Augen. Holte tief Luft. War für den Bruchteil einer Sekunde wieder im Werkzeugschuppen am Hang des Gertrudenbergs. Fühlte den Überlebenswillen und die Widerstandskraft, die Asli und sie dem Gewalttäter entgegengesetzt hatten.

Die Bilder gaben ihr Sicherheit und Stärke. Gefasst, klar und ohne Ausschmückung berichtete sie dem Gericht, was im Stollen und im Werkzeugschuppen passiert war.

Dr. Vera-Louise Rüthenbrock schüttelte wiederholt theatralisch den Kopf oder verdrehte demonstrativ die Augen. Auch vor Hohn und Spott schreckte die erfahrene Anwältin nicht zurück. »Frau Vorsitzende«, sagte sie in vorwurfsvollem Ton. »Man muss doch nicht Philologie studiert haben, um herauszuhören, welche Märchen uns die Zeugin hier auftischt! Wir sind doch alle mit Rotkäppchen und Hänsel und Gretel aufgewachsen. Müssen wir uns diese Hirngespinste, diese ... diese ... Schauergeschichten tatsächlich anhören? Ich kann mir nicht helfen. Ich habe ständig die Schwarzweißbilder eines Edgar-Wallace-Films vor Augen. Da wäre mein Mandant vermutlich von Klaus Kinski gespielt worden.«

Manche Zuschauer im Saal reagierten mit Gelächter, was die Richterin zu einer eindringlichen Ermahnung veranlasste.

Staatsanwalt Schneidling war empört. »Frau Vorsitzende, die Verteidigerin bedrängt die Zeugin in unzulässigem Maße.«

Die Richterin schloss sich seinem Einwurf an und erteilte der Anwältin eine Rüge, die gleichmütig zur Kenntnis genommen wurde.

Nachdem die vorgesehenen Vernehmungen abgeschlossen waren, hielt die Vorsitzende erneut Rücksprache mit ihren Beisitzern. »Wie wir dem Vortrag des

Staatsanwaltes entnehmen konnten und wie wir auch von den Zeuginnen gehört haben, liegen hier ganz außergewöhnliche Tatumstände vor, die in besonderer Weise mit den örtlichen Gegebenheiten zu tun haben. Das Gericht hält es darum für geboten, sich selbst einen Eindruck von den Tat- und Auffindeorten zu verschaffen. Bevor wir im Rahmen der Verhandlung weitere Einlassungen hören, wird das Gericht in Anwesenheit des Angeklagten, seines Rechtsbeistands und eines Vertreters des mit den Ermittlungen betrauten Fachkommissariats einen Ortstermin abhalten. Die Öffentlichkeit wird zu diesem Termin nicht zugelassen.«

Wunder

Der April meinte es gut in diesem Jahr. Zwar stand die Sonne noch tief, aber die milde Luft war maienhaft, und die Natur ließ es sich gefallen. Frühblüher sprenkelten den Bürgerpark und die umliegenden Gärten mit frühlingshaften Farbtupfern. Der Goldregen war besonders weit gediehen und präsentierte sich in prächtigem Gelb. Zwischen den knospenden Ziersträuchern flogen Rotkehlchen und Meisen übermütige Manöver. Die Männchen vertrieben unliebsame Nebenbuhler und flatterten zwitschernd und balzend um die nicht minder aufgeregten Weibchen herum.

Alois Inderwisch hatte Besuch von seiner Tochter Marietta. Das Wetter war gut, und sie hatte ihren Vater zu einem kleinen Spaziergang bewegen können. Asli Ozcan begleitete sie.

Als sie den Hof des Seniorenstifts überquerten, wurden sie auf das Geschehen auf der tiefer gelegenen Wohnstraße aufmerksam. Die Pflegerin erkannte Rolf Bessmer, der sich, auf seine Gehhilfen gestützt und flankiert von zwei uniformierten Vollzugsbeamten, über den Gartenweg in Richtung Werkzeugschuppen schleppte, wo bereits mehrere Personen versammelt waren.

Alois Inderwisch wurde plötzlich lebhaft. »Der Ropenkerl«, rief er, zeigte hinunter und nickte aufgeregt.

»Ja, der Ropenkerl«, bestätigte Asli Ozcan düster. »Ich hatte nicht gedacht, dass ich den hier noch mal wiedersehe.« Sie wandte sich an Marietta Inderwisch. »Woher wusste Ihr Vater eigentlich von dieser Legende vom Ropenkerl? Ich habe herumgefragt. Kaum jemand kennt die Figur, nicht einmal alteingesessene Osnabrücker.«

»Mein Vater ist Hobby-Historiker. Er kennt die Stadtchronik, die historischen Zeugnisse und die Sammlungen mit Osnabrücker Legenden in- und auswendig. Er hat früher manchmal Aufsätze verfasst, für das ›Heimat-Jahrbuch‹ und für die Zeitung. Aber dass er sich jetzt noch daran erinnert …« Marietta Inderwisch warf ihrem Vater einen verwunderten Blick zu.

»Das ist gar nicht so erstaunlich«, antwortete Ozcan. »Als er den Ropenkerl leibhaftig vor sich sah – oder das zumindest glaubte –, war die Erinnerung wieder da. Das Auge ist dem Gedächtnis eine große Hilfe.«

»Im Grunde hat er geholfen, einen Mörder dingfest zu machen.«

»Ja«, sagte Asli Ozcan nachdenklich. »Sie haben recht. Das hat er.« Sie dachte an ihre Lektüre in der Stadtbibliothek. »Eigentlich ist das eine Geschichte, die man den Sagensammlungen hinzufügen sollte. Der Ropenkerl und seine Bezwinger. Es gibt auch moderne Wunder.« Sie zwinkerte schelmisch und hakte ihren Patienten unter.

Asli Ozcan hatte ihren Humor wiedergefunden.

Sie setzten ihren Spaziergang fort, in Richtung Park, weg vom Ropenkerl.

Alois Inderwisch lächelte verschmitzt in sich hinein.

Ortstermin

Als Rolf Bessmer, halb selbstständig, halb gehoben von zwei kräftigen Justizwachtmeistern, mühsam aus dem vergitterten Transporter kletterte und schwankend den Bürgersteig überquerte, trat schräg gegenüber eine Nachbarin aus ihrem Haus, an der Hand ihren kleinen Sohn, auf dem Weg in die Kindertagesstätte. Der Junge starrte die fremden Leute mit großen Augen an.

»Der geht aber komisch«, sagte der Kleine.

»Das sagt man nicht, Jonas«, belehrte ihn seine Mutter und zog ihn weiter.

Auf seine Gehhilfen gestützt, wankte Bessmer in seinen Garten. Er lehnte sich an die Wand des Schuppens und bewegte die verkrampften Finger. Er sah sich um. Der Rasen stand hoch. Er hätte längst gemäht werden müssen. Und das vertrocknete Laub in den verwaisten Beeten ... Er hatte seinen Nachbarn gebeten, sich in seiner Abwesenheit um den Garten zu kümmern. Aber dieser Versager war offensichtlich unzuverlässig. Zu nichts zu gebrauchen. Es wurde Zeit, dass er nach Hause kam.

Er war guter Hoffnung, dass er bald die Gartenarbeit wieder aufnehmen würde. Seine Anwältin war ausgefuchst. Die würde das Gericht von seiner Unschuld überzeugen.

Richter, Schöffen, Anwälte und Vollzugsbeamte hatten sich versammelt. Auf Bitten der Vorsitzenden übernahm Bea Agarius die Führung und rekapitulierte die Hergänge, wie sie sich gemäß den Zeugenaussagen abgespielt hatten. Im Geräteschuppen erläuterte sie anhand der

Dokumentation des Erkennungsdienstes, wo die verfahrensrelevanten Spuren und Asservate gefunden worden waren. Bei den Anwesenden war die Verblüffung groß, als Bea das Werkzeugregal aufzog und sich dahinter der Durchgang zum noch lichtlosen Gewölbe auftat.

»Das hätte ich jetzt nicht erwartet«, entfuhr es der Schöffin. »Das ist ja wirklich unheimlich.« Erschrocken wandte sie den Kopf, als ein schnalzendes Schaltgeräusch in den Raum schallte.

»Nur keine Angst.« Die Kommissarin wies beschwichtigend auf den antiquierten Lichtschalter, den sie gerade betätigt hatte.

Der Raum wurde neugierig, dabei eher nüchtern begutachtet. Der Höhlengang jenseits des Durchbruchs weckte weitaus größere Faszination.

Die Schöffin fröstelte, sie hatte sich angesichts der frühlingshaften Temperaturen zu luftig gekleidet. Einer der beisitzenden Richter überließ ihr seine Winterjacke und versicherte tapfer, ihm sei warm genug.

Beatrice Agarius zog die Regalwand hinter sich zu und drückte den Knopf einer Schaltleiste, deren abführendes Kabel sich auf dem Boden ringelte und im Stollen verschwand. Bis hinauf zur Stahltür am anderen Ende erstrahlte der Felsengang in taghellem Licht. Er wirkte ungemütlich, aber weit weniger unheimlich als bei der ersten Begehung durch die Ermittler.

»Die Mobilleuchten, die Sie hier sehen, wurden von unseren Polizeitechnikern aufgestellt, um eine fehlerfreie Spurensicherung zu gewährleisten«, erklärte die Kommissarin. »Die Opfer haben den Ort dagegen ganz anders erlebt. Wir halten es für angebracht, dass Sie einen entsprechenden Eindruck bekommen. Bitte nehmen Sie einen festen Standplatz ein. Achtung, jetzt nicht erschrecken.«

Trotz der Warnung entfuhr der Schöffin ein überraschtes »Huch!«, als Bea das Licht abschaltete. Die Gruppe fand sich in völliger Finsternis wieder. Obwohl sie die Höhle zuvor bei Licht gesehen hatten, fühlten sich die Anwesenden zutiefst unbehaglich.

Rechtsanwältin Rüthenbrock bewahrte die Nerven. »Können Sie die Lampen jetzt bitte wieder einschalten?«, forderte sie mit fester Stimme. »Das ist doch pure Effekthascherei zum Nachteil meines Mandanten.«

»Einen Moment noch. Stellen Sie sich bitte vor, dass Sie hier im Dunkeln aus der Bewusstlosigkeit aufwachen. Sie wissen nicht, wo Sie sind oder wie Sie hergekommen sind. So ist es den Zeuginnen ergangen. Und vielleicht auch anderen, von denen wir noch gar nicht wissen.«

»Das ist pure Spekulation«, protestierte Vera-Louise Rüthenbrock.

Sie stieß auf Widerspruch. »Eine zulässige Aussage, denn sie bezeichnet den Stand der Ermittlungen, die in diesem Punkt noch nicht abgeschlossen sind.« Es war die gelassene Stimme der Richterin, die die Anwältin korrigiert hatte.

Als die Mobilleuchten wieder aufflammten, blinzelten die Anwesenden und rieben sich die geblendeten Augen. Zur Vorsicht mahnend, leitete Bea Agarius sie weiter, durch den Berg hinauf in den mutmaßlichen Luftschutzkeller.

Wer den von den zwei Vollzugsbeamten eskortierten, auf unwegsamen Wegstrecken auch mit kräftigen Armen gestützten Rolf Bessmer in diesen Minuten erlebte, musste den Eindruck gewinnen, dass er sich zum ersten Mal hier unter der Erde befand. Mal staunend, mal interessiert ließ er die Augen wandern, schüttelte den Kopf, betonte seine Mühsal beim Gehen, warb mit schmerzerfülltem Gesicht um Mitleid.

An der zum Ausgang führenden Stahltreppe wurden sie von Sven Fehrenkämper erwartet, der den Besuchern beim Herausklettern behilflich war und ihnen den Weg durch den Wildwuchs der Grünanlage wies.

Seitens der beiden Kommissare blieb nicht unbemerkt, dass Richter und Schöffen, die sich leise murmelnd untereinander austauschten, spürbar beeindruckt waren, als sie durch den Park schritten, um noch die Fundorte der beiden Leichen auf dem Kühlkellerflachdach und im Rosengarten in Augenschein zu nehmen. Bea Agarius setzte ihre Erläuterungen fort, berichtete von der Aufnahme der forensischen Spuren und machte deutlich, warum einige davon zum Angeklagten führten und ihn belasteten.

Rolf Bessmer äußerte kein Wort. Sein Beitrag erschöpfte sich in einem gelegentlichen scheuen waidwunden Lächeln. Auf Bea Agarius wirkte es aufgesetzt, wie eingeübt. Doch es kam ihr nicht zu, ihre Beobachtung dem Gericht zur Kenntnis zu bringen.

Der Kleinbus und der Gefangenentransporter waren zwischenzeitlich bis an das Ende des Senator-Wagner-Wegs gefahren und nahmen dort ihre Passagiere wieder auf, nachdem die Fragen der Beteiligten beantwortet waren und die Richterin den Ortstermin für beendet erklärt hatte.

Gegen Ende des Rundgangs hatte Bea Agarius immer wieder verstohlene Blicke auf die Verteidigerin gerichtet. Ihr fielen die angespannten Wangenmuskeln der Anwältin auf.

Dr. Vera-Louise Rüthenbrock gab sich an diesem Tag ungewohnt zugeknöpft.

Belohnung

Bea Agarius schrieb gerade einen Bericht und hob irritiert den Blick vom Monitor, als sie an der Tür Sven Fehrenkämper stehen sah, der sich unbemerkt in ihr Büro geschoben hatte. »Sven, was gibt's denn?«

»Rate mal!«

»Sväään! Ich möchte hier heute noch fertig werden ...«

»Schon gut, schon gut«, erwiderte er begütigend und grinste. »Das Urteil ist da.«

»Welches denn?«, wollte sie wissen.

»Na, das gegen den Höhlenmann.«

»Rolf Bessmer? Jetzt schon? Verflixt. Ich wollte doch bei der Verkündung dabei sein. Dann waren die doch schneller als erwartet.«

»Waren sie. Rate wenigstens, wie es ausgegangen ist!«

»Nerv nicht! Komm, raus mit der Sprache.«

»Schuldig oder unschuldig?«, fragte er mit undurchdringlicher Miene.

Bea Agarius dachte nach.

Fehrenkämper begann eine Uhr zu imitieren. »Ticktack, ticktack ... Deine Zeit läuft ab. Möchtest du einen Joker ziehen? Jemanden anrufen? Oder das Publikum fragen?«

Ihre brüchige Stimme verriet, dass sie sich keineswegs sicher war. »Ich tippe mal auf – schuldig ...?«

»Hundert Punkte! Aber hallo! In allen Anklagepunkten!«

Er schlug mit der geballten Faust einen Haken in die Luft und knockte einen imaginären Gegner aus.

»Schneidling war gut. Er hat Bessmer so lange mit dem Handy getriezt, bis der losjammerte, in der Höhle könne kein Handy gewesen sein. Dann kam natürlich die Frage, woher er das denn so genau weiß. Treffer! Danach und nach Schneidlings zackigem Schlussplädoyer war für die Verteidigung nichts mehr zu holen ... Schuldig! Acht Jahre, und wegen seiner psychischen Störung anschließend Maßregelvollzug. Zurück auf den Gertrudenberg, aber dieses Mal auf die andere Seite.« Sven feixte. »Der Mann ist weg vom Fenster. Da wird demnächst eine schöne Wohnung in bester Lage frei. Mit Garten, Privatbunker und Blick auf den Park! Aber ich weiß nicht, ob ich da einziehen würde. Bei so einem Vermieter ... Sofern ihm die Geschäftsfähigkeit nicht aberkannt wird.«

Seine Kollegin machte aus ihrer Erleichterung kein Hehl. »Gott sei Dank! Dann haben die Beweise am Ende doch ausgereicht. Wir sollten uns bei den beiden tapferen Frauen bedanken.«

»Und bei dem klugen Hund, der uns mit der DNA versorgt hat.«

»Natürlich, der Hund ... Wo ist der eigentlich abgeblieben? Weißt du das?«

Sven Fehrenkämper antwortete mit einem durchtriebenen Grinsen. »Das weiß ich zufällig sogar ganz genau. Meine Nichte hatte letzte Woche Geburtstag. Seither hat das Tierheim in Hellern einen Fresser weniger, und meine Nichte ist stolze Hundebesitzerin. Was ihre Mutter zwar nicht gern sieht, aber was soll sie machen. Wenn sie dem Kind das Tier jetzt wieder wegnimmt, kann sie schon mal langfristig den Psychiater buchen. Und ich bin jetzt der beste Onkel der Welt!«

Bea Agarius lachte. »Du bist vielleicht ein Schlitzohr ... Tu mir einen Gefallen: Überbring dem Hund eine Streicheleinheit von mir, wenn du deine Nichte das nächste Mal besuchst, und vor allem eine leckere Wurst. Ich gebe eine aus.«

Danksagung

Die in diesem Roman geschilderten Ereignisse sind frei erfunden. Soweit es die Handlung zuließ, habe ich versucht, der realen Polizeiarbeit einigermaßen zu entsprechen. Ich bedanke mich bei der Pressestelle der Polizeiinspektion Osnabrück und allen anderen Auskunftsgebern, ferner bei Friederike Nolte, Luisa Knuf und allen, die mich bei meinen Recherchen und Erkundungsstreifzügen begleitet und beraten und wichtige Anregungen und Verbesserungsvorschläge beigesteuert haben.

**S. Fischer Verlag, 480 Seiten, 25,00 Euro, Paperback.
ISBN-13: 978-3596183579**

»Die Lektüre des stattlichen Bandes ist auf jeden Fall anregender als die meisten heutigen Sendungen in jenem Format, dessen Geschichte er beschreibt.« (Ernst Horst, »Frankfurter Allgemeine Zeitung«)

»Harald Keller hat die erste Geschichte der Talkshow in Deutschland (Fischer-Verlag) geschrieben und ist dafür mit einer staunenswerten Hingabe in die Archive und Redaktionskeller gestiegen und hat sich Hunderte von Sendungen angeschaut oder wenigstens – soweit vorhanden – deren Wortprotokolle studiert. (...) Die Arbeit hat ihm, so ist zu hoffen, mehr als nur ein Fischer-Taschenbuch, sondern mindestens die Promotion zum Dr. phil.tv eingetragen.«
(Willi Winkler, »Süddeutsche Zeitung«)

**Epubli, 160 Seiten, 7,99 Euro, Paperback.
ISBN-13: 9783745091472. Auch als E-Book.**

Der Kurzroman „Die Nacht mit dem Holenkerl" basiert auf einer niedersächsischen Legende um eine Schreckensgestalt, die nächtens einsamen Wanderern auflauerte. Die Sage wurde in die Gegenwart versetzt und mit Anleihen bei Krimi und Science-Fiction zeitgemäß ausgeschmückt: Vier Studierende, unterwegs zu einer Halloweenparty, geraten in das Revier eines modernen »Holenkerls«. Es ist die Geschichte einer langen Nacht voller Schrecknisse, von Mut, Einfallsreichtum und schicksalhaften Verkettungen. Und die Geschichte einer ausgeklügelten blutigen Rache ...

Oktober Verlag, 352 Seiten, 16,90 Euro, Paperback. Auch als E-Book. ISBN-13 : 978-3946938637

Eine niedersächsische Kreisstadt Mitte der 80er. In der Kanalschleuse schwimmt eine Tote. Wenig später stirbt ein Barbesitzer. Zwei Fälle, zwei Mordkommissionen. Einer der Ermittler: Kommissar Gräber. Erfahren. Bewährt. Beiseitegedrängt. Sabine Kühne ist neu in der Kriminalwache. Von den Männern belächelt, mit Nebentätigkeiten abgespeist. Gräber und Kühne. Zwei Außenseiter – ein Team.
Die Spuren führen zu einem Immobilienkönig, in ein Internat, ins Rotlichtmilieu. In die Vergangenheit. Geoffrey McCormick von der britischen Militärpolizei leistet Amtshilfe. Und der Geheimdienst MI6 hört mit ...
Ein spannender Krimi mit dem Zeitkolorit der 80er. Videokassetten, Walkman, Schallplatten. Im Radio Stevie Wonder, Robert Palmer, Ina Deter, U2, Nena. Polizeiarbeit ohne Handys, DNA-Analytik, Computer. Fax statt Mail, Straßenkarte statt Navi, Pager statt SMS. Umständlich. Aber nicht aussichtslos. Mit 80er-Jahr-Glossar.

»Das ist ein wunderbar geschriebener, gut recherchierter, bis ins Detail stimmiger und nicht zuletzt spannender Krimi.«

Leserinkritik Newcallas, Amazon.de

»Weiterhin besticht das Buch mit 80er-Jahre Nostalgie, ohne dabei kitschig zu werden. Wer gerne Krimiromane liest, sollte sich diesen hier definitiv nicht entgehen lassen. Ich gebe dem Buch sehr gerne 5 Sterne.»

Stefanie Brandt, Amazon.de

Epubli, 396 Seiten, 13,99 Euro, Paperback. Auch als E-Book. ISBN-13: 9783752995992

Früh am Morgen ist Hauptkommissar Björn Lohse auf der A 3 unterwegs zu seiner Limburger Dienststelle, als er von dort telefonisch umdirigiert wird. In einer großen Reha-Klinik am Taunusrand hat es ein Gewaltdelikt gegeben. Die örtlichen Kollegen sind sich sicher: Fremdeinwirkung. Der Augenschein gibt ihnen recht. Auf Lohse wartet ein fürchterlicher Anblick. Eine Mitarbeiterin der Verwaltung ist brutal ermordet worden. Die Mordkommission steht unter Zeitdruck: Täglich werden Patienten entlassen. Einer von ihnen könnte der Täter sein. Oder die Täterin.

Der Fall erfordert Ermittlungen in mehreren Richtungen. Die Tote hatte sich in und außerhalb der Klinik viele Feinde gemacht. Rache? Eine Eifersuchtstat?

Oder wollte jemand eine unliebsame Zeugin zum Schweigen bringen?

Lohse und seine Mitarbeiter beziehen Posten in der Klinik, inmitten des Kurbetriebs.

Stets kritisch beäugt von Patienten und Ärzten ...

»... amüsante(n) Schilderungen aus dem Klinikalltag, die den beklagenswerten Zustand dieser Sparte unseres Gesundheitssystems drastisch illustrieren.«

Joachim Feldmann, „crimemag“

»Für Thriller-Liebhaber auf jeden Fall ein Muss.«

steffis-buchecke.de